全国创新创业教育"十三五"规划教材

大学生创新创业基础

主　编◆刘　延　高万里
副主编◆柏文静　林艳辉　王家陟　孟　萌　王肖红

华中科技大学出版社
http://press.hust.edu.cn
中国·武汉

内 容 简 介

本书以提高大学生的创业综合素质为编写宗旨,以帮助大学生创业者解决创业过程中的关键问题为目标,编写中做到理论基础突出,通俗易懂;案例故事丰富,强调新颖与实用;体验式活动设计,注重实践能力培养。

全书内容包括大学生创新创业概述、创新思维、创新方法、创业者与创业团队、创业机会与风险、创业资源、商业模式、创业计划、创建新企业、新企业的营销管理、新企业的财务管理等。

本书适合作为高等院校本专科"创业管理和创业教育"的授课教材,同时也可作为广大创业者的学习参考用书。

图书在版编目(CIP)数据

大学生创新创业基础/刘延,高万里主编. —武汉:华中科技大学出版社,2020.8(2024.1重印)
ISBN 978-7-5680-6523-8

Ⅰ.①大… Ⅱ.①刘… ②高… Ⅲ.①大学生-创业 Ⅳ.①G647.38

中国版本图书馆 CIP 数据核字(2020)第 148639 号

大学生创新创业基础 刘 延 高万里 主编
Daxuesheng Chuangxin Chuangye Jichu

策划编辑:罗 伟
责任编辑:罗 伟 马梦雪
封面设计:原色设计
责任校对:刘 竣
责任监印:周治超
出版发行:华中科技大学出版社(中国·武汉)　电话:(027)81321913
　　　　　武汉市东湖新技术开发区华工科技园　邮编:430223
录　　排:华中科技大学惠友文印中心
印　　刷:武汉市籍缘印刷厂
开　　本:889mm×1194mm　1/16
印　　张:14.5
字　　数:448千字
版　　次:2024年1月第1版第6次印刷
定　　价:59.00元

本书若有印装质量问题,请向出版社营销中心调换
全国免费服务热线:400-6679-118　竭诚为您服务
版权所有　侵权必究

网络增值服务
使用说明

1 教师使用流程

（1）登录网址：http://yixue.hustp.com（注册时请选择教师用户）

注册 > 登录 > 完善个人信息 > 等待审核

（2）审核通过后，您可以在网站使用以下功能：

下载教学资源　　建立课程　　管理学生　　布置作业　　查询学生学习记录等

教师

2 学员使用流程

（建议学员在PC端完成注册、登录、完善个人信息的操作。）

（1）PC端学员操作步骤

① 登录网址：http://yixue.hustp.com（注册时请选择普通用户）

注册 > 登录 > 完善个人信息

② 查看课程资源：（如有学习码，请在"个人中心—学习码验证"中先通过验证，再进行操作。）

首页课程 > 课程详情页 > 查看课程资源
（选择课程）

（2）手机端扫码操作步骤

手机扫码 → 登录 → 查看数字资源
　　　　　↑
　　　　注册

前言
PREFACE

创新创业是当前和未来一个较长的时期内实现可持续发展的内在驱动力。自2014年夏季达沃斯论坛上李克强总理第一次提出"大众创业、万众创新"之后，2015年3月5日的政府工作报告中，"大众创业、万众创新"更是被提升到中国经济转型和保增长的"双引擎"之一的高度。至此，中国进入了"全民创业"的时代，依靠科技创新和科技成果转化实现价值创造，为中国经济发展注入新的动力。

社会经济的发展对人才的素质提出了更高的要求。从我国目前经济发展和教育改革与发展的现状来看，迫切需要对学生开展创新创业教育，这是时代提出的要求，更是社会发展的必然趋势。

大学生是较具创新、创业潜力的群体之一，但是大学生创业的成功率却比较低。大学生欠缺必要的管理经验、市场运作策划能力、正确面对失败的心态以及足够的资本支持。要解决大学生创业的问题，不仅需要增强其创新创业意识，培养其创新创业精神，而且需要提高大学生的创新创业能力。

本书注重理论与实践相结合，突出实践环节，分别设置了学习目标、独立思考、情景写实、名人名言、案例分享、小故事、小贴士、创业测试、思考讨论、课外修炼等特色模块，意在提高学生的学习兴趣，并达成充分拓展教学、强化训练应用的目的，促进学生全面发展。

根据大学生创新创业过程中可能会遇到的问题，本书按其先后发生顺序分为11个模块：大学生创新创业概述、创新思维、创新方法、创业者与创业团队、创业机会与风险、创业资源、商业模式、创业计划、创建新企业、新企业的营销管理、新企业的财务管理。其中，刘延编写模块一、模块二、模块三、模块五、模块七；柏文静编写模块六、模块十一；高万里编写模块四、模块八、模块九、模块十；全书由林艳辉、王家陟、孟萌、王肖红负责统稿、定稿。

本书在编写过程中借鉴、参考了有关教材、著作、报刊和互联网的相关资料，在此谨向这些资料的作者表示衷心的感谢！

由于作者的水平和能力有限，书中的疏漏和不足之处在所难免，恳请读者批评指正，以便我们进一步修正。

编　者

目录

模块一　大学生创新创业概述 1
　任务一　认知创新 2
　任务二　认知创业 5
　任务三　新时代的大学生创业活动 8
　任务四　大学生创业政策 13

模块二　创新思维 17
　任务一　认知创新思维 19
　任务二　突破创新思维障碍 21
　任务三　创新思维的培养 26

模块三　创新方法 37
　任务一　创新方法内涵 39
　任务二　创新方法的运用 41

模块四　创业者与创业团队 53
　任务一　创业者 55
　任务二　创业团队 63

模块五　创业机会与风险 79
　任务一　创意与创业机会 81
　任务二　创业机会识别 86
　任务三　市场调查 89
　任务四　创业机会的评价 95
　任务五　创业风险及防范 100

模块六　创业资源 109
　任务一　创业资源及获取 111
　任务二　创业融资分析 116

模块七　商业模式 129
　任务一　商业模式概述 131
　任务二　商业模式画布 136
　任务三　商业模式创新 141

模块八　创业计划 149
　任务一　创业计划概述 150
　任务二　撰写创业计划书与创业计划的展示 156

模块九　创建新企业 167
　任务一　企业的组织形式 168
　任务二　新企业注册流程 170
　任务三　新企业的选址 174

任务四　新企业生存管理 …………………………………………………………… 177
模块十　新企业的营销管理 …………………………………………………………… 187
　　任务一　新企业营销定位 …………………………………………………………… 188
　　任务二　市场营销策略 ……………………………………………………………… 196
模块十一　新企业的财务管理 ………………………………………………………… 205
　　任务一　财务管理概述 ……………………………………………………………… 206
　　任务二　新企业财务管理 …………………………………………………………… 211
　　任务三　中小企业如何策划上市 …………………………………………………… 216
参考文献 …………………………………………………………………………………… 220

模块一
大学生创新创业概述

DAXUESHENG
CHUANGXIN
CHUANGYEGAISHU

知识目标：
1. 了解创新创业的内涵，理解创新与创业的关系。
2. 了解创新创业的类型，了解新时代大学生创新创业的现状。
3. 理解大学生创业规划内容。

能力目标：
1. 能够正确认知创业过程中的创新。
2. 能够提出有创意的点子，感受创意的快乐，激发自己的创新意识。
3. 能够理性认识大学生创业的典型问题。
4. 能够为自己设计一份简单的创业规划。

独立思考

就业是民生之本，创业乃就业之源，创新是引领发展的第一动力。创业从来不是一件容易的事，创新也并非信手拈来。没有创意的创新是无灵之目，没有创新的创业是无源之水，没有创业的创新是无基之土。

请同学们想一下，在生活中你产生过创业的想法吗？你是否做好了创业的准备？你周围的人有没有创业成功或者失败的经历，他们给了你什么启示？

创新引领发展

关于创新创业，政府工作报告这样指明发展方向。

推动传统产业改造提升。围绕推动制造业高质量发展，强化工业基础和技术创新能力，促进先进制造业和现代服务业融合发展，加快建设制造强国。打造工业互联网平台，拓展"智能＋"，为制造业转型升级赋能。

促进新兴产业加快发展。深化大数据、人工智能等研发应用，培育新一代信息技术、高端装备、生物医药、新能源汽车、新材料等新兴产业集群，壮大数字经济。坚持包容审慎监管，支持新业态新模式发展，促进平台经济、共享经济健康成长。加快在各行业各领域推进"互联网＋"。

提升科技支撑能力。加大基础研究和应用基础研究支持力度，强化原始创新，加强关键核心技术攻关。健全以企业为主体的产学研一体化创新机制。扩大国际创新合作。全面加强知识产权保护，健全知识产权侵权惩罚性赔偿制度，促进发明创造和转化运用。

进一步把"大众创业、万众创新"引向深入。鼓励更多社会主体创新创业，拓展经济社会发展空间，加强全方位服务，发挥双创示范基地带动作用。强化普惠性支持，落实好小规模纳税人增值税起征点从月销售额3万元提高到10万元等税收优惠政策。

任务一　认知创新

扫码看课

【名人名言】

非经自己努力所得的创新，就不是真正的创新。

——松下幸之助

企业一旦站立到创新的浪尖上,维持的办法只有一个,就是要持续创新。

——张瑞敏

一、创新的内涵

创新,也叫创造。创造是个体根据一定目的和任务,运用一切已知的条件,产生出新颖、有价值的成果(精神的、社会的、物质的)的认知和行为活动。创新有三层含义:第一,更新;第二,创造新的东西;第三,改变。换句话讲,并不是说只有重大的发明创造才是创新,实际上,对各种产品、工作方法、商业模式、服务模式的改进等都属于创新。

【小故事】

新"和尚挑水"

有三个庙,离河边都比较远。怎么解决吃水问题呢?

第一个庙,和尚挑水路比较长,一天挑一缸就累了,怎么办?于是三个和尚商量,咱们来个接力赛吧,每人挑一段路。第一个和尚从河边挑到半路停下来休息,第二个和尚继续挑,又转给第三个和尚,挑到缸里灌进去,空桶回来再接着挑,大家都不累,水很快就挑满了。这是协作的办法,也称"机制创新"。

第二个庙,老和尚把三个徒弟都叫来,说我们立下了新的庙规,要引入竞争机制:三个和尚都去挑水,谁挑得多,晚上吃饭加一道菜;谁水挑得少,吃白饭,没菜。三个和尚拼命去挑,一会儿水就挑满了。这个办法称"管理创新"。

第三个庙,三个小和尚商量,天天挑水太累,咱们想想办法。山上有竹子,把竹子砍下来连在一起,竹子中心是空的,然后买了一个辘轳。第一个和尚把一桶水摇上去,第二个和尚专管倒水,第三个和尚先在地上休息。三个人轮流换班,一会儿水就灌满了。这称"技术创新"。

有一句老话,叫"一个和尚挑水吃,两个和尚抬水吃,三个和尚没水吃"。如今,这个观点过时了。由三个和尚没水喝,到三个和尚通过不同的办法达到共同的目的,关键在于不局限于固有的思维,发扬了团结协作、良性竞争、开拓创新的精神。故事新解,给我们新的启发……

创新是人类特有的认识能力和实践能力,是人类主观能动性的高级表现,是推动民族进步和社会发展的不竭动力。一个民族要想走在时代前列,就一刻也不能没有创新思维,一刻也不能停止各种创新。

二、创新的分类

提起创新,人们往往联想到技术创新和产品创新。其实创新的种类远不止这些。创新主要有以下七种。

(一) 思维创新

思维创新是一切创新的前提,任何人都不应该封闭自己的思维。若思维成定式,就会严重阻碍创新。有些部门或企业提出"不换脑筋就换人",就是这个道理。有的公司不断招募新的人才,重要原因之一就是期望其带来新观念、新思维,不断创新。

(二) 产品创新

产品创新可分为全新产品创新和改进产品创新。全新产品创新是指产品用途及其原理有显著的变化。改进产品创新是指在技术原理没有重大变化的情况下,基于市场需求对现有产品所做的功能上的扩展和技术上的改进。全新产品创新的动力机制既有技术推进型,也有需求拉引型。改进产品创新的动力机制一般是需求拉引型。需求拉引型,即市场需求—构思—研究开发—生产—投入市场。手机在短短的几年内已从模拟机、数字机、可视数字机发展到可以上网的手机,手机的更新演变,生动地告诉我们产品的创新之迅速。

对于生产企业来说,产品要创新;对于服务行业而言,服务也要创新。乘客想要一份素食,但飞机上没有专门的素食配餐,这时候该怎么办？直接告诉乘客说不供应素餐吗？新加坡航空公司按照乘客的要求把各种水果和蔬菜放在一个盘子里,让乘客品尝,新加坡航空公司的这种做法,实际上是服务创新。

海底捞的服务创新

网上流传着很多关于海底捞为顾客服务的故事,甚至有人用"地球人无法阻止海底捞了""人类不可战胜的海底捞"造句,创造各种夸张的"海底捞体"。

海底捞的特色服务贯穿于从顾客进店到离店的整个过程中:顾客等候过程中有免费上网、棋牌、擦皮鞋、美甲等服务,并可享用免费饮料、水果、爆米花、虾片等;就餐过程中,服务员提供微笑服务,为顾客擦拭油渍,下菜、捞菜、递发圈、眼镜布、15分钟一次的热毛巾,续饮料,帮助看管孩子、喂孩子吃饭,拉面师傅现场表演;店里还设有供小孩玩耍的游乐园;洗手间增设了美发、护肤等用品,还有免费的牙膏、牙刷。甚至顾客打个喷嚏,就有服务员送来一碗姜汤。

(三) 技术创新

技术创新指生产技术的创新,包括开发新技术,或者将已有的技术进行应用创新。就一个企业而言,技术创新不仅指商业性地应用自主创新的技术,还可以是创新地应用合法取得的、他方开发的新技术,或已进入公有领域的技术,从而创造市场优势。技术创新是企业发展的源泉和竞争的根本。但创业者要认识到,技术上的领先不等于创新成功。

科技研发——华为未来发展的核心动力

华为2018年销售的总收入为7212亿元人民币,净利润为593亿元人民币。那么,华为在2018年的研发投入费用是多少呢？2018年华为在研发上的投入费用高达1015亿元人民币。试想,华为若将研发费用降低一半,净利润则会实现翻倍的增长。

截至2018年的12月底,华为在5G网络方面获得的技术专利高达1970件,占比5G网络专利总数的21%。与华为竞争较为激烈的高通公司,研发了1146件5G网络专利,相比华为差了824件。除此之外,中兴、大唐等公司分别研发了1029件以及543件5G网络专利。

当然,华为公司的实力体现并非仅仅局限于5G网络。美国的封锁使得我们更加清晰地认识到了华为这家公司的实力。

首先,华为是全球唯一具备5G网络端到端设备(基站、CPE、手机)制造的厂商;其次,华为具有自己的鸿蒙操作系统,使用微内核、分布式架构,具有用于万物互联的智能设备;最后,华为具有自己的麒麟处理器芯片,并且在逐渐缩短与苹果、高通处理器之间的差距。

重视科技研发,势必会成为华为未来发展的核心动力。

(四) 组织与制度创新

典型的组织与制度创新是通过改变员工的态度、价值观和加强信息交流,使他们认识和实现组织的变革与创新。组织与制度创新主要有以下三种。

(1) 以组织结构为重点的变革和创新:如重新划分或合并部门、改造流程、改变岗位及岗位职责、调整管理幅度等。

（2）以人为重点的变革和创新：改变员工的观念和态度，进行知识的变革、态度的变革、个人行为乃至整个群体行为的变革。通用电气公司(General Electric Company,GE)总裁韦尔奇执政后采取了一系列措施来改革GE这部"老机器"。有一个部门主管工作很得力，所在部门连续几年盈利，但韦尔奇认为他可以干得更好。这位主管不理解，韦尔奇便建议其休假一个月：放下一切，等你再回来时，变得就像刚接下这个职位，而不是已经做了四年。休假之后，这位主管果然调整了心态，像换了个人似的。

（3）以任务和技术为重点的变革和创新：将任务重新组合分配、更新设备、创新技术，达到组织创新的目的。

（五）管理创新

管理创新是指企业把新的管理要素（如新的管理方法、新的管理手段、新的管理模式等）或要素组合引入企业管理系统以更有效地实现组织目标的活动。管理创新的内容也可以分为以下三个方面。

（1）管理思想理论上的创新。

（2）管理制度上的创新。

（3）管理具体技术方法上的创新。

（六）营销创新

营销创新是指营销策略、渠道、方法、广告促销策划等方面的创新。营销创新不是天大的事情，而在于持续的专注以及每一点微小的创新，在于对消费者细微的观察（好奇心、反常规、人性特点），对市场机会敏锐的洞察（空间、时事、背后蕴含的机遇），以及果断的执行力（这是生意人最大的资本）。

【小故事】

巧卖冰激凌

有一个冷饮食品推销商为了改变生意清淡状况，特意在一家马戏团的剧场入口处免费赠送热的咸豌豆。观众不花钱得美味，何乐而不为呢？演出休息时，剧场各个角落突然跑出一群卖雪糕、冰激凌的小孩子。观众刚吃完热的咸豌豆，正觉口干舌燥，一听卖雪糕、冰激凌，马上掏钱争相购买。一连五天，这位冷饮食品推销商的货品都供不应求。

如果是你会怎么做？

（七）商业模式创新

商业模式创新是指改变企业价值创造的基本逻辑，即把新的商业模式引入社会生产体系，并为客户和自身创造价值。通俗地说，商业模式创新就是指企业以新的有效方式赚钱。新引入的商业模式，既可能在构成要素方面不同于已有商业模式，也可能在要素间关系或者动力机制方面不同于已有商业模式。

任务二　认知创业

扫码看课

【名人名言】

这个世界并不在乎你的自尊，只在乎你做出来的成绩，然后再去强调你的感受。

——比尔·盖茨

一、创业的内涵

创业是指承担风险的创业者通过寻找和把握创业机会，投入已有的技能知识，配置相关资源，创建新企业,为消费者提供产品和服务,为个人及社会创造价值和财富的过程。这个概念包括以下几层含义。

(1) 创业是一个创造的过程,即创业者要付出努力和代价。

(2) 创业的本质在于对机会的商业价值的发掘与利用,即要创造或认识到事物的一个商业用途。

(3) 创业的潜在价值需要通过市场来体现,即市场是实现财富的渠道。

(4) 创业以追求回报为目的,包括个人价值的满足与实现,知识与财富的积累等。

微课精讲

二、创业的要素

人们研究创业活动的一个基本方法就是分析创业要素,即具备了哪些要素就可以进行创业活动了。迄今为止,人们对创业要素的认识和分析中,最为典型和公认的创业要素模型为蒂蒙斯模型。该模型提炼出了创业的三大关键要素,即创业机会、创始人及其创业团队、创业资源,如图1-1所示。这三个核心要素是创业活动中不可或缺的。

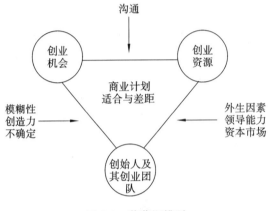

图1-1 蒂蒙斯模型

(1) 创业机会:创业过程的核心驱动力,如果没有机会,创业活动就成了盲动,难以创造真正的价值。

(2) 创始人及其创业团队:创业过程的主导者和核心,如果没有他们的主观努力,创业活动是不可能发生的。

(3) 创业资源:创业成功的必要保证,创始人及其创业团队把握住合适的机会后,还需要有相应的资金和设备等资源,如果没有必要的资源,机会也就难以被开发和实现。

值得说明的是,创业过程实际上是三个要素之间相互作用,由不平衡趋向平衡的过程。

三、创业的种类

创业活动涉及各行各业,创业者的创业动机千差万别,创业项目和领域多种多样,创业的类型也因此呈现多样化,可以从不同角度做出分类。

(一) 基于创业动机的分类

2001年,全球创业观察(Global Entrepreneurship Monitor,GEM)报告最先提出了生存型创业和机会型创业的概念,并逐年对其进行了丰富。依据创业者的创业动机,可以将创业分成生存型创业和机会型创业。

1. 生存型创业

所谓生存型创业,是指创业者受生活所迫,出于没有其他更好的选择,不得不参与创业活动来解决其所面临的困难。这种类型的创业者,最初或许根本就没有什么创业的概念以及伟大的理想与梦想,只是出于生存的渴望与责任,在现有市场中捕捉机会,从事低成本、低门槛、低风险、低利润的创业。例如,我国20世纪80年代初期的创业者,以及下岗职工的创业行为大多属于这种类型。清华大学的一份调查报告指出,这一类型的创业者,占中国创业者总数的90%。

生存型创业大多属于复制型和模仿型创业，创业项目多集中在餐饮、美容美发、商业零售、房地产经纪等比较容易进入的生活服务业，一般规模较小，竞争比较激烈。对生存型创业者来说，要想做大做强，必须克服小富即安的惰性思想，善抓机遇，走机会型创业的道路。

2. 机会型创业

所谓机会型创业，是指创业者基于实现自我价值的强烈愿望，在发现或创造新的市场机会下进行的创业活动。从事机会型创业的人通常不会选择自我雇佣的形式，而是具有明确的创业梦想，进行了创业机会的识别和把握，有备而来。例如，李彦宏创办百度公司就是典型的机会型创业。他舍弃在美国的高薪岗位，毅然回国创业，其主要原因是他发现和把握了互联网搜索引擎存在的巨大商机。同时，自己期望实现人生的更大发展。相比生存型创业，机会型创业不仅能解决自己的就业问题，而且能解决更多人的就业问题，有可能创造更大的经济效益，从而改善经济结构。所以，无论是从缓解就业压力，还是从改善经济结构的目的出发，政府和社会应该更加关注机会型创业，大力倡导机会型创业。

（二）基于创业形式的分类

根据创业形式，可以将创业分成复制型创业、模仿型创业、安定型创业和冒险型创业。

1. 复制型创业

复制型创业，即在现有的经营模式基础上，简单复制原有公司的经营模式的创业。例如某人原本在餐厅里担任厨师，后来辞职自行创立了一家与原服务餐厅类似的新餐厅。在现实社会中，新企业中属于复制型创业的比例很高，且由于前期经验的累积，创业的成功率较高。例如，1998 年，牛根生（伊利副总裁）被伊利总裁郑俊怀扫地出门后，带领手下几名干将启动了一场"复制一个伊利"的计划，创办了蒙牛乳业集团。

2. 模仿型创业

这种形式的创业，虽然无法为市场创造新价值，创新的成分也很低，但与复制型创业的不同之处在于，创业过程对于创业者而言还是具有很大的冒险成分。例如，某一制鞋公司的经理辞掉工作，开设了一家当下流行的网络咖啡店。这种形式的创业具有较高的不确定性，学习过程长，犯错机会多，代价也较高昂。这种创业者如果具有适合的创业人格特性，经过系统的创业管理培训，掌握正确的市场进入时机，还是有很大机会可以获得成功的。

3. 安定型创业

这种形式的创业，虽然为市场创造了新的价值，但对创业者而言，无太大的改变，做的也是比较熟悉的工作。这种创业类型强调的是创业精神的实现，也就是创新的活动，而不是新组织的创造，企业内创业即属于这一类型。例如，研发单位的某小组在开发完成一项新产品后，继续在该企业部门开发另一项新产品。

4. 冒险型创业

冒险型创业是一种难度很高的创业类型，存在较高的失败率，但一旦创业成功，投资回报也高得惊人。这种类型的创业如果想要获得成功，必须在创业者能力、创业时机、创业精神发挥、创业策略研究拟定、商业模式创新、经营模式设计、创业过程管理等各方面，都有很好的搭配。

（三）基于创业起点的分类

依据创业者的创业起点，可将创业分为创建新企业和企业内创业。

1. 创建新企业

创建新企业是指创业者或团体从无到有地创建全新的企业组织。这个过程充满机遇，创业者和团队的想象力、创造力可以得到最大限度的发挥，但风险和难度较大，创业者会遇到缺乏资源、经验和相关方支持的困境。

2. 企业内创业

企业内创业是指在已有公司或企业内进行创新创建的过程，意指现有的公司为了适应市场环境的变化，开发新的产品或者服务，实现提高公司竞争力和盈利能力而开展的创业活动。通常情况下，企业内创业是由有创意的员工发起,在企业的支持下进行企业内部新项目的创业,并与企业分享创业成果。

在创业领域,企业内创业由于其独特的优势而受到越来越多创业者和企业的关注。例如,2000年深圳华为集团为了解决机构庞大和老员工问题,鼓励内部创业,将华为非核心业务与服务业务(公交、餐饮)以内部创业方式先后成立了广州市鼎兴通讯技术有限公司、深圳市华创通电子有限公司等。这些内创公司依托华为强大的经济实力与市场占有率为其产品提供相关技术服务,同时也成就了企业内部优秀员工的创业梦。

四、创新与创业的关系

虽然创业与创新是两个不同的概念,但是两个范畴之间却存在着本质上的契合,及内涵上的相互包容和实践过程中的互动发展。

(一)创新是创业的基础,而创业推动着创新

从总体上说,科学技术、思想观念的创新,促进了人们物质生产和生活方式的变革,引发新的生产、生活方式,进而为整个社会不断地提供新的消费需求,这是创业活动之所以源源不断的根本动因;另外,创业在本质上是人们的一种创新性实践活动。无论是何种性质、类型的创业活动,它们都有一个共同的特征,那就是创业是主体的一种能动的、开创性的实践活动,是一种高度的自主行为。在创业实践的过程中,主体的主观能动性将会得到充分的发挥,正是这种主观能动性充分体现了创业的创新性特征。

(二)创新是创业的本质与源泉

创业者只有在创业的过程中具有持续不断的创新思维和创新意识,才可能产生新的富有创意的想法和方案,才可能不断寻求新的模式、新的思路,最终获得创业的成功。

(三)创新的价值在于创业

从一定程度上讲,创新的价值就在于将潜在的知识、技术和市场机会转变为现实生产力,实现社会财富的增长,造福于人类社会,而实现这种转化的根本途径就是创业。

(四)创业推动并深化创新

创业可以推动新发明、新产品或新服务的不断涌现,创造出新的市场需求,从而进一步推动和深化各方面的创新,因而也就提高了企业,甚至是整个国家的创新能力,推动了经济的增长。

任务三　新时代的大学生创业活动

扫码看课

【名人名言】

人生一辈子不创一次业一定是一件非常糟糕的事情。人一辈子总是要为自己干件事情,创业就是为自己干的事情。

——俞敏洪

【小贴士】

"大众创业、万众创新"的由来

2014年9月,李克强总理在夏季达沃斯论坛开幕式致辞中呼吁:让每个有创业愿望的人都拥有自主创业的空间,让创新创造的血液在全社会自由流动,让自主发展的精神在全体人民中蔚然成风。借改革创新

的"东风",在960万平方公里土地上掀起一个"大众创业""草根创业"的新浪潮,中国人民勤劳智慧的"自然禀赋"就会充分发挥,中国经济持续发展的"发动机"就会更新换代和升级。

2015年1月,李克强总理在瑞士达沃斯世界经济论坛2015年年会致辞中,把创新创业定位为新引擎。中国经济要实现中高速发展,必须用好政府和市场这"两只手",开启"双引擎"。一是打造新引擎,二是要改造传统引擎。"打造新引擎"是指推动"大众创业、万众创新",释放民智民力,增进大众福祉,实现人生价值,推动社会纵向流动,促进社会公平正义。可以看到这个"新",不仅仅局限于经济领域,还扩张到了民生福祉领域。

2015年8月26日,在国务院常务会议上,李克强总理强调,"有人把推进大众创业、万众创新仅仅理解为'保就业',这远远不够。这其实是一项重大的经济社会改革,是结构性改革!""推进大众创业、万众创新,有助于中小企业、小微企业提升竞争力,改善经济结构,也有利于打通社会纵向、横向的流动通道,有利于推进收入分配体制改革,更是我们依靠市场机制培育的中国经济的'新动能'。"

2015年9月23日,李克强总理在河南考察时又指出,大众创业、万众创新既是小微企业生存之路,又是大企业繁荣兴盛之道。大企业通过"双创"更能集聚全员智慧,迸发更大能量。大企业也要用"双创"与小企业更好对接,合作放出创业创新的连环炮,放大"双创"效应。要把国企改革和"双创"结合,发展混合所有制经济,让各类企业共同撑起中国经济的蓝天。

2017年9月,全国大众创业万众创新活动周开幕,李克强总理做出重要批示。批示指出:全国大众创业万众创新活动周是创新创业者碰撞思想、交流成果、展示风采的重要平台。当前,双创与各行各业深度融合发展,精准对接市场需求与社会海量创新资源,有效激发了市场活力和社会创造力,加快推动了新旧动能转换,促进了机会公平和就业扩大。要继续认真贯彻党中央、国务院决策部署,落实新发展理念,以推进供给侧结构性改革为主线,深入实施创新驱动发展战略,进一步培育融合、协同、共享的双创生态环境,着力营造公平竞争的市场秩序,着力完善包容审慎的监管制度,着力构建大中小企业融通发展的新格局,推动数字经济、平台经济发展,努力取得更多高水平的双创成果,以新产业蓬勃发展、新动能持续壮大、新人才不断涌现为经济转型升级提供有力支撑。

2018年9月18日,国务院印发《关于推动创新创业高质量发展打造"双创"升级版的意见》(以下简称《意见》),提出了打造"双创"升级版的八个方面政策措施。《意见》指出,要以习近平新时代中国特色社会主义思想为指导,全面贯彻党的十九大和十九届二中、三中全会精神,按照高质量发展要求,深入实施创新驱动发展战略,通过打造"双创"升级版,进一步优化创新创业环境,大幅降低创新创业成本,提升创业带动就业能力,增强科技创新引领作用,提升支撑平台服务能力,推动形成线上线下结合、产学研用协同、大中小企业融合的创新创业格局,为加快培育发展新动能、实现更充分就业和经济高质量发展提供坚实的保障。

一、大学生创业的意义

随着高等教育数量和规模的扩张,大学毕业生的就业问题也日渐突出。2010—2018年的毕业生人数按照2%~5%的同比增长率逐年增长,近8年间累计毕业生人数达到6526万人。根据教育部消息,2019届全国普通高校毕业生达834万人,再创近10年毕业生人数新高,就业创业工作面临复杂严峻的形势。为了解决大学生就业难题,近年来从中央到地方都出台了一些应对措施,其中鼓励大学生创业被摆在了突出的位置,"大力支持自主创业、促进以创业带动就业"成为应对就业难题的重大战略。因此,大学毕业生创业具有十分重要的意义。

(一)以创业带动就业是缓解大学生就业难的有效途径

创业具有扩大就业的倍增效应。大学生创业不仅是就业的重要形式,而且能带动就业,为更多的人解决就业问题。调查结果表明,1个大学生创业,平均可以带动8个大学生或社会待业人员的就业。因此,培育大学生创业精神和创业技能,提倡和鼓励大学生自主创业,通过创业来解决大学生就业问题无疑是一种可行且有效的途径。

(二)大学毕业生创业有利于大学生自我价值的实现

随着社会的不断发展,创办企业越来越需要创业者具有较高知识水平和技术能力,而拥有专业知识的大学生更有能力通过创业来实现价值创造。大学毕业生通过自主创业,可以把自己的兴趣与职业紧密结合,做自己最感兴趣、最愿意做和自己认为最值得做的事情。创业为大学生创造了发展的机会,提供了增加个人财富的可能性,有利于提高自己的社会地位。对许许多多梦想着开创自己事业的大学生而言,创业不但是一种充分实现自我价值的机会,更是发挥个人潜能的舞台。

(三)大学毕业生创业有利于培养大学生的创新精神

创业的本质是创新,而创新是一个民族的灵魂,是国家兴旺发达的不竭动力。目前,我国技术创新总体水平不高,市场开发还不够充分,在国际分工中优势不大。要改变这种被动状态,就要发展创业型经济,而发展创业型经济的根本,取决于拥有创新创业人才的状况。青年大学生作为最具活力的群体,是社会未来的精英,如果失去了创造的冲动和欲望,那么国家最终将失去发展的动力。大学生的创业活动,有利于培养其勇于开拓创新的精神,把就业压力转化为创业动力,培养出越来越多的各行各业的创新型人才,是我国实现发展创业型经济的最重要的途径,为创业型经济的发展提供根本性支撑。

(四)大学毕业生创业有利于促进中小企业的快速发展

从国际经验来看,等量资金投资于中小企业所创造的就业机会是大企业的4倍。一个国家有99.5%的企业属于中小企业,65%~80%的劳动者在其中就业。美国对中小企业的发展一直比较重视,称其为"美国经济的脊梁"。美国企业创新产品中82%来自中小企业。因此,应鼓励大学生自主创业,促进中小企业的快速发展。

(五)大学毕业生创业有利于培养其艰苦奋斗的作风

大学生自主创业的过程中,困难和挫折,甚至失败都在所难免,这就要求自主创业的大学毕业生具备顽强的意志和良好的品格,勇于承担风险,自立自强,艰苦拼搏;通过创业培养自立自强的意识、风险意识、拼搏精神和艰苦奋斗的作风。

临川返乡大学生方婷的创业轨迹

2007年5月份,厦门大学旅游管理学院应届毕业生方婷,以优异的成绩同时被3家大型旅游公司录取。谁知,方婷出人意料地做出决定:回乡接过父亲的接力棒,将菌菇产业做大做强。

临川虎奶菇

从厦门回到抚州市临川区罗针镇丁湖村老家的方婷,把目光放在现有菌菇品质提纯和生态驯化新品种上。在父亲支持下,方婷筹集36万元资金,组建了虎奶菇菌种人工驯化实验室。在400多个攻关的日夜里,方婷每天不是忙于实验栽培,就是往返省内外的科研单位及高等院校,向专家学者请教。天道酬勤,经过数百次的实验栽培,2010年9月,"临川虎奶菇"菌种终于人工驯化成功。这一科研项目先后获得抚州市科技进步一等奖、江西省科技进步三等奖。

方婷奔跑的脚步并未停歇。菌种驯化成功后,她又与省内外有关高等院校、科研单位联手,开发出了科技含量高的新产品——"临川虎奶菇"成品、系列保健产品,并被评为国家地理标志保护产品、江西省著名农产品。2019年,"临川虎奶菇"品牌评估价值为10.81亿元,产品销售额突破7000万元,并连续获得第九届、第十届中国国际农产品交易会金奖,产品畅销全国20多个省份以及日本、泰国等十多个国家;"临川虎奶菇"生产基地被共青团中央评为"青年就业创业见习基地"。

在"临川虎奶菇"形成规模化种植后,方婷采取"公司+基地+农户"的模式,建立集新技术推广,虎奶菇种植、加工、销售于一体的专业合作组织,为种植户提供产、供、销一体化服务,形成完整的虎奶菇产业链条,带动百姓种植"致富菇"。

二、大学生创业规划

大学生创业已成为毕业生流向社会的一种全新的就业方式。对于一个立志创业的大学生来说,职业生涯规划与其创业规划在一定程度上是同一个东西。要制订一份好的规划,可以参考以下创业四部曲。

(一)了解你自己

一个有效的创业规划,必须在充分且正确地认识自身的条件与相关环境的基础上进行。对自我及环境的了解越透彻,越能做好规划。因为创业规划的目的不只是协助创业者达到和实现个人目标,更重要的是帮助其真正了解自己,自我评估内容如表1-1所示。

表1-1 自我认识评估表

评估指标	二级指标	内容
我是谁	我拥有什么样的特质	
	我拥有什么样的能力	
	我的兴趣爱好是什么	
	我对创业这件事的态度是怎样的	
我知道什么	我的专业情况是怎样的	
	我具有哪些专业知识和技能	
	我从事过哪些工作	
	我具有怎样的工作和生活上的经验	
我认识谁	家人	
	朋友、同学	
	领导、同事	
	用户、合作伙伴	
	偶然认识的陌生人	

(二)明确创业目标

创业者要善于观察和发现新的机遇、新的商机,用创新的思维来设计自己的创业思路,站在成功创业者的经验之上,确立自己的目标。

高尔基说:"一个人追求的目标越高,他的才能就发挥得越快,对社会就越有益。"如果创业者自己都不知道要到哪儿去,那通常哪儿也去不了。但是一个人在明确自己想做什么、能做什么的同时,还应考虑社会的需求是什么这一重要因素。如果一个人所选择的创业领域既符合自己的兴趣,又与自己的能力相一致,但却不符合社会的需求,那么,这种创业的前景也会变得暗淡。由于分析社会需求及其发展态势并非一件易事,因此,在选择创业目标时,应该进行多方面的探索,以求得出客观而正确的判断。

(三)制订行动计划

大学生在确定了创业目标后,围绕创业目标的实现,需要制订具有针对性、明确性与可行性的行动计划,特别是要详尽制订大学期间和毕业后三到五年内的行动计划。

(四)开始行动

个人的创业规划不管多么好,多么严密,只要行动没有跟上,就依然是一张废纸。立即行动,是实现目标和梦想的唯一途径。

总之,一份创业规划必须将个人理想与社会实际有机地结合起来,从而设计出既合理又可行的创业发展方向。只有将自身因素和社会条件进行最大限度的契合,才能在现实中发挥优势、避开劣势,使创业规划更具有可操作性。

【小贴士】

大学生创业要做好的几件事

1. 要了解创业者应该具备的素质,自我比照、分析后,有针对性地提高。
2. 要了解优秀创业团队的特征,通过各种途径练习组建并管理团队,锻炼自己的领导力。
3. 要全面了解和评估创业环境,熟悉并利用相关的创业政策。
4. 要多渠道、多途径寻找机会,客观评估,学会整合资源。
5. 要先用加法做商业计划书,再用减法做融资路演的报告。
6. 要准确预测创业资金需求。
7. 要根据实际情况进行企业的选址。
8. 企业的生存离不开合适的组织设计、精准的产品开发、迅速的市场营销、精细的财务管理和干练的人力资源。
9. 企业的成长要有系统的战略部署。

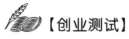
【创业测试】

现在你具备创业的基本素质吗

创业充满了诱惑,但并非每个人都适合走这条路。美国创业协会设计了一份测试题,可以帮助你在做出决策前对自己有一个初步的了解。

以下每题都有4个选项:A.经常;B.有时;C.很少;D.从不。

1. 在急需决策时,你是否在想"再让我考虑一下吧"?
2. 你是否为自己的优柔寡断找借口说"得慎重,怎能轻易下结论呢"?
3. 你是否为避免冒犯某个有实力的客户而有意回避一些关键性的问题,甚至有意迎合顾客?
4. 你是否无论遇到什么紧急任务都先处理日常的琐碎事务?
5. 你是否非得在巨大压力下才肯承担重任?
6. 你是否无力抵御妨碍你完成重要任务的干扰和危机?
7. 你在决策重要的行动和计划时,常忽视其后果吗?
8. 当你需要做出很可能不得人心的决策时,是否找借口逃避而不敢面对?
9. 你是否总是在晚上才发现有要紧的事没办?
10. 你是否因不愿接受艰巨的任务而寻找各种借口?
11. 你是否常来不及躲避或预防困难情形的发生?
12. 你总是拐弯抹角地宣布可能得罪他人的决定吗?
13. 你喜欢让别人替你做你自己不愿做而又不得不做的事吗?

计分:选A得4分,选B得3分,选C得2分,选D得1分。

得分50分以上,说明你的个人素质与创业者相去甚远;

40～49分,说明你不算勤勉,应彻底改变拖沓、低效率的缺点,否则创业只是一句空话;

30～39分,说明你在大多数情况下充满自信,但有时犹豫不决,不过没关系,这也是稳重和深思熟虑的表现;

15～29分,说明你是一个高效率的决策者和管理者,有望成为成功的创业者,你还等什么。

任务四　大学生创业政策

扫码看课

【名人名言】

对所有创业者来说,永远告诉自己一句话:从创业的第一天起,你每天要面对的是困难和失败,而不是成功。我最困难的时候还没有到,但有一天一定会到。

——马云

近几年,国家对于大学生就业创业的关注度越来越高,出台了一系列优惠扶持政策,支持高校毕业生创业、鼓励在校大学生创业。与此同时,各地政府部门也都开始通过推行各种政策来帮助高校学生进行创新创业教育,加大对大学生就业创业的支持,也积极地鼓励和引导大学生就业。

一、大学生创业政策解读(国家)

(一)税收支持

持人力资源和社会保障部核发的《就业创业证》(注明"毕业年度内自主创业税收政策")的高校毕业生,在毕业年度内(指毕业所在自然年,即1月1日至12月31日)成立个体工商户、创办个人独资企业的,3年内按每户每年8000元为限额依次扣减其当年实际应缴纳的增值税、城市维护建设税、教育费附加和个人所得税。对高校毕业生创办的小型微利企业,按国家规定享受相关税收支持政策。

(二)创业担保贷款和贴息

符合自主创业条件的大学生,可在创业地按规定申请创业担保贷款,贷款额度为10万元。鼓励金融机构参照贷款基础利率,结合风险分担情况,合理确定贷款利率水平;对个人发放的创业担保贷款,在贷款基础利率基础上上浮3个百分点以内的,由财政部给予贴息。

(三)免收有关行政事业性费用

毕业2年以内的普通高校学生从事个体经营(除国家限制的行业外),自其在工商管理部门首次注册登记之日起3年内,免收管理类、登记类和证照类等有关行政事业性费用。

(四)享受培训补贴

对大学生创办的小型微利企业,新招用毕业年度高校毕业生,签1年以上劳动合同并缴纳社会保险费的,给予1年的社会保险补贴。对大学生在毕业学年(即从毕业前一年7月1日起的12个月)内参加创业培训的,根据其获得创业培训合格证书或就业、创业情况,按规定给予培训补贴。

(五)免费创业服务

有创业意愿的大学生,可免费获得公共就业和人才服务机构提供的创业指导服务,包括政策咨询、信息服务、项目开发、风险评估、开业指导、融资服务、跟踪扶持等"一条龙"创业服务。

(六)取消高校毕业生落户限制

高校毕业生可在创业地办理落户手续(直辖市按有关规定执行)。

(七)创新人才培养

创业大学生可免费加入各地各高校实施的系列"卓越计划""科教结合协同育人行动计划"等,同时免费学习跨学科专业开设的交叉课程,免费加入创新创业教育实验班等。社会及学校也可探索建立跨院系、跨学科、跨专业交叉培养创新创业人才的新机制。

(八) 开设创新创业教育课程

自主创业大学生可免费利用各高校的各类专业课程和创新创业教育资源,免费学习面向全体学生开设的研究方法、学科前沿、创业基础、就业创业指导等方面的必修课和选修课;同时可免费学习各地区、各高校推出的资源共享的慕课、视频公开课等在线开放课程,可进行在线开放课程学习认证和学分认定。

(九) 强化创新创业实践

自主创业大学生可共享学校面向全体学生开放和使用的大学科技园、创业园、创业孵化基地、教育部工程研究中心、各类实验室、教学仪器设备等科技创新资源和实验教学平台;可参加全国大学生创新创业大赛、全国高职院校技能大赛和各类科技创新、创意设计、创业计划等专题竞赛,以及高校学生成立的创新创业协会、创业俱乐部等社团,提升创新创业实践能力。

(十) 改革教学制度

自主创业大学生可享受各高校建立的自主创业大学生创新创业学分累计与转换制度的政策;还可享受将学生开展创新实验、发表论文、获得专利和自主创业等情况折算为学分,将学生参与课题研究、项目实验等活动认定为课堂学习的新探索的政策;同时,可享受为有意愿、有潜质的学生制订的创新创业能力培养计划,以及创新创业档案和成绩单等系列客观记录,并量化评价学生开展创新创业活动情况的教学实践活动的政策;还可享受优先支持参与创业的学生转入相关专业学习的政策。

(十一) 完善学籍管理规定

有自主创业意愿的大学生,可享受高校实施的弹性学制,允许放宽修业年限,允许调整学业进程、保留学籍休学创新创业的政策。

(十二) 大学生创业指导服务

自主创业大学生可享受各地各高校对自主创业学生实行的持续帮扶、全程指导、一站式服务,以及地方、高校两级信息服务平台为学生实时提供的国家政策、市场动向等信息和创业项目对接、知识产权交易等服务。可享受使用各地在充分发挥各类创业孵化基地作用的基础上,因地制宜建设的大学生创业孵化基地和享受相关培训、指导服务等扶持政策。

二、大学生创业扶持政策(地方)

(一) 北京市大学生优惠创业政策(2018年)

北京市教委与市财政局2018年联合公布《北京高校大学生就业创业河北项目管理办法》。该办法自2018年9月1日起施行。对每个优秀大学生创业团队给予最多5万元奖励,对遴选出的"高校示范性创业中心"给予每校50万元的支持。

"大学生就业创业项目"包括"北京地区高校大学生创业园建设项目""北京高校示范性创业中心建设项目""支持北京高校大学生创新、创意、创业实践项目"。其中,"北京高校示范性创业中心建设项目"按照每个高校50万元标准给予支持,主要用于示范性创业中心建设校的创业教育与指导、创业教师培训、创业工作场地建设、大学生创业场地建设等;"支持北京高校大学生创新、创意、创业实践项目"按照每个创新创意实践团队支持额度不超过5万元、每个创业企业支持额度不超过20万元的标准补助。

(二) 江苏省大学生优惠创业政策(2018年)

(1) 持《就业失业登记证》(注明"自主创业税收政策"或附着《高校毕业生自主创业证》)的高校毕业生在毕业所在自然年(即1月1日至12月31日)从事个体经营的,3年内按每户每年8000元为限额依次扣减其当年实际应缴纳的营业税、城市维护建设税、教育费附加和个人所得税。

(2) 对高校毕业生创办的小型微型企业,按规定落实好减半征收企业所得税、月销售额不超过2万元的暂免征收增值税和营业税等税收优惠政策。

(3) 留学回国的高校毕业生自主创业,符合条件的,可享受现行高校毕业生创业扶持政策。

(三) 上海大学生优惠创业政策(2018年)

据国家和上海市政府的有关规定,上海地区应届大学毕业生创业可享受免费风险评估、免费政策培训、无偿贷款担保及部分税费减免四项优惠政策,具体内容如下。

(1) 高校毕业生(含大学专科、大学本科、研究生)从事个体经营的,自批准经营日起,1年内免交个体户登记注册费、个体户管理费、经济合同示范文本工本费等。此外,如果成立非正规企业,只需到所在区县街道进行登记,即可免税3年。

(2) 自主创业的大学生,向银行申请开业贷款担保额度最高可为7万元,并享受贷款贴息。

(3) 上海市专门设立了大学生创业"天使基金"。大学生创业可申请贷款最高为30万元,大学生开办企业可获5万至30万元支持。"天使基金"下设两种创业资助计划:"创业雏鹰计划"和"创业雄鹰计划"。它们分别以债权与股权两种方式,对青年创业者提供资金上的帮助,并提供相应的后续支持与服务。

【思考讨论】

请分组并围绕"创新创业"展开讨论,思考并回答下列问题。

(1) 创新和创业是一回事吗? 两者之间的关系是什么?

(2) 请针对每一种创新的类型,举一个现实中的例子。

(3) 创业要具备哪些关键要素? 各要素之间的关系是什么?

(4) 大学生创业过程中会遇到哪些问题? 如何进行创业规划?

【课外修炼】

(1) 在网络和图书馆搜索大学生创新创业的典型案例,找出自己感兴趣的创业类型,整理案例并从以下几个方面进行汇报:①案例所属的创业类型;②你怎么看这个案例;③结合这个案例对你的启发,谈谈自己要怎么做。

(2) 现在很多在校学生在做微商,其中不乏成功人士。①如果你打算做微商,要经营什么有创意的产品,才能使其从众多微商经营的产品中脱颖而出? ②如何进行创意营销,将经营的产品推广出去? ③除微信平台外,还有哪些网上平台适合大学生进行创业? ④同学们分组并在班级分享自己小组的好点子,形成可行性方案。方案中包含经营团队人员及各自职责、供货渠道及供货商、微店的设计及商品资料的发布、微店的日常经营管理(业务洽谈、售后服务、微店的营销与推广)等。

(3) 搜集国家或地方政府对创新创业活动的扶持政策,并从中筛选出你可能用到的政策。

放弃高薪职业的大学生农场主

焦阳阳大学毕业后顺利进入一家大型企业工作,但每天朝九晚五与平淡无奇的生活让他渐渐感到迷茫。

对未来的生活渐渐失去热情的时候,焦阳阳想到了回到家乡农村创业。他回忆起在比利时出差时看到很多的家庭农场,它们用自动化程度很高的机械设备运作。农场主依靠技术过得轻松又快乐,这与家乡人的劳作情形相比,有着天壤之别。焦阳阳的梦想是开办一家比利时式的农场。

焦阳阳回家创业得到了所在乡镇的大力支持。经过对村民做工作,他从3个村民小组的农民手里流转到一大片耕地,托管农民责任田。

他和大学一位学农学的同学共同参股,一起谋划生产,投入资金30多万元,添置机械设备组建了种植专业合作社,还聘用了当地20多个农民前来打工。

创业之路从来不是一帆风顺的。第一道难题是大片农田病虫害的防治——沿用传统的治虫方法,根本来不及治,且人工喷药并不安全。

焦阳阳运用自己所学的专业知识对无人机喷药控制系统进行升级改造,优化农药喷洒系统,喷药时间大大缩短,3个人合作,只需要一天半时间就能喷完整个农田的农药。不仅如此,与人工在田间来回走动喷药防治的方式相比,这样还不会伤害庄稼。

焦阳阳经常回母校,向农学专业教授请教关于农业种植和农业机械方面的技术知识。2016年,焦阳阳与广州一家科技有限公司深度合作,通过代理的形式对外销售、租赁植保无人机,同时提供飞防植保服务和培训服务,让更多的农户享受到自主飞行的智能植保无人机精准喷洒和高效作业带来的实惠。与此同时,焦阳阳在当地县农委支持下,拓展"互联网+农业"创新发展模式,投入30万元注册成立了一家电子商务有限公司。这家公司在网上销售稻谷,全年销售粮食收入130万元,年利润达30万元左右,并吸纳当地40人就业。

如今,焦阳阳的创业已经走上正轨。在提高产量的同时,他正在谋划提高粮食质量,种植黑色大米、优质香米,从事粮食加工,由过去卖稻谷变成卖优质生态米。焦阳阳还申请注册了农业植保专业合作社,利用无人智能飞机为全国各地农民种田提供防病治虫服务,将更多的种田人从繁重的劳作中解放出来。

思考与讨论:

1. 结合案例分析焦阳阳创业成功的关键是什么。
2. 焦阳阳的创业故事对大学生创业有什么启示?

模块二
创新思维

CHUANGXIN
SIWEI

学习目标

知识目标：
1. 理解并掌握创新思维的概念、特性。
2. 了解创新思维与一般思维的区别。
3. 理解创新思维的过程。
4. 理解并掌握思维定式的类型。
5. 理解并掌握创新思维的方式。

能力目标：
1. 能够摆脱各种思维定式的困境。
2. 结合所学，有意识地加以思维训练，扩展自己的思维视角。

独立思考

思维具有非凡的魔力，只要你学会运用它，你也可以像爱因斯坦一样聪明和有创造力。美国宇航局大门的铭石上写着："只要你敢想，就能实现。"

世界上绝大多数人都拥有一定的创新天赋，但许多人盲从于习惯，盲从于权威，不愿与众不同，不敢标新立异，所以在任何时候、任何组织中成功的只有少数人。在进行学习之前，请同学们首先思考一下：你是否经常人云亦云？是否总效仿别人的想法、说法、做法？是否提出过什么创新的建议？

"双十一"的由来

淘宝的"双十一"购物狂欢节起源于2009年，是阿里巴巴的现任CEO张勇策划的，喜欢网购的朋友都知道。"双十一"从最开始的"光棍节"，慢慢地变成了现在的"全球购物狂欢节"。

据阿里官方透露，2009年，那时候还没有天猫，它的前身叫淘宝商城，当时就想着策划一个网上的购物节。

为什么选在光棍节呢？挑来挑去觉得11月份可行。前有十一黄金周，后有圣诞节、元旦，唯独11月没有节庆日，而且到了换季的时候，不管南方还是北方，人们需要采办的东西比较多，过冬的衣服、袜子、鞋子都得置办起来。

挑什么日子？于是就翻开日历来看，翻来翻去只有一个11月11日——光棍节。既然光棍单身族宅在家里没事干，那就鼓励大家买点礼物送人。

就这样第一个"双十一"风风火火地搞起来了。

阿里巴巴表示，虽然只有27个商家参与，但等到当天快结束的时候，一看交易额已经超出平日好多倍，数字已突破5000万！

最终第一个"双十一"的交易额，定格在5200万，到了2019年其交易额突破2000亿。这个"双十一"已然成了全球最大的购物狂欢节。

传统思维对创新造成了阻碍，如果天猫没有对销售时间和现有业态进行分析并思考，就不可能有业绩突破，那可能就不会达到后来的惊人的销售额。

模块二 创新思维

任务一 认知创新思维

扫码看课

【名人名言】

我们的观念决定我们所看到的世界。

——爱因斯坦

一、创新思维的概念与特征

(一)创新思维的概念

创新思维是人类思维的高级过程,是指人类在探索未知领域的过程中,能够打破常规,积极向上,寻求获得新成果的具有社会价值的新颖而独特的思维活动。

创新思维不是创意,更不是创造力。创新思维运行的过程就是创意的认知过程,创意输出的过程,就是创造力产生的过程。也就是说,创新思维是创意的组成部分,也是创造力产生的"工具"。因此,创新思维是在抽象思维和形象思维的基础上和相互作用中发展起来的,抽象思维和形象思维是创造性思维的基本形式。

【小故事】

美国默克尔牙膏公司,生产了一种泡沫十分丰富的牙膏,投放市场后很受欢迎,因为当时不少消费者认为泡沫丰富就是好牙膏。

可是几年以后,其销售业绩却停滞下来,每个月仅能维持大致差不多的销量。董事会对这样的业绩表现感到不满,在年末召开全国经理级高层会议商讨对策。

会议最后决定:有偿征集建议,谁的建议能让销售额翻一番,就奖励谁10万美元。第二天,有名年轻人将建议写在一张纸条上,交给了总裁,总裁一看立马拍案叫好,当即奖励年轻人10万美元,并拍板第二年按年轻人的建议去实施。更换新包装后,牙膏的销售额果然翻了一番。

其实,年轻人的建议很简单:将现有的牙膏开口扩大1毫米。因为大多数消费者挤牙膏都有一个相同的习惯,挤出与牙刷前端的刷毛相同的长度,口径粗1毫米,每天牙膏的用量自然会多出不少。

后来,这则故事被当作经典成功案例被人引用,引用者挖掘出这则故事的启示:在试图增加产品销量的时候,绝大多数人总是在大力开拓市场、笼络更多的顾客方面做文章,如果你转换一下思维,增加老顾客的消耗量,也能够达到同样的目的。

能够从另一个角度看问题,见人之所未见,善于突破常规,就是创新思维。

(二)创新思维的特征

1. 敏感性

要想打破常规思维的界限,产生新的思维成果,就必须敏感地感知客观世界的变化。

2. 新颖性

创新思维重在创新,体现为在思考的方式上、思路的方向上、思维的角度上具有创造性和开拓性。认识事物时不停留在原有的层面上,而是进行重新的认识和分析,以独特的方法解决问题,用新奇的方式处理事情,产生新产品、新工艺、新方法、新方案等,从而形成和产生新的实用性或新的价值。

微课精讲

3．联动性

创新思维具有由此及彼的联动性，这是创新思维所具有的重要特征。联动方向有三个：一是纵向，就是看到一种现象，就向纵深思考，探究其产生的原因；二是逆向，就是发现一种现象，则想到它的反面；三是横向，就是能联想到与其相似或相关的事物。创新思维的联动性表现为由浅入深、由小及大、触类旁通、举一反三，从而获得新的认识和新的发现。

4．开放性

创新思维是开放的，要创新就必须善于学习、勤于思考，实现与外界的物质、能量和信息的交换。

5．跨越性

创新思维属于非常规性、非逻辑性的思维活动。具有创新思维的人常常独具卓识，敢于质疑，善于破除陈规和思想的禁锢，善于从新的角度思考问题，力求另辟蹊径，得到突破性的新发现。

【小故事】

图书馆"搬家"

英国国家图书馆是世界上著名的图书馆，里面的藏书非常丰富。有一次，图书馆要搬家，即从旧馆搬到新馆，结果一算，光搬运费就要几百万英镑，图书馆根本没有那么多钱。怎么办？有一个馆员向馆长提出了一个建议，结果只花了几千英镑就解决了图书馆搬家的问题。

按照该馆员的建议，图书馆在报纸上登了一则广告：从即日开始，每个市民可以免费从英国国家图书馆借10本书，其条件是从旧馆借出，还到新馆去。结果，广告一出，市民蜂拥而至，没几天，就把图书馆的书借光了，而且大家都按期把书还到了新馆。就这样，图书馆借用大家的力量搬了一次家。

二、创新思维与一般思维的区别

创新思维之所以有别于一般思维而成为一种新的思维形式，其主要特点是思维形式的反常性、思维过程的辩证性、思维空间的开放性、思维成果的独创性和思维主体的能动性。

1．思维形式的反常性

其经常体现为思维发展的突变性、跨越性或逻辑的中断，这是因为创新思维主要不是对现有概念、知识的循环渐进的逻辑推理和过程，而是依靠灵感、直觉或顿悟等非逻辑思维形式。

2．思维过程的辩证性

思维过程的辩证性主要是指它既包含逻辑思维（抽象思维），又包含非逻辑思维；既包含发散思维，又包含收敛思维；既有求同思维，又有求异思维等。由此形成创新思维的矛盾运动，从而推动创新思维的发展。创新思维实际上是各种思维形式的综合体。

3．思维空间的开放性

思维空间的开放性主要是指创新思维需要从多角度、全方位、宽领域地去考察问题，而不再局限于逻辑的、单一的、线性的思维，形成开放式思维。

4．思维成果的独创性

思维成果的独创性是创新思维的直接体现或标志，常常具体表现为创新成果的新颖性及唯一性。

5．思维主体的能动性

思维主体的能动性表明了创新思维是创新主体的一种有目的的活动，而不是客观世界在人脑中简单、被动的直映，充分显示了人类活动的主动性和能动性。

三、创新思维的过程

很多人对创新思维有一个很大的误解,似乎创新思维都是偶然的、直觉的、瞬间的灵感浮现。其实,很多创新过程都是一个精心设计的复杂而漫长的过程。创新思维需要经历若干阶段的探索,才可能得到预期的想法和创意。大量的实例已经证明,与偶然、直觉、一瞬间的灵光乍现相比,系统的创新思维过程所产生的新想法,无论是数量还是质量都要高很多。大学生尤其需要认真地学习和总结创新思维的过程和规律,有意识地应用创新思维的方法,而不是只凭直觉守株待兔。

英国心理学家格林汉姆·沃勒斯(Graham Wallis)提出了经典的"准备—酝酿—顿悟—验证"四阶段创造思维模式。

(一)准备阶段

创新思维是从发现问题、提出问题开始的。"问题意识"是创新思维的关键,提出问题后必须为着手解决问题做充分的准备。这种准备包括必要的事实和资料的收集、必需的知识和经验的储备、技术和设备的筹集以及其他条件的提供等。同时,必须对前人在同一问题上所积累的经验有所了解、对前人尚未解决的问题进行深入的分析。这样既可以避免重复前人的劳动,又可以使自己站在新的起点从事创造工作,还可以帮助自己从旧问题中发现新问题,从前人的经验中获得有益的启示。准备阶段常常要经历相当长的时间。

(二)酝酿阶段

酝酿阶段要对前一阶段所获得的各种资料和事实进行消化吸收,从而明确问题的关键所在,并提出解决问题的各种假设和方案。此时,有些问题虽然经过反复思考、酝酿,但仍未获得完美的解决,思维常常出现"中断"、想不下去的现象。这些问题仍会不时地出现在人们的头脑中甚至转化为潜意识,这样就为第三阶段(顿悟阶段)打下了基础。许多人在这一阶段常常表现为狂热和如痴如醉,令常人难以理解。例如,我们非常熟悉的牛顿把手表当鸡蛋,陈景润在马路上与电线杆相撞。这个阶段可能是短暂的,也可能是漫长的,甚至延续好多年。创新者的观念仿佛是在"冬眠",等待着"复苏"和"醒悟"。

(三)顿悟阶段

顿悟阶段也称为豁朗阶段。经过酝酿阶段对问题的长期思考,创新观念可能突然出现,思考者大有豁然开朗的感觉,真是"山重水复疑无路,柳暗花明又一村"。这一心理现象就是灵感或灵感思维。灵感的来临,往往是突然的、不期而至的。例如,德国数学家高斯为证明某个定理,被折磨了两年仍一无所得,可是有一天,正如他自己后来所说的"像闪电一样,谜一下解开了"。

(四)验证阶段

思路豁然贯通以后,所得到的解决问题的构想和方案还必须在理论上和实践上进行反复论证和试验,验证其可行性。经验证后,有时方案得到确认,有时方案得到改进,有时方案甚至完全被否定,再回到酝酿阶段。总之,灵感所获得的构想必须经过检验。

任务二　突破创新思维障碍

扫码看课

【名人名言】

妨碍人们创造的最大障碍,并不是未知的东西,而是已知的东西。

——贝尔纳

一些陈旧的、不切合实际的东西,不管那些东西是洋框框,还是土框框,都要大力地把它们打破,大胆地创造新的方法、新的理论,来解决我们的问题。

——李四光

创新思维是一切创新的前提,若思维成定式,就会严重阻碍创新。所以,创业者要善于克服思维定式,突破创新思维障碍。

一、克服思维定式

所谓思维定式,就是根据已有的知识、经验,在头脑中形成的一种固定的思维模式,也就是思维习惯。遇到问题,会自然地沿着固有的思维模式进行思考。

思维定式是一种按常规处理问题的思维方式,也称之为常规思维。一提到思维定式,很多人认为它就是思维障碍,这是片面的。事实上,日常生活中,绝大多数人的行为 90% 以上都是依赖思维定式思考的结果。换句话说,这种思维习惯既可能成为我们良好的"助手",帮我们形成正确的行为,缩短思考时间,提高效率;也可能成为我们最坏的"敌人",把我们的思维拖入特定的陷阱。思维定式就如同一把双刃剑,它有利于常规思考,却不利于创新思考和创造。

【小故事】

驴子的思维

一头驴子背盐渡河,在河边滑了一跤,跌在水里,那盐溶化了。驴子站起来时,感到身体轻松了许多。驴子非常高兴,获得了经验。后来有一回它背了棉花,以为再跌倒,可以同上次一样,于是走到河边的时候,便故意跌倒在水中。可是棉花吸收了水,驴子非但不能再站起来,而且一直向下沉,直到淹死。

常见的思维定式有以下几个类型。

(一)经验型思维定式

一般来说,丰富的经验是宝贵的,是人们处理问题时的好帮手,但是,如果过分相信与依赖以往的经验,反而不利于问题的解决。在解决实际问题的过程中,并不是像学习中解决一道算术题那么简单,只需要把适合的公式代入即可,还要根据环境、主体、对象以及问题本身的变化来适当地发挥经验型思维的作用。有时,类似的问题解决途径也是不一样的,这就需要在深入考察的基础上确定解决问题的途径。如果缺乏实际考察就盲目运用以往的经验来解决问题,往往会导致错误的结果。

微课精讲

【想一想】

假设你被困在了一个奇幻的房间里,房间仅有两个出口。与第一个出口连通的是一个由巨大的放大镜制成的房间,聚焦的太阳光会把你炙烤至死;与第二个出口连通的房间里有一条喷火龙。

你会选择哪个出口?

【小故事】

东芝公司的电风扇营销

日本的东芝电气公司 1952 年前后曾一度积压了大量的电风扇卖不出去,7 万多名职工为了打开销路,费尽心思地想了不少办法,但依然进展不大。

有一天,一名小职员向当时的董事长石坂提出了改变电风扇颜色的建议。在当时,全世界的电风扇都是黑色的,东芝公司生产的电风扇自然也不例外。

这个小职员建议把黑色改为浅色。这一建议引起了石坂董事长的重视。经过研究,公司采纳了这个建议,第二年夏天,东芝公司推出了一批浅蓝色电风扇,大受顾客欢迎,市场上还掀起了一阵抢购热潮,几个月之内就卖出了几十万台。从此以后,在日本及全世界,电风扇就不再是一副统一的黑色面孔了。

只是改变了一下颜色,大量积压滞销的电风扇,几个月之内就销售了几十万台。这个改变颜色的设想,效益竟如此巨大。事后,大家可能会觉得这个想法非常简单,但是,当时为什么东芝公司其他的几万名职工就没人想到?这是因为自有电风扇以来都是黑色的,大家也都彼此效仿,代代相传,形成了一种惯例。时间越长,这种惯例对人们的束缚就越大。而这名小职员的可贵之处就在于突破了"电风扇只能是黑色"这一思维定式的束缚。

(二)书本式思维定式

书读百遍,其义自见。人们从学习知识的那一天起,似乎就对书本产生了一种崇拜之情,也相应地产生了某些依赖。生活中经常有人这么说:"书上就是这么写的。"这种对书中的内容不假思索与质疑就全盘接受的现象就是书本式思维。相关知识的积淀是发展创造思维,进行创造性活动的基础。在对书本知识进行学习的同时,不仅要接受书本知识理论的指导,更要防止对书本内容的全部无条件接受,要敢于质疑、活学活用。正如古人所言:"尽信书不如无书。"在不断发展变化的现实世界中,虽然人们经常碰到与书本中相同的问题,但是由于问题所处的情境、产生问题的前提以及问题所指向的对象发生了变化,问题本身的解答也就发生了变化。如果不考虑已经变化的因素,依然按照书本式思维去求索问题,可能会走很多弯路,甚至是错路。

【小故事】

"熟读拳法"的拳师

有位拳师,熟读拳法,与人谈论拳术滔滔不绝,拳师打人,也确实战无不胜,可他就是打不过自己的老婆。拳师的老婆是一位不知拳法为何物的家庭妇女,但每每打起来,总能将拳师打得抱头鼠窜。

有人问拳师:"您的功夫都到哪儿去了?"拳师恨恨地道:"这个死婆娘,每次与我打架,总不按路数进招,害得我的拳法都没有用场!"拳师精通拳术,战无不胜,可碰到不按套路进攻的老婆时,却一筹莫展。

"熟读拳法"是好事,但拳法是死的,情况在改变。"知识就是力量"固然不假,但迂腐不化,成了书呆子,反而适得其反。

灯泡的容积

美国大发明家爱迪生有一位助手叫阿普顿,阿普顿的数学基础相当好。有一次,爱迪生把一只电灯泡的玻璃壳交给阿普顿,要他计算一下灯泡的容积。阿普顿看着梨形的灯泡壳,思索了好久之后,画出了灯泡壳的剖视图、立体图,画出了一条条复杂的曲线,测量了一个个数据,列出了一道道算式。经过几个小时的紧张计算,还未得出结果。

爱迪生看后很不满意。只见爱迪生在灯泡壳里装满水,再把水倒进量杯,不到一分钟,就把灯泡的容积"算"出来了。

(三)权威型思维定式

在日常生活、学习与工作中,很多人会把自己的长辈、老师、领导、专家或名人等当作权威人物,并以他们的观点与思想作为自己为人处世、学习与工作的信条。权威人物具有自身优越性。一般情况下他们确实拥有比其他人更多的成功经验与声望,对相关问题也更具发言权,更能够使他人信服。但是,权威人物的观点与思想并不一定完全正确,也并不一定适合每一个人。所以,自己要具有足够的分辨能力,不能将其全部奉为信条。

(四) 从众型思维定式

从众型思维是一种个体缺乏自身判断、容易受外界环境影响的思维。在这种思维导向下,个体往往会缺乏怀疑精神和自主判断的能力;受外界影响较大,在决策时,即使外界判断错误,也会迫于外界压力同意错误的判断。例如,"股市的从众心理"就可以看作是一种典型的从众型思维现象。概而言之,人们之所以依照从众型思维行事,一方面是由于在认识论层面上缺乏批判的精神和勇气,另一方面往往是由于怀着节约行事、思考成本甚至是逃避责任的心理。在封闭、僵化并缺乏安全感的社会环境中,比较容易滋生从众型思维。从众型思维的滋生和流行容易造成社会人格的平均化、平庸化趋向。在这种思维的主导下,显然不利于创造思维的发展。

苹果的香味

课堂上,哲学家苏格拉底拿出一个苹果,站在讲台前说:"请大家闻闻空气中的味道!"一名学生举手回答:"我闻到了,是苹果的香味!"苏格拉底走下讲台,举着苹果慢慢地从每一个学生的面前走过,并提醒道:"大家再仔细闻一闻,空气中有没有苹果的香味?"

这时已有半数的学生举起了手。苏格拉底回到讲台上,又重复了刚才的问题。这一次,除了一名学生没有举手外,其他人全都举起了手。苏格拉底走到这名学生面前问:"难道你真的什么气味也没闻到吗?"那个学生肯定地说:"我真的什么也没闻到!"这时,苏格拉底对大家宣布:"他是对的,因为这是一只假苹果。"这个学生就是后来大名鼎鼎的哲学家柏拉图。

挑战权威是一种敢于说出真相的态度,是一种敢于提出质疑的勇气,是一种坚持真理的精神。创新就是要挑战权威,不迷信书本和权威。但是,创新并不反对学习前人经验,任何创新都是在前人成就的基础上进行的。

(五) 模式型思维定式

模式型思维是指固守以往成功经验所总结、固化的一套方式方法。在生产、经营、科研及生活等领域中有很多模式化的东西,如烹饪、生产流水线、操作规程、实验方法、商业模式等。众多大大小小的模式是经验的总结、优化,对实践有很好的指导作用,很多商业上的成功正是模式的成功,然而,"成也萧何,败也萧何",很多商业上的失败也是由于模式的失败。如柯达、诺基亚等公司原来的成功模式不能适应新的变化,而导致失败。模式型思维定式的缺陷是趋于保守,不能主动求变或顺应外界的变化,如果能够打破某种模式的定式,可能带来重大的突破和收益。

思维定式吃苦头

1913年美国著名企业家亨利·福特受屠宰流水作业的启发,设计了汽车装配流水线,能大批量生产统一规格的黑色T型车。这一在福特脑中酝酿了整整10年的创新思维,诞生了管理史上著名的福特制。它开创了一个新的工业生产技术时代,也使福特成为一度占有68%世界汽车市场的汽车大王。

但是,福特在陶醉于他创新思维所取得的巨大成就的同时,也在大脑中埋下了思维定式的种子,居然公开宣称,福特公司从此以后只生产黑色的T型车。当美国汽车市场渐趋饱和,早期购车人需要更新车辆,对汽车的档次、性能、外观有了更高要求时,福特的思维定式使他大吃苦头。美国另一著名企业家通用汽车公司总裁斯隆看到福特产品单一、款式陈旧这一致命弱点,设计制造出不同价格档次的汽车,并且首创了"分期付款、旧车折旧、年年换代、密封车身"的汽车生产四原则,一举击败福特,登上了世界第一汽车制造企业的宝座。

(六) 直线型思维定式

直线型思维是一种直线的、单向的、单维的、缺乏变化的思维方式。这种思维方式有两个基本特点：一是把多元的问题变成一元的，"一条道走到黑"，排除其他道路的可能；二是非此即彼，非对即错，不考虑其他方案的可能性，简单地进行二选一。用直线型思维处理具有非此即彼的答案的问题时，能很快得出正确答案。但是，如果在处理复杂问题时也按部就班地依照直线型思维行事，便无法切中问题要点。直线型思维因过于简单且缺乏可逆性，对复杂问题的前提和可能的结果往往缺乏灵活、全面的考察，用这种直接、草率的方式处理问题，往往会导致没有回旋的余地。

(七) 局限型思维定式

局限型思维是在忽略问题之间、问题环节或要素之间的关联性和整体性的情况下，偏重或局限于个别方面去思考解决问题的思维方式。由于对问题之间普遍联系特征的忽略，局限型思维往往不能敏锐地把握问题的发展，以致在实际解决问题时造成停滞不前或者耽误时机的后果。在现实层面上，由于每个人的知识经验背景都有一定的特殊性和既定性，在思考问题时难免有相应的局限性，但是，人们应该学会辩证地看待问题，不断锻炼自己从联系和发展的角度去思考问题。在日常生活中，当人们遇到难题时，总会抓住甚至反复纠结于那些羁绊自己的环节不放，试图突破难点，但最后反过来看，当初的很多努力都成了无用功。其实，可以试着换一个角度思考，不只拘泥于这一个部分，或许把它放在整体之中，当其他问题解决时，这一难点也会相应解决或找到解决办法。

(八) 循规蹈矩型思维定式

循规蹈矩型思维安于现状，不愿意进行深入思考，不积极进行创新，是一种惰性思维。如果人们长期受这种思维的影响，就会像被驯化的动物一样，不再主动开动脑筋，而只是机械性地操作。创造性活动是积极进行创新、开拓新知识的活动，而循规蹈矩型思维方式会严重阻碍创造性活动的开展。在思维方式上存在这种惰性的人，很难获得创造性成果。

(九) 太极型思维定式

太极型思维是指缺乏选择能力、缺乏主见，不知该如何取舍，模棱两可的思维方式。具有这种思维特征的个体往往缺乏决断力，在解决问题时没有自己的主见，犹豫不决。在很多情况下，由于不能确定解决问题的方案，很多解决问题的最佳时机就会被错过。人生中有很多机会是来之不易的，所以要勇于面对抉择，敢于付诸行动，切莫在犹豫不决中错失良机。

二、扩展思维视角

人的思维活动不仅有方向、有次序，还有起点。在起点上，就有切入的角度。我们把思维开始时的切入角度，称为思维视角。思维视角就是思考问题的角度、层面、路线或立场。实际上，思维视角对于创新活动来说非常重要，创新应该尽量多地增加头脑中的思维视角，学会从多种角度观察同一个问题。

(一) 肯定—否定—存疑

思维中的"肯定视角"就是，当头脑思考一种具体的事物或者观念的时候，首先设定它是正确的、好的、有价值的，然后沿着这种视角，寻找这种事物或观念的优点和价值。思维中的"否定视角"正相反，否定，也可以理解为"反向"，就是从反面和对立面来思考事物；并在这种视角的支配下寻找这个事物或者观念的错误、危害、失败等负面价值。对于某些事物、观念或者问题，我们一时也许难以判定，那就不应该勉强地"肯定"或者"否定"，不妨放下问题，让头脑冷静一下，过一段时间再进行判定。这就是"存疑视角"。

(二) 自我—他人—群体

我们观察和思考外界的事物，总是习惯以自我为中心，用我的目的、我的需要、我的态度、我的价值观念、我的情感偏好、我的审美情趣等,作为标准尺度去衡量外来的事物和观念。

"他人视角"要求我们,在思维过程中尽力摆脱"自我"的狭小天地,走出"围城",从别人的角度,站在"城外",对同一事物和观念进行一番思考,发现创意的苗头。

任何群体总是由个人组成的,但是,对于同一个事物,从个人的视角和从群体的视角,往往会得出不同的结论。

(三)无序—有序—可行

"无序视角"是指我们在创意思维的时候,特别是在思维的初期阶段,应该尽可能地打破头脑中的所有条条框框,包括那些法则、规律、定理、守则、常识之类的东西,进行一番"混沌型"的无序思考。

"有序视角"的含义是,我们的头脑在思考某种事物或者观念的时候,按照严格的逻辑来进行,透过现象,看到本质,排除偶然性,认识必然性。

创意的生命在于实施,我们必须实事求是地对观念和方案进行可行性论证,从而保证头脑中的新创意能够在实践中获得成功。这就是"可行视角"。

总之,创新思维是一种习惯。要想拥有这种习惯必须要通过认真的学习,掌握各种创新思维方法。科学有序的方法才是成功的坚实基础。

三、超越自我

突破障碍就是突破自我,进一步说就是超越自我,超越自我才是创新。

所谓"超越",实际上也是一种思维方式。这种思维方式,就是站在时代的制高点,超越时空的限制,根据对客观规律的正确认识,对事物的发展趋势进行正确的判断,从而做出科学的决策。只有超越才有创新,超越既不是拘泥于现实的墨守成规,也不是脱离实际的凭空幻想。只有超越自我才能超越现实。超越自我意味着思维方式的不断创新,也意味着人生目标的不断前移,最终实现人生的价值。

任务三　创新思维的培养

扫码看课

【名人名言】

在创新活动中,只有知识广博、信息灵敏、理论功底深厚、实践经验丰富的人,才易于在多学科、多专业的结合创新中和跳跃性的创造性思维中求得较大的突破。

——朗加明

一、创新思维的基础

人类思维具有3种形式:逻辑思维、形象思维和创新思维。钱学森指出:思维学是研究思维过程和思维结果,不管在人脑中的过程。这样我从前提出的形象(直感)思维和灵感(顿悟)思维实是一个,即形象思维,灵感、顿悟都是不同大脑状态中的形象思维。另外,人的创造需要把形象思维的结果再加逻辑论证,是两种思维的辩证统一,是更高层次的思维,应取名为创造思维,这是智慧之花!所以,人类思维应归纳为逻辑思维、形象思维和创造思维。

钱学森所说的"创造思维"就是创新思维。由此可见,创新思维是建立在逻辑思维和形象思维基础之上的。

(一)逻辑思维

逻辑思维即抽象思维,它撇开事物的具体形象而抽取其共同的本质,因而具有抽象性的特征。逻辑思维只讲究事物间的共性,而不讲究事物间的差异,是一种求同性思维,是一种用概念、判断、推理来反映现实的思维过程。

逻辑思维帮助我们正确认识客观世界,解决常规问题,表达思想。逻辑思维具有严密性,但容易形成思维定式。

(二) 形象思维

形象思维又称直觉思维,是一种借助于具体形象来开展思维的过程,它反映事物间的差异性,而忽视了事物间的共性,是一种求异性的思维,具有以下特点。

1. 非逻辑性

形象思维建立在感官认识的基础之上,具有经验性。中国有句俗话——"久病成良医"就是形象思维经验性的体现。

2. 直接性

形象思维可以在需要解决的问题和解决方法之间直接取得联系。例如,鲁班的手被草叶子割破了,他便产生联想,根据草叶子的形状发明了锯子。

3. 发散性

发散性也就是想象力。在黑板上画一个圆圈,问幼儿园的小朋友这画的是什么,小朋友的回答千奇百怪:有的说是圆石头,有的说是太阳,有的说是油饼,有的说是车轮等。这就是形象思维的想象力。对创新来说,想象力具有重要意义,爱因斯坦指出:想象力比知识更重要,因为知识是有限的,而想象力概括着世界上的一切,推动着进步,并且是知识进化的源泉。

4. 灵感

灵感是人们在创造活动中,受到某种启示,内部知识积淀到一定程度突然爆发,得到奇思妙想,使长期思考的问题得到解决的思维过程。灵感具有偶然性,也具有必然性,只有知识丰富,有准备的人,才能抓住瞬间出现的灵感解决问题。牛顿被树上掉下来的苹果砸中而获得灵感,成为经典力学的创始人。但如果一个人没有牛顿那样丰富的学识,即使被苹果砸中 N 次,也不可能得出万有引力定律。

由此可知,逻辑思维和形象思维各有优缺点,只有在思维过程中扬长避短、相互补充才能实现创新思维。

【想一想】

1. 一个人体内有两颗心脏,而且都跳动得很正常。可能吗?
2. 在大洋洲的某个村庄里,所有的人都只有一只右眼。可能吗?
3. 一年中有些月份有 30 天,有些月份有 31 天。那么有多少个月有 28 天?
4. 某地正处于雨季,某天半夜 12 点下了一场大雨。请问,过 72 小时后,该地会不会出现太阳?

参考答案:
1. 有可能,这个人是孕妇。
2. 可能。世界上没有人有两只右眼。
3. 12 个月。每个月都会有 28 天。
4. 不会。72 小时后是半夜。

二、创新思维方式

创新活动中除了有按常规的逻辑思维活动外,还有一些与人们日常思维有异的特殊思维方式,即所谓的创造性思维。创造性思维使人能突破思维定式去思考问题,从新的思路去寻找解决问题的方法。通常使用的创造性思维方式有逆向思维、侧向思维、求异思维、类比思维、综合(集中)思维、发散(扩散)思维、联想思维等。

(一)逆向思维

所谓逆向思维,就是指突破常规考虑问题的固定思维模式,采用与一般习惯相反的方向进行思考、分析的思维方式。通俗地讲,就是倒过来想问题。

例如,水总是由高向低流动,有什么办法能使其由低向高流动呢?由此发明出了各种类型的泵。说话声音高低能引起金属片相应的振动,相反金属片的振动也可以引起声音高低的变化。爱迪生在对电话的改进中,发明了世界上第一台留声机。又如,小孩掉进水里,把人从水中救起,是使人脱离水,是正向思维;司马光救人是打破缸,使水脱离人,这就是逆向思维。

【小故事】

吸水纸的发现

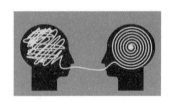

20世纪40年代,德国的一家造纸厂在生产纸的过程中,忘记了放糨糊,结果生产出来的纸,不能用墨水写字,因为只要写字马上就变模糊了。这批纸成了不能写字的废纸。

老板非常恼火,大家都纷纷表示惋惜。这时有一位员工说:"我们想一想办法,看看能不能将功补过呀?"于是,他们就动手试验起来,既然写在纸上的墨水很快能被这种纸吸收,那就发明一种新的产品——吸水纸,使废物得到巧利用。

吸水纸的发明就是运用逆向思维法的胜利,从失败的反面进行创新思考,结果使"废纸"找到新用途,创造了一个新的市场。

【想一想】

农 夫 分 牛

据说大作家托尔斯泰设计了这样一道题:从前有个农夫,死后留下了一些牛,他在遗书中写道,妻子得全部牛的半数加半头;长子得剩下的牛的半数加半头;次子得还剩下的牛的半数加半头;女儿分得剩下的半数加半头,结果一头牛都没有杀,且全部分完。问农夫有多少头牛?

(二)侧向思维

有位心理学家做过这样一个实验,把狗和鸡关在两堵短墙之间,在狗和鸡的前面用铁丝网隔开放了一盆饲料。鸡一看到饲料就马上直冲过去,结果左冲右突就是吃不到食物。狗先是蹲在那儿直勾勾地看着食物和铁丝网,又看看周围的墙,然后转身往后跑,绕过墙来到铁丝网的另一边,结果吃到了食物。人类在考虑某个问题时也有类似的现象,有人总是死抱着正面进攻的方法一味蛮干,丝毫不能解决问题;而有人则采用迂回战术,用意想不到的方法,轻而易举地获得成功。这就是侧向思维。

侧向思维与逆向思维一样,都是相对常规思维活动而言的。它们的区别在于:逆向思维在许多场合表现为与他人的思维方向相反,但轨迹一致;而侧向思维不仅在方向上不同,而且在轨迹上也有所不同,偏重于另辟蹊径。

例如,要剪一个圆纸板,通常先在纸板上画出一个相应直径的圆,再用剪刀仔细剪下,花费时间较长。有人想到用圆规画圆,把圆规的笔尖改装为小刀片,则使圆规成了一个很好的切圆片专用工具,这就用不同的方法解决了同一问题,还节省了时间。

(三)求异思维

求异思维的关键在于,人不受任何框架、任何模式的约束,能够突破、跳出传统观念和习惯的禁锢,从新的角度认识问题,以新的思路、新的方法创造人类前所未有的更好、更美的东西。

(四)类比思维

类比思维是一种或然性极大的逻辑思维方式,它的创造性表现在发明创造活动中人们能够通过类比已有事物开启创造未知事物的发明思路,其中隐含着触类旁通的含义。它把已有的事和物与一些表面看来与之毫不相干的事和物联系起来,寻找创新的目标和解决的方法。例如,飞机与鸟类和蜻蜓,人们由鸟的飞行运动制成了飞机,飞机高速飞行时机翼产生强烈振动,有人根据蜻蜓羽翅的减振结构设计了飞机的减振装置;天津一名学生根据小狗爬楼的运动方式发明了狗爬式上楼车等都是类比的结果。

(五)综合思维(集中思维)

在日常生活中经常会遇到这样的情况:由两个或更多的人拉一辆车或划一条船,尽管各人用力的方向各不相同,但车或船往往能朝着一个正确的方向,即合力的方向前进。在创新活动中,同样可以把几个不同的主意合起来,或者相互补充,取其长处重新组合起来,去解决同一个难题或完成同一件作品,这就是综合思维,又称集中思维。

(六)发散思维(扩散思维)

通常人们考虑问题,由起点(提出问题)到终点(解决问题)总喜欢按一条思路进行,走不通就打住。也许,从多个不同角度换一个思路去考虑会很容易解决问题。这种围绕一个问题,突破常规思维的束缚,沿不同方向去思考、探索,寻求解决这一问题的各种可能性,由一点到多点的思维形式就称为发散思维,又称扩散思维、多向思维、辐射思维。扩散的范围越广,产生的设想就越多,解决问题的可能性就越大。面对一个新方法、新技术、新规律、新产品、新现象,一个训练有素的发明者会考虑能否有其他更多的用途,制作更多类型的作品,设计新的装置,开创新的技术种类、新的系列化产品、新的应用领域。

【想一想】

怎样才能达到照明的目的?你能想到多少种办法?请你把办法列出来,办法越多越好。点油灯,开电灯,点蜡烛,用镜子反射太阳光,划火柴,烧纸片,用手电筒,点火把……

爱迪生在试制灯泡丝时,实施了1600多个不同类型的方案,一直到最后找到碳化棉丝才得以成功。

(七)联想思维

联想是指从一种事物想到另一种事物的心理活动。联想可以是概念与概念之间的联想,也可以是方法与方法之间的联想,还可以是形象与形象之间的联想。由下雨想到潮湿,由烟雾想到白云,看到狮子想到猫等,都是联想。

联想的本质是发现原来认为没有联系的两个事物(或现象)之间的联系。有一句话说得好:"在一定程度上,人与人之间创造力的差别在于看到同样的事情产生不同的联想。"

【小故事】

微波炉的诞生

微波炉是典型的"意料之外的事件"引发的创新产品。1945年,美国雷达工程师斯宾塞在做雷达实验时偶然发现口袋里的巧克力块融化发黏,他由此发现了微波的热效应,微波热效应的第一个专利在美国诞生,1947年雷声公司研制出了世界上第一台微波炉。经过不断改进,1955年家用微波炉在西欧诞生,20世纪60年代开始进入家庭,随着技术的不断进步,微波炉得以普及。

三、培养创新思维

(一)知识是产生创新思维的必要前提

创新是建立在广博的知识基础之上的。没有厚实的知识积累,即使有了创新点子,也无法将点子转变为解决问题的方法。科幻小说中有许多相当新颖的创新思想,但限于科技知识水平,许多想法无法实现。牛顿有句名言:"我之所以看得更远,是因为我站在巨人的肩膀上。"巨人的肩膀就是前人知识的积淀,所以培养创新思维的第一步,就是做好知识的积累。

科学的创新来不得半点虚假,没有任何捷径可走。知识基础是对前人智慧成果的集成,是形成创造力的必要条件,离开了扎实宽厚的知识基础,就不可能顺利开展创新活动。现代社会的发展要求我们个人不能只拥有单一的学科知识,而必须拥有跨学科的知识结构。只有如此,才能以多种角度去分析问题、解决问题,也更加容易形成新思维。

(二)实践经验是创新思维的根本基础

创新源于实践。思维是在实践基础上分析综合,然后做出判断推理的过程,创新思维也离不开实践活动。从伽利略在比萨斜塔上做的"两个铁球同时落地"的著名重力实验到牛顿的"万有引力",再到爱因斯坦的"相对论"的力学发展历程,我们可以看到知识是在理论—实践—理论—实践过程中不断创新发展的。我们在工作、学习、生活中,应当注重观察细节,积累实践经验,为创新思维打下坚实的基础。

(三)多向思维法是创新思维的基本方式

对一个问题的思考,不能只从一个角度入手,要力争从众多的新角度去观察思考,以求获得更多的新认识,提出更多解决问题的新方法。当我们不能直接解决问题时,可以尝试运用逆向思维、侧向思维、求异思维、类比思维、综合(集中)思维、发散(扩散)思维、联想思维的方式,从不同的方向提出解决问题的方法。

(四)创新思维过程中应避免的几个误区

在创新思维过程中,我们应当尽量避免以下几个误区。

1. 思维过度发散,舍近求远

有一个很经典的例子,就是用高度表测量楼房高度的问题。实验者提出了诸如以高度表为单摆,通过单摆在楼顶的摆动率计算楼房高度;将高度表从楼顶自由垂直下落,通过高度表下落所用时间计算楼房高度等十来种方法,就是没有使用高度表直接读出楼房高度的方法。虽然这只是一个体现利用发散思维解决问题的例子,但是创新思维应当尽量避免这种思维方式。我们要牢记:创新的目的就是要以最简单、最直接的方法解决问题。解决问题时舍近求远不利于创新思维。

2. 过度求新,忽视创新成本

在创新过程中,还应当避免过度求新,而忽视了创新的实现代价与实现的价值之间的关系。某些人在创新活动中一味求新,似乎不采用最新技术,不使用最新方法,就不能体现出创新水平。但是,创新毕竟还属于社会活动,与社会条件密切相关,太"超前"的创新技术,如果实现的成本太高,远超它实现的价值,就不会在短时间内得到社会的认可和应用。

20世纪90年代初,某食品厂从国外引进了一套蔬菜水果脱水技术,用来生产脱水蔬菜和水果。这种技术在当时很先进,既保持了蔬菜、水果的营养,又可以使其长期存放,照理应当很有市场竞争力。但厂家忽视了这套技术及设备的高额引进成本。由于引进成本高,产品价格超出当时人们的消费承受力,导致产品卖不出去,引进的设备长期闲置,最后成了一堆废铁。20年后,技术成熟了,脱水蔬菜、水果的生产成本已接近消费者的承受力,但原来最先引进这项技术的食品厂已经从市场上消失了。

【创业测试】

思维方式测试

只需统计出你选出的ABC的个数即可。如果有些问题的选项中没有符合你实际情况的,可以不选,但是要记录个数。

1. 看地图或街道示意图时,你(　　)。

A. 看不懂,经常询问别人

B. 转动地图,使它朝向你将去的方向

C. 毫不费劲就能看懂地图

2. 你正在做一道复杂的菜肴,收音机开着,这时你朋友的电话来了,你(　　)。

A. 收音机继续开着,一边做菜,一边打电话

B. 把收音机关了,然后边做菜边打电话

C. 告诉你的朋友,你一做完菜马上就给她/他回电话

3. 朋友们将来你的新家做客,事先向你询问方向,你将(　　)。

A. 画一张非常清楚的地图送给他们或让其他人解释如何来到

B. 问他们知道哪些沿途的标记,然后尽量解释清楚如何来

C. 口头上解释如何走,如坐3路车到图书馆后下车,左拐,到第二个十字路口

4. 在解释一个主意或一个概念时,你更可能(　　)。

A. 用一支铅笔、一张纸及身体语言

B. 用身体语言、手势解释

C. 口头解释,简单明了

5. 当观看完一部大片后,你更愿(　　)。

A. 在脑海中回忆电影镜头

B. 谈论场景及演员的台词

C. 谈论中主要引用电影中的台词

6. 在一家剧院中,你通常喜欢坐在(　　)。

A. 剧院的右边

B. 不介意坐在哪儿

C. 剧院的左边

7. 一个朋友有个小机器坏了,你将(　　)。

A. 同情,讨论有什么感受

B. 推荐能修好机器的人

C. 琢磨它是如何工作的,企图帮他/她修好

8. 在一个你不熟悉的地方,有人问你哪儿是北,你(　　)。

A. 承认你也不知道

B. 经过一番思索后,猜测哪边是北

C. 毫不费力地找到北

9. 你泊车时,发现了一个空车位,但地方很窄,你将(　　)。

A. 尽量寻找其他宽敞的空车位

B. 小心地企图把车倒进去

C. 轻松地把车倒进去

10. 你正看着电视,电话铃响了,你将(　　)。

A. 开着电视接电话

B. 把电视关了,然后接电话

C. 把电视关了,并让其他人保持安静,然后接电话

11. 你刚刚听到过一首你最喜欢的歌唱家演唱的新歌,你通常(   )。

A. 毫不费劲地唱出部分歌词

B. 如果这是一首相当简单的歌,你能唱出部分歌词

C. 想不起来歌词是什么,但可能回忆出部分旋律

12. 你预测结果,常凭(   )。

A. 直觉

B. 运用掌握的信息及感觉做出判断

C. 事实、统计结果、资料

13. 你把钥匙放错了地方,找不到了,你将(   )。

A. 先做其他事,直到自己想起来

B. 先做其他事,但是继续尽力回忆钥匙的位置

C. 回忆整个经过,直到想起放钥匙的位置

14. 在一个旅馆的房间里,你听到远处传来警报器的声音,你(   )。

A. 能立即指出从哪里传来的

B. 仔细辨认后能指出从哪里传来的

C. 仔细辨认也不能指出从哪里传来的

15. 你去了一个社交性会议,别人介绍了七八个陌生人给你。第二天你(   )。

A. 能清楚地回忆起他们的脸孔

B. 能回忆起其中一部分人的脸孔

C. 更可能回忆起他们的名字

16. 你想要去乡间度假,而你的父母想去海边。为了证明你的主意更好,你(   )。

A. 告诉他们你感觉将多美好,你非常喜爱农村风景,大人及孩子都会在那儿度过愉快的时光

B. 告诉他们如果去乡间度假你将感激不尽,然后下次将会非常乐意去海边

C. 运用事实:乡间旅游地点近,又便宜,体育、休闲活动丰富

17. 在安排你的一日活动计划时,你常(   )。

A. 列出一张表,这样你能看出需要干什么

B. 考虑一下你要干的事

C. 在脑海中过一遍你将看到的人、将去的地方及将要做的事

18. 你的朋友有一个个人问题,来和你讨论,你(   )。

A. 同情并且理解

B. 告诉他问题并不像看起来那样糟糕,然后解释为什么

C. 提供解决问题的合理建议

19. 两个你都认识的朋友有了一段秘密的婚外情,你能看出来吗?(   )

A. 一开始你就能看出来

B. 过了一段时间后你能看出来

C. 你可能没有意识到

20. 什么是生活,你如何看待它?(   )

A. 有很多朋友,和你周围的人和睦相处

B. 在保证自己独立的基础上和其他人友好相处

C. 实现有价值的目标,获得别人的尊敬,赢得社会的名望

21. 可能的话,你会选择怎样的工作?(　　)
A. 在一个人人和睦相处的团队中
B. 在保证自己独立的空间的基础上和他人合作
C. 自己一个人

22. 你喜爱读的书是(　　)。
A. 小说和虚构的故事
B. 杂志和报纸
C. 非虚构类,如自传

23. 在逛商店时,你倾向于(　　)。
A. 通常一冲动就买东西,尤其是那些特别的、不常用的东西
B. 有一日常的计划,但有时遇见合意的也会买
C. 仔细阅读价目表,比较价钱后再决定是否买

24. 睡觉、起床、吃饭你喜欢如何安排?(　　)
A. 想吃就吃,想睡就睡
B. 有基本计划,有时也灵活变化
C. 每天固定的时间做固定的事

25. 你开始了一份新工作,遇见了许多新朋友。你正在家中,他们中有一个人给你打电话,你将(　　)。
A. 非常容易辨认出他的声音
B. 中途识别出他的声音
C. 没有辨认出他的声音

26. 和别人争吵时让你最难过的是什么?(　　)
A. 他们的沉默和缺少反应
B. 他们不愿再听你的观点
C. 他们富于挑战性的问题及陈述

27. 在学校中,你对拼写测验和写作有什么样的感觉?(　　)
A. 发现它们很容易
B. 你会做好其中的一项
C. 你两项都不擅长

28. 在跳舞及练爵士舞基本动作时,你(　　)。
A. 一旦学会了步法,就能感觉出音乐来
B. 能做部分练习及舞蹈步法,但跟不上其他人
C. 很难跟上节拍

29. 你擅长于识别和模仿动物声音吗?(　　)
A. 不善于
B. 有普通的常识
C. 非常棒

30. 在漫长的一天的最后,你通常喜爱(　　)。
A. 和你的朋友或家人轻松地聊你的一天
B. 听其他人谈论他们的一天
C. 看报纸、电视,但不说话

计算得分:

男性		女性	
A 的个数×15 分＝		A 的个数×10 分＝	
B 的个数×5 分＝		B 的个数×5 分＝	
C 的个数×(－5)分＝		C 的个数×(－5)分＝	
总分		总分	

注：空选项算 5 分

分析结果：

（1）多数男性的分数会分布在 0～180 分之间；多数女性的分数会分布在 150～300 分之间。

（2）偏男性化的大脑，分数会低于 150 分。分数越接近 0 分就越男性化。他们有很强的逻辑观念、分析能力、说话技巧，很自律，也很有组织性，不容易受到情绪的影响。

（3）分数在 150～180 分之间的人，他的思考方式拥有两性的特质。他对男女都没有偏见，并在解决问题方面，反应会比较灵活，能找出最佳的解决方法。

（4）分数高过 180 分的，就是很女性化的人。分数越高，大脑就越女性化。富有创意，有音乐艺术方面的天分。他们会凭直觉与感觉做决定，并擅长用很少的资讯判断问题。

（5）分数低于 0 分的男性或高于 300 分的女性，他们大脑的构造是完全不同的。他们唯一相同之处大概是生活在同一星球——地球上吧！

【思考讨论】

请分组并围绕"创新思维"展开讨论，思考并回答下列问题。

（1）创新思维和一般思维的区别是什么？

（2）请针对每一种创新思维定式，举一个现实中的例子。

（3）你的思维方式有哪些障碍？如何突破？

（4）创新思维可以培养吗？如何提升自己的创新思维？

【课外修炼】

1. 逆向思维训练

（1）哭笑娃娃。

游戏目的：在迅速反应中发展思维的逆向性和流畅性。

游戏玩法：一起玩"石头、剪刀、布"，不过，这次要做一点小小的改动。每一次胜利者都要做"哭"的动作，输的一方则要做"笑"的动作，谁先做错就要被淘汰。

（2）反口令。

游戏目的：能根据口令做相反的动作，训练思维的逆向性及思维的敏捷性。

游戏玩法：你说"起立"，对方就要坐着不动；你说"举左手"，对方就要举右手；你说"向前走"，对方就要往后退。总而言之，对方要和你"反着来"才行。如果他做错了就算输。

2. 发散思维训练

（1）请在 5 分钟内尽可能多地写出带有数字一至十的词汇，如一心一意等；与朋友比比，写得最多又无错误的为胜。

（2）尽可能多地说出冰块的用途。

（3）你能设计出更漂亮新颖的伞的形状吗？

（4）尽可能多地列出肥皂的用途。

（5）尽可能多地写出"缓解上班高峰期电梯拥挤"的方法。

(6) A 能够影响 B,如:书籍能够影响人的身心。写出另外 4 种 A 和 B。
(7) 用 5 个关键词编故事,看谁的思维最发散。
规则:所编故事一定要用到所有的关键词,无先后次序,长短不限,看谁编得最好。
关键词:古怪、台风、一棵树、杂货店、天使。

3．集中思维训练
(1) 下列各词,哪一个与众不同?
①房屋、冰屋、平房、办公室、茅舍。
②沙丁鱼、鲸鱼、鳕鱼、鲨鱼、鳗鱼。
(2) 假如你是一个钟表商店的经理,门前要挂两个大的钟表模型,你认为时针和分针摆在什么位置上最好?
(3) 三个孩子中有一个人偷吃了苹果,一个人说了真话,请找出偷吃苹果的孩子,并说明原因。
小明:"我向来守规矩,没有偷吃苹果。"
小兵:"不,小明撒谎。"
小刚:"小兵胡说。"

4．联想思维训练
(1) 列出以下事物的相似之处,越多越好。
①桌子和椅子。
②人才市场和商品市场。
③工厂和学校。
(2) 遇到交通堵塞,车辆排起了长龙,你会有什么联想?
(3) 看到新生入学的场景,你会联想到哪些相近的事物?
(4) "举头望明月,低头思故乡"是诗人在描写异乡客触景生情、思念家乡的思维活动,诗人是用什么联想方式进行描述的?
(5) 木头和皮球是两个风马牛不相及的概念,但可以通过联想这一媒介,使它们发生联系:木头—树林—田野—足球场—皮球。那么,请同学想一想:
①天空和茶有什么联系。
②钢笔和月亮有什么联系。

5．逻辑思维训练
(1) 在 8 个同样大小的杯中有 7 杯盛的是凉开水,1 杯盛的是白糖水。你能否只尝 3 次,就找出盛白糖水的杯子?
(2) 假设有一个池塘,里面有无穷多的水。现有 2 个空水壶,容积分别为 5 升和 6 升。问题是如何只用这 2 个水壶从池塘里取得 3 升的水?
(3) 一个人花 8 块钱买了一只鸡,9 块钱卖掉了,然后他觉得不划算,花 10 块钱又买回来了,11 块卖给另外一个人。问他赚了多少?
(4) 烧一根不均匀的绳要用一个小时,如何用它来判断半个小时?

模块三
创新方法

CHUANGXIN
FANGFA

知识目标：
1. 了解创新方法的概念和作用。
2. 理解掌握常见的创新方法的原理、实施步骤。

能力目标：
1. 学会创新方法的运用。
2. 在实际学习、生活、工作中运用相关方法解决问题。

人们常常感叹自己被习惯性思维、条条框框所约束，不能提出有创意的想法，其实，创新也讲究一定的方法，可通过练习培养出来。创新方法是创新活动的有效智能性工具，可以拓展思路，产生创新成果，能够更好地省时、省力解决问题，提高创造力和创新成果的实现率。本模块我们将要学习几种主要创新方法的程序和步骤，同学们要学会运用创新方法进行创新设计，提高自己的创新能力。

在进行学习之前，请同学们首先思考一下：在生活学习中，你知道哪些创新创意方法？你有运用过这些方法解决具体问题吗？

抖音商业化创新

视频时代，正在以不可逆的形势到来。根据 QuestMobile 数据，2019 年 2 月，短视频在移动互联网总使用时长中占比已达 12.3%，成为移动互联网中第二大应用。

短视频风头正盛，呈现暴发式增长态势，作为短视频行业的头号玩家，抖音更是持续地引发新现象，创造新价值，不断为品牌创造新的营销红利。

内容消费升级价值：更丰富的内容场景，更大的营销空间

在内容的创作层面，越来越多的用户，把值得铭记的人生重要时刻，在抖音上进行记录，传递美好正能量；在内容的消费层面，用户的需求更为丰富，泛知识、泛生活类内容消费比重迅速增加，短视频传播知识正在成为一种新的趋势。现如今，抖音不只是好看，而且有用，更多维度的内容场景拓展，也为品牌创造了更大、更具想象力的营销空间。

功能升级互动价值：集成多元功能，品牌与用户高效互动

玩法上一直在创新的抖音，也在为品牌与用户的高效互动，提供更多的可能性，不仅有点赞、转发、评论等内容互动功能，还有关注、直播、扫一扫、加粉等用户互动模块，更有电商、店面、POI、小程序等更多链接。多元功能的集成，让品牌能够充分激发用户的生产力、传播力、社交力与消费力，更流畅地达成全链路营销。

社交关系升级：新型社交建立，品牌关系进一步深化

抖音全面竖屏的形态，本身就能为用户带来更沉浸式的观看感受，拉近品牌与用户之间的距离。再加上，抖音互动机制的升级，让用户与品牌之间的关系越来越紧密，品牌不再是单向传播信息，更是与用户双向互动，通过强互动的连接方式，用户"参与感"全线进阶，品牌与用户的关系，从过去的朋友圈点赞之交，真正升级为朋友之交，让品牌有效进入用户心智。

兴趣体系升级垂直深耕价值：深耕垂类，打造高效的圈层营销突围体系

为实现垂类深耕，抖音集聚明星艺人与热门达人，打造垂类潮流 IP，推进文化、音乐、娱乐、公益等领域的多元内容建设；推出多元用户圈层计划，满足时尚、艺术、动漫、教育等不同圈层用户的深度内容需求。兴趣圈层的形成，有助于品牌快速打入垂直人群圈层，激发与释放达人种草带货效应，最终实现垂类人群的精准转化。

在这些新升级的驱动下,抖音正变得越来越融合、多元与垂直,成为一个更开放的短视频社交平台,实现了平台影响力的跃升。尤其是在营销层面,在抖音的生态中,内容、兴趣、关系、圈层、互动、转化等一体化交融,平台、品牌、用户能够完全融合在一起,玩在一起,同频共振,共创移动广告时代的营销新生态。

新变化带来新机遇,抖音生态的新升级,创造了移动营销新红利,那么,品牌如何才能更高效地去开发与收割这波红利,从而突破当下营销上模式趋同、缺乏共识、接受度低等挑战,实现裂变式增长?

抖音推出了创新产品解决方案,助力品牌更好地挖掘抖音营销潜能,全速推动品牌与用户的互动、共鸣与转化。

用户体验进阶,加速共鸣发生

信息无限爆发的时代,品牌越来越难以把信息有效传递给用户,让品牌真正深入人心。在商业产品的创新上,抖音从用户体验出发,结合平台特点,围绕顶级视觉、原生体验、增强体验三个层面的优化,加速让互动与共鸣发生。

顶级视觉:传统开屏广告存在交互设计反用户体验、承载信息时间有限、创意表达不够炫酷等痛点,为此,抖音 TopView 超级首位产品应运而生,即把抖音前 60 秒的强流量位置全量输出,为品牌强效曝光。在"第一眼可见"、震撼视觉体验、高浓度信息超长曝光、原生沉浸、前后文无竞品干扰的优质营销场景中,品牌能够充分激发用户的情绪与共鸣。

原生体验:普通信息流广告在呈现样式上,有着表达样式太强硬、转化提示生硬等方面的问题,抖音通过广告标签优化、组件展示优化、算色应用等方式,直击信息流广告呈现样式上的短板,实现了原生体验的进化,提供沉浸感的体验,减少用户消费时的干扰,有效提升用户对品牌的理解。

增强体验:过去的普通信息流广告在交互上,由于交互复杂、对用户产生太多信息干扰等问题,导致转化效果不佳。抖音通过图片磁铁、选择磁铁、表单直达等产品上的创新,助力品牌承载更多互动样式,转化能力前置,同时,算法驱动,让组件出现在对的时间、对的地点,从而与用户进行更有力、有效的连接。

应用层产品进阶,加强深度营销

品牌在不断追求更高效的营销,但传统转化链路太分散与复杂,难以归因。为了助力品牌升级转化效率,抖音从对用户需求的深度理解开始,进行应用层产品的开发与建设。针对深入互动场景、主动探索场景、多元服务聚合场景,抖音推出快闪店、POI、小程序三大产品,并通过"广告+内容"双重链接的助攻,全面激发应用层活力。

聚合电商快闪店:凭借"蓝V内容运营+抖音广告曝光+抖音话题+达人营销+预加载快闪店"这一套完整的营销模式,抖音能够助力品牌快速实现规模化曝光,迅速提升产品热度,激发用户购买意愿,并通过快闪店,打通种草与拔草,从吸引、体验到沉淀,一站式完成营销闭环。

主动探索POI:对于线下企业而言,POI有效建立起了与线上用户直接互动沟通的桥梁。企业可通过信息流广告、挑战赛等形式,引导兴趣用户浏览视频的同时,同步了解POI店铺相关信息,缩短用户拔草时间,提升用户到店率,有效为线下门店导流,撬动线下营销空间。

多元服务小程序:借助抖音小程序开放平台,各行各业的品牌都可以根据行业特性与自身需求,定制化开发小程序,推动垂直场景解决方案的完善。在抖音商业体系中,所有商业与用户产品都能与小程序无缝打通,品牌聚集用户流量后,即可通过小程序来提供优质体验及服务。

任务一　创新方法内涵

扫码看课

【名人名言】

良好的方法能使我们更好地发挥运用天赋的才能,而拙劣的方法则可能阻碍才能的发挥。因此,科学中难能可贵的创造性才华,由于方法拙劣可能被削弱,甚至被扼杀;而良好的方法则会增长、促进这种才华。

——贝尔钠

一、创新方法的概念

创新方法是创造学家收集大量成功的创造和创新的实例后,研究其获得成功的思路和过程,经过归纳、分析总结,找出的一些带有普遍规律性的原理、方法和技巧。它们可以供人们学习、借鉴和效仿。

【小故事】

1901年,美国一家生产车厢除尘器的厂家在英国伦敦莱斯特广场的帝国音乐厅举行了一次除尘表演。这种除尘器的工作原理就是用压缩空气把尘埃吹入容器内,所以当时许多现场观众都被吹得灰头土脸的,人们乘兴而来败兴而归。参观了这场示范表演的英国土木工程师布斯认为此法并不高明,因为许多尘埃未能被吹入容器,他动起了脑子,他想:"既然吹尘不行,那么能不能换个方法把吹尘改为吸尘呢?"回到家里后,布斯做了个很简单的试验:他用手帕蒙住嘴和鼻子,趴在地上使劲儿吸气,结果灰尘不再到处飞扬,而是被吸附到了手帕上。布斯据此制成了吸尘器,用强力电泵把空气吸入软管,通过布袋将灰尘过滤。1901年8月,布斯取得专利,并成立真空吸尘公司,但并不出售吸尘器。他把用汽油发动机驱动的真空泵装在车上,公司职工都穿上工作服,挨家挨户服务,把三四条长长的软管从窗子伸进房间吸尘。这就是吸尘器的前身。

二、创新方法的作用

众所周知,做任何事情,如果方法得当,则事半功倍,甚至点石成金;方法不当,则事倍功半,甚至得不偿失。人们往往将一个人拥有的东西称为财富,其实他真正的财富是获得这些东西的方法。

创新方法基于思维心理学的基础,指导人们克服常态的思维定式,开发人们的思维能力,提高人们的联想能力和想象能力,激发人们思维的敏感性、独立性、灵活性、流畅性和连续性,是发展创新智力的有效方法。创新方法是创新的重要手段,是进行创新活动的有效智能性工具,可以拓展思路,更好地开发智力、智慧,实现创新。人们在实践过程中运用创新方法能够省时、省力解决问题,可以直接产生创新成果,还可以提高创造力和创新成果的实现率。

(一)促进高效解决问题

人类在征服自然、改造自然的过程中遵循着一定的客观规律,创新方法就是对人类解决问题、实现创新的共性方法的高度总结和概括,运用创新方法可以使解决问题的方案更科学,可以少走弯路,更高效地解决问题。

(二)推动培养创新思维

思维惯性是决定创新能力的关键因素,思维模式不同带来的结果也就大相径庭。每个人都有一种思维惯性,习惯将思维方式局限在已知的、常规的解决方案上,从而阻碍新方案的产生。通过学习创新方法,人们可以掌握各种创新思维的特征和规律,打破固有的思维模式,学会用"新的眼光"去发现问题和解决问题,敢于否定、质疑和超越常规去思考、实践,养成创新思维的习惯,形成变通性思维。

(三)科学指导创新实践

在不同时期、不同领域里出现的创新问题以及为了解决这些问题所使用的创新原理与方法是有规律的。通过学习创新方法,人们可以根据实践活动的具体情况,科学地运用创新方法中实用和适用的创新原理,在实际工作中实现创新,少走弯路,尽快、尽早地剔除那些复杂而效率不高的解决方案,找出更高效的解决方案,使实践活动的方案更具方向性、有序性和可操作性。

任务二 创新方法的运用

扫码看课

【名人名言】

方法是任何事物所不能抗拒的、最高的、无限的力量。

——黑格尔

一、头脑风暴法

头脑风暴法(brain storming,BS 法)又称智力激励法或自由思考法(畅谈法、畅谈会、集思法)。

微课精讲

(一)头脑风暴法成功的关键

头脑风暴法成功的关键是探讨方式,即群体能进行充分、非评价性和无偏见的交流,具体可归纳为以下几点。

1. 自由畅谈

参加者不应该受任何条条框框限制,放松思想,从不同角度、不同层次、不同方位,大胆地展开想象,尽可能地标新立异,与众不同,提出独创性的想法。

2. 延迟评判

当场不对任何设想做出评价,既不肯定或否定某个设想,也不对某个设想发表评论性的意见,一切评价和判断都要延迟到会议结束后才能进行。

3. 禁止批评

每个人都不得对别人的设想提出批评意见,因为批评对创造性思维会产生抑制作用。即使自己认为是幼稚的、错误的,甚至是荒诞离奇的设想,亦不得以反驳。

4. 追求数量

会议的目标是获得尽可能多的设想,追求数量是它的首要任务。参加会议的每个人都要抓紧时间多思考,多提设想。至于设想的质量问题,自可留到会后的设想处理阶段去解决。

【小贴士】

头脑风暴法的设计者是亚历克斯•奥斯本,他也是创造学和创造工程之父,美国 BBDO 广告公司创始人。他是美国著名的创意思维大师,创设了美国创造教育基金会,开创了每年一度的创造性解决问题讲习会,并任第一任主席。所著《创造性想象》的销量过 4 亿册。

(二)头脑风暴法的操作步骤

1. 准备阶段

①主持人应事先对所议问题进行一定的研究,弄清问题的实质,找到问题的关键,设定解决问题所要达到的目标;②选定与会人员,一般以 5~10 人为宜,不宜太多;③确定会议的时间、地点;④准备好纸、笔等记录工具;⑤布置场所。

2. 头脑风暴阶段

①主持人简明扼要地介绍有待解决的问题;②与会人员畅所欲言;③记录人员记录参加者的想法;④结

束会议。

3. 选择评价阶段

①将大家的想法整理成若干方案,再根据相关标准进行筛选;②经过多次反复比较,优中择优,最后确定 1~3 个最佳方案。

【小故事】

坐飞机扫雪

有一年,美国北方格外严寒,大雪纷飞,电线上积满冰雪,大跨度的电线常被积雪压断,严重影响通信。过去,许多人试图解决这一问题,但都未能如愿以偿。后来,电信公司经理为解决这一难题,召开了一次头脑风暴座谈会,参加会议的是不同专业的技术人员,经理要求他们必须遵守以下原则。

第一,自由思考。即要求与会者尽可能解放思想,无拘无束地思考问题并畅所欲言,不必顾虑自己的想法是否"离经叛道"或"荒唐可笑"。

第二,延迟评判。即要求与会者在会上不要对他人的设想评头论足,不要发表"这主意好极了!""这种想法太离谱了!"之类的"捧杀句"或"扼杀句"。至于对设想的评判,留在会后组织专人考虑。

第三,以量求质。即鼓励与会者尽可能多而广地提出设想,以大量的设想来保证质量较高的设想的存在。

第四,结合改善。即鼓励与会者积极进行智力互补,在增加自己提出设想的同时注意思考如何把两个或更多的设想结合成另一个更完善的设想。

按照这种会议规则,大家七嘴八舌地议论开来。有人提出设计一种专用的电线清雪机;有人想到用电热来化解冰雪;也有人建议用振荡技术来清除积雪;还有人提出能否带上几把大扫帚,乘直升机去扫电线上的积雪。对于这种"坐飞机扫雪"的想法,大家尽管心里觉得滑稽可笑,但在会上也无人提出批评。相反,有一位工程师在百思不得其解时,听到用飞机扫雪的想法后,大脑突然受到冲击,一种简单可行且高效率的清雪方法冒了出来。他想,每当大雪过后,出动直升机沿积雪严重的电线飞行,依靠调整旋转的螺旋桨即可将电线上的积雪迅速扇落。他马上提出"用干扰机扇雪"的新设想,顿时又引起其他与会者的联想,有关用飞机除雪的主意一下子又多了七八条。不到一小时,与会的 10 名技术人员共提出 90 多条新设想。

会后,公司组织专家对设想进行分类论证。专家们认为设计专用清雪机,采用电热或电磁振荡等方法清除电线上的积雪,在技术上虽然可行,但研制费用大,周期长,一时难以见效。那种因"坐飞机扫雪"激发出来的几种设想,倒是一种大胆的新方案,如果可行,将是一种既简单又高效的好办法。

经过现场试验,发现用直升机扇雪真能奏效,一个久悬未决的难题,终于在头脑风暴会中得以巧妙解决。随着创造活动的复杂化和课题涉及技术的多元化,单枪匹马式的冥思苦想将变得软弱无力,"群起而攻之"的战术则显示出攻无不克的威力。

二、奥斯本检核表法

奥斯本检核表法是针对某种特定要求制定检核表的方法。所谓检核表是指根据需要研究的对象的特点列出有关问题,形成列表,然后一个一个地来核对讨论,从而发掘出解决问题的大量设想。

(一)奥斯本检核表内容

奥斯本检核表原有 75 个问题,可归纳为 9 组提问,其核心是改进。9 组问题包括能否他用、能否借用、能否扩大、能否缩小、能否改变、能否代用、能否调整、能否颠倒、能否组合(表 3-1)。

表 3-1 奥斯本检核表

序号	检核项目	含 义
1	能否他用	现有的东西(如发明、材料、方法等)有无其他用途?保持原状不变能否扩大用途?稍加改变,有无别的用途?
2	能否借用	能否从别处得到启发?能否借用别处的经验或发明?外界有无相似的想法,能否借鉴?过去有无类似的东西,有什么东西可供模仿?谁的东西可供模仿?现有的发明能否引入其他的创造性设想之中?
3	能否扩大	现有的东西能否扩大使用范围?能不能增加一些东西?能否添加部件、拉长时间、增加长度、提高强度、延长使用寿命、提高价值、加快转速?
4	能否缩小	缩小一些怎么样?现在的东西能否缩小体积、减轻重量、降低高度、压缩、变薄?能否省略,能否进一步细分?
5	能否改变	现有的东西是否可以做某些改变?改变一下会怎么样?可否改变一下形状、颜色、味道?是否可改变一下意义、型号、模具、运动形式等?改变之后,效果又将如何?
6	能否代用	可否由别的东西代替,由别人代替?用别的材料、零件代替?用别的方法、工艺代替?用别的能源代替?可否选取其他地点?
7	能否调整	能否更换一下先后顺序?可否调换元件、部件?是否可用其他型号?可否改成另一种安排方式?原因与结果能否对换位置?能否变换一下日程?更换一下,会怎么样?
8	能否颠倒	倒过来会怎么样?上下是否可以倒过来?左右、前后是否可以对换位置?里外可否倒换?正反是否可以倒换?可否用否定代替肯定?
9	能否组合	组合起来怎么样?能否装配成一个系统?能否把目的进行组合?能否将各种想法进行综合?能否把各种部件进行组合?

1. 能否他用

某个东西,"还能有其他什么用途?""还能用其他什么方法使用它?"……这能使我们的想象活跃起来。当我们拥有某种材料时,为扩大它的用途,打开它的市场,就必须善于进行这种思考。德国有人想出了300种利用花生的实用方法,仅仅用于烹调,他就想出了100多种方法。橡胶有什么用处?有家公司提出了成千上万种设想,如用它制成床毯、浴盆、人行道边饰、衣夹、鸟笼、门扶手、棺材、墓碑等。炉渣有什么用处?废料有什么用处?边角料有什么用处?……当人们将自己的想象投入这条广阔的"高速公路"上时,就会以丰富的想象力产生出更多的好设想。

2. 能否借用

当伦琴发现"X光"时,并没有预见到这种射线的任何用途。因而当他发现这项发现具有广泛用途时,他感到吃惊。通过联想借鉴,现在人们不仅用"X光"来治疗疾病,外科医生还用它来观察人体的内部情况。同样,电灯在开始时只用来照明,后来,改进了光线的波长,发明了紫外线灯、红外线加热灯、灭菌灯等。科学技术的重大进步不仅表现在某些科学技术难题的突破上,也表现在科学技术成果的推广应用上。一种新产品、新工艺、新材料,必将随着它越来越多的新应用而显示其生命力。

3. 能否扩大

在自我发问的技巧中,研究"再多些"与"再少些"这类有关联的成分,能给想象提供大量的构思设想。使用加法和乘法,便可能使人们扩大探索的领域。

"为什么不用更大的包装呢?"——橡胶工厂大量使用的黏合剂通常装在一加仑的马口铁桶中出售,使用后便扔掉。有位工人建议黏合剂装在五十加仑的容器内,容器可反复使用,节省了大量马口铁。

"能使之加固吗?"——织袜厂通过加固袜头和袜跟,使袜子的销售量大增。

"能改变一下成分吗?"——牙膏中加入某种配料,便成了具有某种附加功能的牙膏。

4. 能否缩小

例如,袖珍式收音机、微型计算机等就是缩小的产物。没有内胎的轮胎,尽可能删去细节的漫画,就是省略的结果。

5. 能否改变

如汽车,有时改变一下车身的颜色,就会增加汽车的美感,从而增加销售量。又如面包,给它裹上一层芳香的包装,就能提高嗅觉诱惑力。据说妇女用的游泳衣是婴儿衣服的模仿品,而滚柱轴承改成滚珠轴承就是改变形状的结果。

6. 能否代用

通过取代、替换的途径可以为想象提供广阔的探索领域。例如,用充氩的办法来代替电灯泡中的真空,使钨丝灯泡提高亮度。

7. 能否调整

重新安排通常会带来很多的创造性设想。飞机诞生的初期,螺旋桨安排在头部,后来,将它装到了顶部,成了直升机,喷气式飞机则把它安放在尾部,这说明通过重新安排可以产生种种创造性设想。商店柜台的重新安排,营业时间的合理调整,电视节目的顺序安排,机器设备的布局调整……都有可能带来更好的结果。

8. 能否颠倒

这是一种反向思维的方法,它在创造活动中是一种颇为常见和有用的思维方法。第一次世界大战期间,有人就曾运用这种"颠倒"的设想建造舰船,建造速度也有了显著的加快。

9. 能否组合

例如,把铅笔和橡皮组合在一起成为带橡皮的铅笔,把几种部件组合在一起变成组合机床,把几种金属组合在一起变成性能不同的合金,把几件材料组合在一起制成复合材料,把几个企业组合在一起构成横向联合……

【小故事】

田忌赛马

齐威王与大将田忌经常赛马,比赛时二人各自拿出上、中、下等马分别对阵。齐威王每个等级的马都比田忌的强,所以田忌屡屡败阵。后来孙膑给田忌出了个主意,让他以下等马对齐威王的上等马,再以上等马对齐威王的中等马,以中等马对齐威王的下等马。结果,田忌以一负二胜战胜了齐威王。

小 人 国

中国香港中旅集团有限公司总经理马志民赴欧洲考察,参观了融入荷兰全国景点的"小人国",回来后就把荷兰的"小人国"的微缩处理方法移植到深圳,融华夏的自然风光、人文景观于一体,集千种风物、万般锦绣于一园,建成了具有中国特色和现代意味的崭新名胜"锦绣中华",开业以来游人如织,十分红火。

(二)奥斯本检核表法的实施步骤

(1)根据创新对象明确需要解决的问题。

(2)根据需要解决的问题,参照表中列出的问题,运用丰富的想象力,强制性地一个个核对讨论,写出新设想。

(3)对新设想进行筛选,将最有价值和创新性的设想筛选出来。

三、5W2H法

5W2H法是对选定的项目或操作,都要从原因(Why)、对象(What)、地点(Where)、时间(When)、人员(Who)、方法(How)、数量(How much)七个方面提出问题进行思考。它们反映的是一个事物的几个方面。从不同的角度来思考问题,往往能够得出比较完善,甚至是意想不到的效果。

(一)Why(为什么)

为什么要做?是否可省去?为什么要这样做?是否有其他更简单的方法?(对Where、When、Who、How much合并改变,对How简化)为什么出现这样的结果?

(二)What(什么)

要做什么?要准备什么?需要协助什么?要预防什么?

(三)Who(谁)

由谁来做,是一个人还是一个组织?由谁来主管?由谁来监督?由谁来协助?

(四)When(什么时间做)

什么时间开始?什么时间结束?什么时间是关键节点?

(五)Where(在哪里)

在什么地方做?协助的工作在什么地方做?从何处开始做?到何处结束?

(六)How(怎么做)

工作的流程和方法是什么?如何才能更省力、更快?(考虑前面的When、Where、Who)过程如何监控?

(七)How much(多少)

做到什么程度?数量如何?质量水平如何?费用产出如何?

【小故事】

候机厅的小卖部

某航空公司在机场候机室二楼设置小卖部。候机厅每天人来人往,可奇怪的是,小卖部自开张之日起便一直门庭冷落。公司经理用"5W2H法"进行了问题筛查,最后发现问题出在Who(人员)、Where(地点)及When(时间)三个方面。

1. Who(人员),谁是顾客?机场小卖部在开设时便确定目标顾客是入境的旅客,但是这些旅客不需要上二楼。在二楼停留的大部分是送客或接客的人,他们完全可以在市内商场里购物,不必到机场小卖部来买东西。

2. Where(地点),小卖部设置在何处?原来旅客出入境的路线都是经海关检查后,直接从一楼左侧走了,根本不需要走二楼。小卖部的位置没有设在旅客的必经之路上。

3. When(时间),何时购物?入境的旅客不上二楼,那么出境的旅客便成了潜在顾客,但是他们也只有在办完行李托运等相关手续后才有时间和精力去小卖部,而机场却规定旅客登机前才能将行李办理托运,这样出境的旅客根本没有时间光顾小卖部。

由此可见,小卖部生意不佳的原因有三:未能留住目标顾客和潜在顾客;小卖部的位置偏离了旅客的必经之路;旅客没有购物时间。

针对这三点,经理与航空公司协商,调整了旅客行李托运时间和旅客出入境路线从而保证了充足的客源,小卖部生意日益红火起来。

四、分析列举法

分析列举法是指运用发散性思维，将研究对象的本质内容（如特性、缺点、希望点）——列举出来，尽可能地做到事无巨细、全面无遗，然后逐一对其进行分析研究，从中探求出各种创新方案。这种方法有利于人们克服对熟悉事物的思维惯性，重新审视并深入考察以获得事物的新属性，在原有的基础上提出改进意见和建议，从而产生创新。

（一）特性列举法

特性列举法就是通过对需要改进的对象进行观察分析，列举出它的所有特性，并对特性分别予以研究，从而提出改进完善方案的方法。特性列举法犹如把一架机器分解成一个个零件，将每个零件功能如何、特点怎样、与整体的关系如何都列举出来排成表。把问题区分得越小，越容易得出创造性设想。例如，你想对自行车提出改进设想，最好是根据自行车的特性，把它分解成若干部分，对每一部分（如车身、轮胎、辐条、轴承、钢圈、齿轮、刹车、把手等）分别予以研究，进而提出新设想，这样效果会比较好。

列举改进对象的词语主要采用名词、形容词和动词三种特性。在实际做特性分析时，如果感到按名词特性、形容词特性、动词特性进行列举不易区分，而且影响创新思考，也可按数量特性、物理特性、化学特性、结构特性、形态特性、经济特性等进行列举。

(1) 名词特性（用名词来表达的特性）：整体、部分、材料、制造方法等。

(2) 形容词特性（用形容词来表达的特性）：形状、颜色、大小等。

(3) 动词特性（用动词来表达的特性）：效用、主要功能、辅助功能、附属功能及其在使用时新涉及的重要动作等。

(4) 数量特性：使用寿命、保质期、耗电量等。

(5) 物理特性：软、硬、导电、轻、重等。

(6) 化学特性：易氧化、耐酸度、耐碱度等。

(7) 结构特性：固定结构、可变可拆结构、混合结构等。

(8) 形态特性：色、香、味、形等。

(9) 经济特性：生产成本、销售价格、使用成本等。

特性列举法的具体操作步骤如下。

(1) 选择一个目标比较明确的分析对象，对象宜小不宜大。如果是一个比较大的分析对象，最好把它分成若干个小对象。

(2) 从名词特性、形容词特性和动词特性三个方面对对象的特性进行列举。如果觉得按名词、形容词、动词特性进行列举不好操作，就按数量特性、物理特性、化学特性、结构特性、形态特性、经济特性进行列举。分析对象的特性尽可能详细地列出，越详细越好，并且要尽量从各个角度提出问题。

(3) 分析各个特性，通过提问，激发出新的创造性设想和方案。分析各个特性时，可采用智力激励法来激发创意。在上述列举的特性下尽量尝试各种可替代的属性进行置换，以产生新的设想和方案。

(4) 提出新的方案并进行讨论、检核、评价，挑选出行之有效的设想来结合实际需要对对象进行改进。

（二）缺点列举法

任何一件产品或商品都不可能十全十美。如果不断发现和挖掘事物的缺点，然后用新的技术加以改革，就会创造出许多新的产品来。缺点列举法的优点是精力集中，节省时间，容易取得显著效果。有时候只要找出原事物的一个缺点并加以改进，就能产生巨大效益。

会发声的壶

用壶烧开水，一不注意，水开了会把火扑灭，酿成危险。于是，有人发明在壶盖边上开一个发声的小口。

水开时,蒸汽使之叫出声来,提醒烧水人注意,既可避免发生危险,又能减少能源浪费。

缺点列举法的具体操作步骤如下。

(1) 列举缺点阶段。通过会议、访谈、电话调查、问卷调查、对照比较等方式,广泛调查和征集意见,尽可能多地列举事物的缺点。

(2) 探讨改进方案阶段。对收集到的缺点进行归类和整理,并对每类缺点进行分析,在此基础上提出改进方案。

例如,对大家曾经穿过的各种雨衣进行缺点列举。从雨衣的材质来看,塑料材质的雨衣在零度以下容易变硬、变脆,易折损;胶布材质的雨衣比较耐用,但是闷热不透风。从雨衣的功能来看,雨衣的下摆一般都是与身体垂直的,雨水容易弄湿裤子和鞋子;遇到风雨较大的时候,脸容易被淋湿并挡住视线,不安全;骑车的时候穿雨衣也不方便。从雨衣的设计样式来看,雨衣的设计和颜色一般都比较单调,缺少个性等。然后针对这些缺点一一提出改进方案。比如,采用能同时解决不耐用和闷热的新材质;下摆设计成百褶裙的样式以免弄湿裤腿和鞋子;在雨衣的帽子上增加防雨眼镜或者眼罩,保证使用者的视线不被挡住;像普通的衣服一样,设计出适合男女老幼的不同样式,增加雨衣的装饰性和时尚性等。

(三) 希望点列举法

希望点列举法是通过提出种种希望,经过分类、归纳、整理,确定发明目标的创造方法。

从实际操作的角度来看,希望点列举法既适用于对现有事物的提高,又适用于在无现成样板的前提下设计新产品、创建新方法等,而且以后一种情况更为有效。

希望点列举法的具体操作步骤如下。

(1) 通过会议、访谈、问卷等方式,激发和收集人们的希望。

(2) 对大家提出的各种希望进行整理和研究,形成各种希望点。

(3) 在各种希望点中选出目前可能实现的希望点进行研究,制订革新方案,创造新产品以满足人们的希望。

(四) 成对列举法

成对列举法是把任意选择的两个事项结合起来,成对列举其特征,或者把某一范围内的事物一一列举,依次成对组合,从中寻求创新设想。

成对列举法的具体实施步骤如下。

(1) 列举,把某一范围内所能想到的所有事项依次列举出来。

(2) 强迫联想,任意地选择其中两项依次组合起来,想象这种组合的意义。

(3) 对所有的组合做分析筛选,可能的组合见表 3-2。

表 3-2 成对列举法

一类事物	甲	乙	丙	丁	戊	己
另一类事物	A	B	C	D	E	F
可能的组合	甲 A	甲 B	乙 B	丙 A	己 D……	

例如,要设计新式多功能家具,可以先列举各种家具及室内用具:床、箱子、桌子、沙发、椅子、茶几、书架、台灯、衣柜、衣架、镜子、花盆架、电视、音响等。然后,两两配对组合:床和沙发、灯和衣架、桌子与书架、床和箱子、床和灯、镜子与衣柜、电视与花盆架、音响和台灯等。最后对所有方案进行分析,发现许多方案均可发明出新式家具,事实上有些方案已经成为产品,如床和沙发组合成的沙发床、镜子和衣柜组合成的带穿衣镜的柜子、床和箱子组合成的床底可兼做储物柜的组合床等。

五、组合创造法

所谓组合创造法,就是将两种或两种以上的事物或理论的部分或全部进行有机的组合、变革、重组,从而诞生新产品、新思路,或形成独一无二的新技术。

据统计,现代技术创新中组合型成果已经占到了60%～70%。这也验证了晶体管发明者之一——肖克莱所说的一句话:"所谓创新,就是把以前独立的发明组合起来。"

组合创新是最常见的创新活动,许许多多的发明和革新都是组合的结晶。且不说领域与领域之间的组合(如机电一体化)以及高精尖的科技成果的诞生,单看在我们生活中,组合的产品随处可见。

【小案例】

一组组合而成的实物

我们看一下下列这些组合实例。

1. 牙膏+中医药——药物牙膏
2. 电话+电视——可视电话
3. 飞机+飞机库+军舰——航空母舰
4. 毛毯+电阻丝——电热毯
5. 台秤+电子计算机——电子秤
6. 收音机+盒式录音机+激光唱片——组合音响
7. 自行车+蓄电池+电机——电动自行车
8. 机械技术+电子技术——数控机床

六、其他创新方法

(一)仿生学

仿生学是一门新兴的边缘学科,是近些年来从生物科学技术之间发展起来的。通过研究各种生物系统的功能原理作用机制,利用仿生学原理来进行创新的一种方法。比如,人们根据蛙眼的视觉原理,成功研制了电子蛙眼,能准确无误地识别出特定形状的物体。

(二)观察法

观察法的应用十分广泛而古老。从古到今,在自然科学中,诸如天文、气象、地质等都是靠观察法逐步发展起来的,在中医药应用领域中起着举足轻重的作用。

(三)实验法

实验也是一种应用广泛的创新研究方法。它是在特定条件下,对研究对象进行考察的创新方法。根据研究对象的形状与要求,可分别采用以下实验的方法:利用定性实验去鉴别是与否;用定量实验确定量的关系等。

(四)信息法

随着科学技术的突飞猛进,每天都有大量的新信息通过各种媒介传播,信息已成为人们创造的重要资源。谁在第一时间掌握的信息越多,谁成功的概率就越大。通过收集高质量的信息,可以全面地认识某一创新领域或创造链的发展态势,进而找出创新课题,获得创新成果。

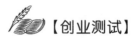【创业测试】

评估:创造力测试

下面是企业准备的20个创造力测试问题,要求应聘者回答。如符合应聘者的情况,则让他在( )里打上"√"、不符合的则打"×"。

1. 听别人说话时,你总能专心倾听。( )

2. 完成了上级布置的某项工作,你总有一种兴奋感。(　　)
3. 观察事物向来很精细。(　　)
4. 你在说话以及写文章时经常采用类比的方法。(　　)
5. 你总能全神贯注地读书、书写或者绘画。(　　)
6. 你从来不迷信权威。(　　)
7. 对事物的各种原因喜欢寻根问底。(　　)
8. 平时喜欢学习或琢磨问题。(　　)
9. 经常思考事物的新答案和新结果。(　　)
10. 能够经常从别人的谈话中发现问题。(　　)
11. 从事带有创造性的工作时,经常忘记时间的推移。(　　)
12. 能够主动发现问题以及和问题有关的各种联系。(　　)
13. 总是对周围的事物保持好奇心。(　　)
14. 能够经常预测事情的结果,并正确地验证这一结果。(　　)
15. 总是有些新设想在脑子里涌现。(　　)
16. 有很敏锐的观察力和提出问题的能力。(　　)
17. 遇到困难和挫折时从不气馁。(　　)
18. 在工作遇上困难时,常能采用自己独特的方法去解决。(　　)
19. 在问题解决过程中找到新发现时,你总会感到十分兴奋。(　　)
20. 遇到问题,能从多方面、多途径探索解决它的可能性。(　　)

评估标准和结果分析:

如果20道题答案都是打"√"的,则证明创造力很强;如果16道题答案是打"√"的,则证明创造力良好;如果有10~13道题答案是打"√"的,则证明创造力一般;如果低于10道题答案是打"√"的则证明创造力较差。

【思考讨论】

以小组为单位选择一个创业项目(可以是运动服装,也可以选择其他的产品或服务),然后进行创业实践。具体操作如下。

(1) 运用创新思维和创新方法完善创业方案(包括创业项目、目标客户、经营特色、营销方案、创业团队构成及分工等)。

(2) 选取实验组,每4~6人为一组,按照方案进行创业实践。

(3) 实践总结与汇报。汇报内容包括创办过程、经营绩效、实践心得及体会。

【课外修炼】

1. 头脑风暴法训练

针对"如何改善城市拥堵的交通状况"和"如何改变城市空气污染"这两个社会问题,运用头脑风暴法激发学生思考。

(1) 教师将学生分组,每3~5人为一组,选出一个小组记录员。

(2) 教师提出问题并留给学生5分钟左右的时间思考,让学生在放松的状态下思考准备。

(3) 每小组成员畅所欲言,然后各组派代表汇报结果。

(4) 在规定时间内,提出设想最多的小组获胜。

2. 奥斯本检核表法训练

常用的玻璃杯很方便,也很好用,也可以用在很多地方。但它可能还有更多更好的用处我们没有发现,现在就让我们在奥斯本检核表的基础上,再增加些功能和设想并完成表3-3。

表3-3 奥斯本检核表法训练

序号	检核项目	发散性设想	初选方案
1	能否他用	作灯罩、当量具、作装饰、作圆规 你的新想法:	装饰品 新方案:
2	能否借用	自热杯、磁疗杯、保温杯、电热杯、音乐杯、防爆杯 你的新想法:	自热磁疗杯 新方案:
3	能否扩大	不倒杯、防碎杯、消防杯、过滤杯、多层杯 你的新想法:	自洁幻影杯 新方案:
4	能否缩小	微型杯、超薄杯、可伸缩杯、勺形杯、扁形杯 你的新想法:	多层杯 新方案:
5	能否改变	塔形杯、动物杯、防溢杯、自洁杯、密码杯、幻影杯 你的新想法:	伸缩杯 新方案:
6	能否代用	纸杯、一次性杯、竹木制杯、可食用杯、塑料杯 你的新想法:	可食用材质杯 新方案:
7	能否调整	系列装饰杯、系列高脚杯、系列口杯、酒杯、咖啡杯 你的新想法:	系列高脚杯 新方案:
8	能否颠倒	透明不透明、彩色非彩色、雕花非雕花、有嘴无嘴 你的新想法:	透明雕花杯 新方案:
9	能否组合	与温度计组合、与香料组合、与中草药组合、与加热器组合 你的新想法:	中草药组合杯 新方案:

3. 5W2H法训练

中国的快餐业起步较晚,自1987年4月美国肯德基快餐连锁店在中国落户,现代快餐的概念才引入中国。在短短10年里,中国快餐业呈现出传统与现代、中式与西式、高档与低档快餐竞争与并存的市场格局。目前,中国快餐业的发展尚处于初创阶段,还处于借鉴、模仿和积累阶段,没有形成体系和规模。与西式快餐在支持性设施、辅助物品、服务等方面存在显著差异。

请同学们用5W2H法对"中国快餐"行业进行分析,提出快餐行业发展的合理化建议。

4. 分析列举法训练

(1) 运用特性列举法,对手机进行改进。

①特性:(名词特性;形容词特性;动词特性)

②改进设想:

(2) 运用缺点列举法,对快递进行改进。

①缺点:

②改进设想:

(3) 运用希望点列举法对教室提出改进意见。

①希望点:

②改进设想:

5. 组合创造法训练

利用组合创新法设计多功能办公用品。

(1) 选择办公室里的12种物品,分成两类,写成两栏,每栏6种物品,如表3-4所示。

表 3-4 办公物品组合表

序号	1	2	3	4	5	6
第一栏	文件夹	办公桌	订书机	电话	计算机	公文柜
第二栏	椅子	碎纸机	台历	电灯	打印机	空调开关

（2）通过掷骰子或随机抽取的方式进行随意组合，选出组合的对象。例如，第一次掷骰子指示的是5、6，即计算机和空调开关；第二次掷骰子指示的是2、3，即办公桌和台历。

①你选出的组合：

②写出你利用组合创新法设计出的多功能型办公用品。

上面第一个组合设想可能的创意：在计算机上设置程序控制空调开关；设计一个计算机遥控器，可以像控制电视机一样操作计算机等。上面第二个设想可能的创意：带电子台历的办公桌；用台历当背景的办公桌等。

你的组合设想的创意：

（3）物品组合集锦。

请将下列物品进行组合，并写出组合的结果及功用（至少4种）。大海、风、电、石头、火、水、树木、汽车、鼠标。

你的组合设想的创意：

让孩子的鞋子跟着孩子的脚一起长大

据2009年2月2日中央电视台《第一时间》报道：给正在长大的孩子买鞋是一件让家长非常头疼的事。鞋子没穿多久就小了，买鞋的速度怎么也赶不上小脚丫长大的速度。不过，德国科学家的一项发明让这个问题迎刃而解。

德国科学家米勒的研究小组发明了一种可以长大的鞋子。研发人员说，目前70%的儿童穿的鞋子都太大了，因为父母总是喜欢给孩子买大一号的鞋，以便让他们能多穿些日子。孩子们穿着并不合脚的鞋子走路，就会不由自主地改变走路姿势，从而引发足部的发育问题。为了解决这个问题，他们发明了一种"会长大"的鞋子。这种鞋子可以随着孩子脚的长大，慢慢延伸，最多可增加2厘米的鞋长，从而解决了孩子脚长得快、买鞋难的问题。

思考与讨论：

小孩的鞋子还有哪些缺点？请思考后列举出来，并试着构思解决方案。例如，怎么解决小孩自己穿鞋时分不清左右的问题？

模块四

创业者与创业团队

CHUANGYEZHE
YUCHUANGYE
TUANDUI

知识目标：
1. 熟悉创业者的概念，创业者素质。
2. 了解创业成功者的特征。
3. 了解创业团队的概念、特征、作用和社会责任。
4. 掌握创业团队的组建过程和创业团队的管理策略。

能力目标：
1. 掌握创业者的概念，知道什么样的人能成为创业者。
2. 认识创业者的基本素质，注重识别创业活动的理性因素。
3. 能够掌握管理创业团队的技巧和策略，认识领导创业者的决策与行为策略，明确创业团队的社会责任。

哈佛大学拉克教授说过这样一段话："创业对大多数人而言是一件极具诱惑的事情，同时也是一件极具挑战的事。不是人人都能成功，也并非想象中那么困难。但任何一个梦想成功的人，倘若他知道创业需要策划、技术及创意的观念，那么成功已离他不远了。"创业没有想象的那么难，创业者不是完人也不是神人。在古今中外的创业史上，大多数创业者是普通人。

请同学们想一下，你是否有过创业的想法？你想成为一名创业者吗？创业者有哪些类型？你想组建自己的创业团队吗？

刘夏是重庆某大学传媒艺术系的大二学生，在一次与老师进行暑期调研活动时，他发现重庆有些品牌设计公司的生意不错，这个发现激发了他创业的想法。

听到刘夏的想法，早有创业想法的装潢专业的王昊，立即表示赞同。于是，两人立马找到老师，在老师的帮助下，他们获得了一间免费的教室作为工作室。在接下来的一个月里，两人为了尽快让工作室走上正轨并且营业，都跑起了业务，但由于自身能力有限，效果不佳。

这时，两人想到了再找一些有能力的想创业的同学来加入他们的团队，为工作室添砖加瓦。让刘夏和王昊没想到的是，他们的合伙创业招聘单刚发出去，就有不少人回应。经过他们的认真筛选，仅仅一周的时间，整个团队的主创人员已全部确定下来。团队的成员各有所长：在大学生机器人比赛中认识的大三学长胡斌，动手能力强；参加辩论赛认识的大三学姐严莎莎，以口才见长；大一的学弟黄勇，计算机软件技术好；有在广告公司打工经历的丘斌，以创意见长；中文系大三学生刘文，写得一手好文章，擅长把握品牌的文化定位和人文精神；还有刘德海，擅长编程并获得过微软编程比赛大奖……他们组织在一起，正好是一个设计公司完整的人员配备。

这些富有创业激情和能力的人一加入，工作室的氛围立马变得不一样了。为了明确工作室中各位成员的职务，他们给自己"封官"，根据自己的特长和能力来命名，如设计总监、策划总监、行政总监、创意总监、销售经理等。在团队人员的齐心协力下，工作室终于拿到第一笔业务，一家连锁洗衣店要求他们为其进行企业形象设计。

接下这笔业务后，每个人都格外珍惜这次机会。为了让设计与众不同,刘夏和同事们到洗衣店的市场了解和观察消费者的购买行为,并且查阅了大量资料。最终他们拿出了两套设计方案,而两套方案都得到洗衣店的认可。

第一笔业务的成功增加了他们的创业激情,随后他们不断积累经验,开拓业务。2010年6月,重庆市政府发布征求第八届中国(重庆)国际园林博览会吉祥物的公告,刘夏和王昊创立的工作室格外重视这次机会,经过对客户需求的仔细分析,他们设计出体现重庆市精神形象和地域特色的吉祥物——珊珊和诚诚,被重庆市政府征用,由此,打响了工作室的名声。

2010年7月,第二届西部国际动漫节在重庆举办,在学校的支持下,他们的工作室承担下了学校展厅的装修方案,这是他们接下的第一个大型展会项目。他们充分利用从学校湖里捞上来的鹅卵石、艺术学院用剩的废纸箱、学校附近捡的碎木块,营造出了别具一格的视觉效果。通过这次展会,很多公司了解到他们的工作室,并向他们提出了订单意向,工作室的业务变得越来越多。

2010年8月,工作室向有关部门提出公司注册申请;9月中旬,公司获批成立,2010年9月底,他们的工作室变成了公司。10万元注册资金中,财政拨款4万元,按照相关政策,他们还得到税收减免、金融支持,以及3年内工商执照审验费用全免的优待。

2011年,公司半年的业绩突破500万元,纯利润50多万元,令同行企业对这些"毛头孩子"刮目相看。到了2012年,他们公司的业务已经遍布深圳、东莞、北京、福建等地,客户中不乏雀巢公司、上海采瑞化妆品有限公司等大型企业。

启示:

他们能够成功是因为工作室的成员都有着创业的激情,以及创业的梦想。团队里的成员各有所长,组建了一个较为完美的团队。各成员在工作中各司其职,共同为工作室的发展贡献自己的力量。

创业者和创业团队都是创业的主导者。有人适合独立创业,如具有一定的资金,有极强的独立性等。有人适合团队创业,如与人相处融洽。在团队创业中,有的创业者适合担任主导人物,有的创业者只适合扮演参与者的角色。因此,创业者要根据自身的情况进行具体分析,再决定是选择自己独自创业,还是集聚一些拥有相同梦想的伙伴来共同创业。

任务一 创 业 者

扫码看课

【名人名言】

创业的过程,实际上就是恒心和毅力坚持不懈的发展过程,这其中并没有什么秘密,要真正做到中国古老的格言所说的勤和俭也不太容易。

——李嘉诚

最宏伟的基业和最伟大的成就都是无儿无女的人创造的。

——培根

世上没有一个伟大的业绩是由事事都求稳操胜券的犹豫不决者创造的。

——爱略特

一、创业者的概念

创业者这个词最早是由法国经济学家坎迪伦于1755年提出来的。1880年,法国经济学家萨伊首次给出了创业者的定义,他将创业者界定为预见特定产品的需求以及生产手段,发现顾客,克服困难,将一切生产要素结合的经济行为者。1934年,著名经济学家熊彼特专门研究了创业者创新和求进步的积极性所导致的动荡和变化,认为创业者应为创新者。

(一)狭义的创业者

关于狭义的创业者概念,目前有两个被广泛接受的观点。一是创业者并不等于企业家,因为大多数创业者并不具备企业家的眼界、格局和个人品质。从创业者转变为企业家,需要一个逐渐成长和完善的过程。二是狭义的创业者是指参与创业活动的核心人员,而不仅限于企业的法人代表或领导者、组织者。因为在当今的创业活动中,高新技术企业、合伙制企业所占的比例越来越大,离开了核心技术专家和主要合伙人,很多创业活动根本无法进行,所以核心技术专家与主要合伙人也应被视为创业者。

那么,什么样的人能成为狭义的创业者呢?在对古今中外创业者进行研究的基础上,我们从创业者所承担的责任、义务的角度,将成为狭义的创业者的基本条件概括为:愿意承担创业过程中的所有不确定性和风险,并有激情和勇气克服创业中的各种困难,持之以恒地为实现自己的创业目标努力奋斗的人。当然,在科学技术飞速发展、产品和技术老化周期日益缩短、社会分工日益细化的今天,创业者还应熟悉自己所从事的创业领域,并具有较强的创新意识、创新精神和创新能力。

(二)广义的创业者

关于广义的创业者概念,主要有两种界定方式。

一种是从人们在工作中所扮演的角色的角度,将创业者界定为参与创业活动的全部人员。在这种界定方式下,创业活动的发起者、领导者与创业活动的跟随者,都被视为创业者。

另一种界定方式是从人们所从事的工作的性质的角度,将创业者定义为主动寻求变化,对变化做出反应,并将变化视为机会的人。这种界定方式打破了传统的创业概念,将其外延扩大为所有主动寻求变化并对变化做出反应的活动,在这种界定方式下,企业创办者、企业内创业者、个体劳动者、自由职业者、项目合作者等以各种身份从事具有创新性活动的人,都可以称为创业者。

【小贴士】

创业者、发明家与职业经理人的区别

发明家是指研究发明前所未有的新事物的人。一个发明家往往在某个方面造诣颇深,并且具备很高的创造性。发明家有与创业者相似的地方,就是两者都要有勇于挑战的精神,对自己充满信心,敢于突破思维上的束缚,热爱冒险。但两者也有不同的地方,首先,就创业动机来说,发明家更热衷于发明创造东西,他们

仅仅是爱发明创造本身,而对创业者来说,是要建立自己的事业、企业并进行良好的运作与维系,很多时候是创业者对利益的需求导致创业行为;其次,发明家更注重技术能力,而创业者不仅注重技术,也同样关注企业的管理、产品的推广和人际关系的处理;最后,两者的衡量标准略有不同,我们通常运用发明数量和专利数量来衡量一个发明家的成就,而运用业绩、利益来衡量一个创业者的水平。

职业经理人是指在企业经营过程中受任经营管理企业的人,通常具备丰富的经验和强烈的责任心与领导力,其责任为将企业资源进行适当合理的分配以实现增值,收入来自管理成果。而创业者拥有企业的所有权,掌握着企业的最终命运和人员分配调动最终权。所以说,创业者和职业经理人是雇佣与被雇佣的关系。创业者的收入取决于企业的所有盈利与亏损,而职业经理人只拿走自己应得的那部分。另外,创业者与职业经理人最显著的区别在于创业者是0到1的突破,而职业经理人是实现1到10的过程。

二、创业者特征

在我们身边有着数不胜数的成功创业的经典案例,包括阿里集团的马云,万达集团的王健林,腾讯集团的马化腾等,我们常常会剖析他们的创业环境和背景,分析他们身上的性格特质,深入挖掘他们成功的因

素,试图找到成功的秘诀。但这也使得很多人陷入一个思想误区,认为创业者是天生的,或许是某些基因主导,使得特定的人群能够创业,能够成功,而自己并不在这些人中,因而还未尝试就已经打了退堂鼓。著名管理学家、创业教育创始人之一彼得·德鲁克说过:"创业不是魔法,也不神秘,它与基因没有任何关系。创业是一种训练,人们可以通过学习掌握它。"成功的人有相似点,但并不是说将这些相似点简单地堆加成一个公式,只要符合这些条条框框的人就一定会成功,而稍有偏差便与创业无缘。著名创业教育家、美国西北大学教授劳埃德·谢夫斯基说过:婴儿的每一天都是新的一天,他们总会爬到不该爬的地方,他们总能带给你惊喜,你会知道他们是多么的无所畏惧,这就说明,我们每个人都是天生的创业者。既然如此,我们又为什么要探究创业者具备的种种特性呢?那是因为很多人面对未知的创业,充满了好奇与恐惧,我们将创业者通常具备的心理、行为、知识、能力四个维度的特征做出归纳总结后,方便人们参照,通俗点说,是让人心里有个"谱",能够更好地认识自己。那么,要想取得创业成功,创业者除要勇于创业、有所担当之外,还必须具备相应的心理特征及一定知识和能力特征,还必须具有与创业活动相适应的行为特征。

(一)创业者的心理特征

1. 创业激情

对于一个创业者来说,最先要具备的是对创业这件事情怀揣的热情。类似于现在很多家长对于孩子的教育。一些家长总是困惑为什么上同样的特长班,自己的小孩总是不如其他的孩子优秀,是自己的小孩笨吗?好像也不是。但那是什么原因呢?其实问题很好解决,关键取决于是你要求他去学,还是他自己感兴趣。人们都有望子成龙、望女成凤的心情,但却经常忽略,兴趣才是最好的老师。只有保持兴趣,你才会主动地去探索,去求知,去渴望体验一次次的实践。创业也是如此,你对创业饱含兴趣,才会萌生观念与想法,才有继续探索下去的热情,才会展开无限的可能。创业的激情不是一时的,它伴随你整个创业过程,在漫长且艰辛的创业之路上,不是所有人都会一帆风顺,当你困惑迷茫时,回想当初是什么动力促使你创业,你会拨开云雾,重见光明。

2. 敏感好奇

创业者在选择创业项目时,要有新奇点和侧重点,而这两点便取决于创业者的好奇心与洞察力,以及能否适时地寻找机会、抓住机会,对商业机会做出快速反应。机会是留给有准备的人的,但对创业者来说,机会是留给敏感好奇的创业者的。很多时候,商机就摆在眼前,而我们却往往视而不见,将别人眼中的平淡无奇变为自己的无限商机,是一个合格的创业者应具备的特质。

3. 情绪稳定

创业过程相当于一次冒险过程,没人能预料未来会发生什么,也没人能预料未来你的公司会走多远,即使是创立于1850年、身为美国第四大投资银行的雷曼兄弟公司,在2000年还被《商业周刊》评为全球最佳投资公司,而在2008年金融危机中却不得不宣告破产。面对创业路上充满的种种未知,保证良好的心态和稳定的情绪显得尤为重要。古人云:"不以物喜,不以己悲。"说的便是这个道理。创业需要极大的心理承受能力,如果你天生心理承受能力不足,是不适合创业的。罗永浩认为,创业过程中需要承受的压力和恐惧是超出想象的,它会让大部分抗压能力正常的人崩溃,所以说创业者在心理承受能力方面是要优于常人的。

4. 敢于承担

每个现实生活中的人都扮演着不同的角色,而每个角色又承担着相应的责任。抚养孩童是父母的责任,赡养老人是子女的责任,遵纪守法是每个公民的责任。同样,对于一个创业者而言,合理合法地创办企业,保障企业和员工的生存,做出合理正确的决策等,这些都是创业者的责任。作为一个勇于冒险、敢于担当的创业者,责任和义务是要时刻铭记于心的,而不能一味地只想索取、获利,权利与义务永远是对等的。同时敢于承担也不仅仅是承担应尽的责任和义务,还包括对于决策后果的承担,无论公司发展如何千变万化,要敢于面对现实,敢于接受现实,不自暴自弃,有勇有谋有担当,才是一位合格的创业者。

(二)创业者的行为特征

1. 诚实守信

自古以来,诚信作为重要的美德之一,一直被后人传承,可以说小到个人、家庭,大至整个社会、国家,诚信都起着至关重要的作用。

《论语·为政》中写道:人而无信,不知其可也。说的是一个人若失去了信用,那么便无立足之地。《吕氏春秋》中写道:君臣不信,则百姓诽谤,社稷不宁;处官不信,则少不畏长,贵贱相轻;赏罚不信,则民易犯法,不可使令;交友不信,则离散郁怨,不能相亲;百工不信,则器械苦伪,丹漆染色不贞。

作为商人,丢失诚信可谓寸步难行。不仅导致顾客利益受损,同时也会丧失客流,在诚信的同行面前更是毫无竞争力,结局注定是死路一条。因而诚实守信是每一个创业者的第一要义。

2. 勤奋好学

关于勤奋的名言警句多到可以出书,踏实勤奋走向成功的典例更是不胜枚举。前辈们告诫我们,一分耕耘,一分收获。这是为什么呢?因为并不是每个人生来就注定会成为天才,生来就一定会成功,就连伟大的发明家爱迪生也是在千百次的失败实验后才发明出了钨丝灯泡。成功的人总是不断学习、不断进步的,他们知道,只有用勤奋的钥匙才能打开进阶的大门,只有不断地与时俱进,才能把握机会、实现价值。

3. 吃苦耐劳

如果一个创业者只将创业挂在嘴边,那么他将会是一个失败的创业者。如果他付诸行动,那么他会感受到创业路上的艰辛。万千世界,我们相信唯有适者才能生存。创业也是如此,敢打敢拼敢吃苦,不轻言放弃的人便是竞争中的适者。坚韧不拔的毅力会是助他穿梭于河流中的小舟;反之,丢掉这些,他会很容易迷失于沼泽中,半途而废。

4. 随机应变

创业是任重道远的,同样创业路上也布满了荆棘。没有人敢说自己的创业不会出现一点点意外,一切都是在预计的轨道上运行的。一个好的创业者,一定要具备灵活应变的能力以应对企业面临的各种变数,要脚踏实地,从实际出发,保持清醒的头脑来面对不同的挑战,切勿一条巷子走到黑。

(三)创业者的知识特征

创业者的知识特征对创业起着举足轻重的作用。在商业竞争日益激烈的今天,单凭热情、勇气、经验或只有单一专业知识,要想取得创业成功是很困难的。有关调查结果表明,不同学历层次的创业成功者所占比例分别是初中学历者占24.5%;高中学历者占39.7%;专科学历者占22.3%;本科学历者占7.8%;研究生学历者占1%。这一调查结果虽然不一定具有普遍性,但至少说明如下两个问题:一是即使最简单的创业,也需要一定的文化基础;二是并非学历越高,取得创业成功的概率越大。创业不是搞学术研究,它需要的是能解决实际问题的知识或能力。

1. 夯实的基础知识

这类知识主要涉及商业常识、社会常识和管理常识。具体地说,商业常识有助于创业者了解经济发展的基本规律,遵守商业活动的基本规则,维护企业自身的正常运行。社会常识有助于创业者理解自身的社会角色,了解和满足消费者的个性化需求,理解和用好国家的政策,以及维护自己的合法权益。管理常识有助于创业者理解人类的特性和行为方式,了解科学的经营管理知识和方法,提高管理水平。

2. 丰富的社会阅历及实战经历

这类知识主要涉及商业经验、社会经验和管理经验。这里说的经验是指通过亲身实践所获得的经验,因为创业活动所需要的上述经验,只有通过自己亲身实践、亲身体验,才能真正领会。有些同学说,我看过很多创业成功者的故事,有很"丰富"的经验了。但是过来人都知道,不经过亲身实践,这些成功者的经验是没有办法变成你个人经验的,书读得再多也没有用!因为创业的成功是不可以直接复制的。

3. 精湛的专业知识

这类知识主要涉及与创业活动密切相关的具有较强专业性的知识。创业是开创一番事业。这个事业不管规模如何,都需要从事它的人,比其他人做得更好、更专业,而要做到这一点,创业者必须具备从事这个事业所需要的专业性知识。在创业界有个不成文的规定——"不熟不做"。为什么"不熟不做"?因为各行各业都有一些特殊的地方,如果对它不熟悉,不具备从事这个行当所必须具备的专业知识,就很难把它做好。

【小故事】

毛驴与白马

一天,毛驴和白马结伴到山区去。在平川大道上,白马奋起四蹄,扬起尾巴,不一会儿就把毛驴甩到了后边。白马转过头来看了看毛驴,见它摇着两只大耳朵,不紧不慢地走着,非常着急,便朝毛驴大叫起来:"喂,怎么不把脚步迈得紧一点儿?看你那慢吞吞的样子,我们什么时候才能到达目的地呢?你这黑驴子,真是个庸才!"毛驴听了白马的训斥,一不生气,二不泄气,仍然一步一步地向前走着。毛驴和白马进入山区后,那山路变得又陡又窄,崎岖不平,白马的速度不知不觉地慢了下来,身上的汗水多得像刚洗过澡似的。毛驴却加快了步伐,噔噔噔地赶到了前面。白马看毛驴走起羊肠小道来是这样的轻松,不解地问:"黑毛驴,你为什么走起山路来比我快呢?"毛驴回答说:"因为术有专攻,各有所用。在一定条件下落后的,并不都是庸才啊!"

寓意:"术有专攻,各有所用。"在某一方面技不如人,并不表明自己一无是处,所以不必妄自菲薄;同样,别人某些方面不如你,也不能代表他没有别的长处,所以不可骄傲自大。

(四)创业者的能力特征

对从事创业活动而言,能力比知识和素质更重要。因为知识和素质都是潜在的,它们只有转化为能力,才能变成从事创业活动和实现创业目标所必须具备的本领,才能在创业实践中真正发挥作用。创业者所需要的能力虽然是多种多样的,但从总体上说,它主要包括如下五个方面能力,即机会捕捉能力、决策能力、执行力、经营管理能力、交往协调能力。

1. 机会捕捉能力

创业机会是创业的切入点和出发点,能否发现一个好的创业机会,是创业能否成功最为关键的因素。纵观古今中外的创业成功案例,可以发现绝大多数创业成功者具有非常强的机会捕捉能力。他们能够看到日常生活中被人忽略的细节,并在看似平常的反常现象中抓住问题的关键;他们有爱问问题和重新界定问题的习惯,能够从不同角度看问题,并善于挖掘隐藏在偶然事件中的必然规律。

2. 决策能力

决策能力是创业者根据主客观条件,正确地确定创业的发展方向、目标、战略以及具体选择实施方案的能力。创业者的决策能力,具体包括分析能力和判断能力两项基础能力。即能够在错综复杂的现象中,通过分析理清事物之间的联系,通过判断把握事物的发展方向。从某种意义上说,创业者的决策能力就是良好的分析能力加上果断的判断能力。

3. 执行力

好的决策必须有好的执行才能变成现实。创业者与梦想者的最大区别就在于创业者不但有发现商业机会的眼光,而且能够果断地决策和坚定不移地执行。好的执行力首先是一种行动能力,不能光想、光说,但不去做,而是有了想法就马上去做,心动不如行动。好的执行力还是一种能够克服重重困难、执行到位的能力,遇到困难就放弃不是好的执行,执行不到位等于没有执行。

4. 经营管理能力

成功的创业者不仅要眼光锐利、决策果断、执行到位,而且还必须善于经营管理。经营管理能力是一种较高层次的综合能力,是运筹性能力。它涉及人员的选择、使用、组合和优化,也涉及资金聚集、核算、分配和使用等。经营管理也是生产力,它不仅会影响创业活动的效率,甚至会决定创业的成败。

5. 交往协调能力

在社会分工日益细化的今天,创业者很难靠个人的单打独斗取得成功,必须具备交往协调能力。交往协调能力既包括能够妥善处理与政府部门、新闻媒体和客户之间的关系的能力,也包括能够平等地与下属交往和善于协调下属部门各成员之间关系的能力。企业与外界的接触越多,企业的规模越大,对创业者交往协调能力的要求就越高。

三、创业者的素质

(一)欲望

欲望列在中国创业者素质的第一位。创业者的欲望和普通人的欲望不同之处在于,他们的欲望往往超出现实,往往需要打破现在的立足点,打破眼前的樊笼,才能够实现。所以,创业者的欲望往往伴随着强大的行为和冒险精神。

一个真正的创业者一定具有强烈的欲望。有人一谈起这些就觉得很庸俗,甚至一些成功者亦不愿提起这样的话题,特别是涉及金钱,便变得很敏感、有禁忌。其实完全不必如此,创业者完全可以轰轰烈烈、堂堂正正地追求自己正当的利益。

因为欲望,而不甘心,而创业,而行动,而成功,这是大多数白手起家的创业者走过的共同道路。

【小故事】

创业者的"欲望"

我们说的创业者的欲望是不安分的,是高于现实的,需要踮起脚才能够得着,有的时候需要跳起来才能够得着。上海有一个文峰国际集团,老板陈浩。1995年,陈浩挟着20万块钱来到上海,从一个小小的美容店做起,现在已经在上海拥有了30多家大型美容院,一家生物制药厂,一家化妆品厂和一所美容美发职业培训学校,并在全国建立了400多家连锁加盟店,据说个人资产超过亿元。陈浩有一句话:"一个人的梦想有多大,他的事业就会有多大。"所谓梦想,不过是欲望的别名。你可以想象欲望对一个人的推动作用,欲望有多大事业就有多大。他是一个永不满足的人,正如他所说:"我追求的不是钱,追求的是事业,事业是无止境的,我的追求也是无止境的。"

(二)忍耐

忍耐是创业者必须具备的素质。古语里有两句话:"艰难困苦,玉汝于成""筚路蓝缕,以启山林",都是说创业不易。创业者首先是要忍受肉体和精神上的折磨。肉体上的折磨还好办一些,挺一挺就过去了,而精神上的折磨往往是常人难以忍受的。《孟子·告子》:"故天将降大任于斯人也,必先苦其心志,劳其筋骨,饿其体肤,空乏其身,行拂乱其所为,所以动心忍性,曾益其所不能。"可见,肉体上和精神上的折磨是创业者成功路上的必修课,可以"曾益其所不能",创业者一定要有一种坚忍不拔、宠辱不惊的定力与意志,如果没有,那么一辈子给别人打工,做一个打工仔,或许是更合适的选择。

(三)眼界

对于创业者来说,必须见多识广,广博的见识、开阔的眼界,可以很有效地拉近自己与成功的距离,使创业活动少走弯路。眼界决定了创业者的创业思路,一般而言,创业者的创业思路有几个共同来源:一是职业;二是阅读;三是行路;四是交友。

（四）明势

明势，创业者一定要跟对形势，研究政策，这是大势，在政策方面，国家鼓励发展什么，限制发展什么，对创业的成败有莫大的影响。做对了方向，顺着国家鼓励的层面努力，可能事半功倍；做反了方向，可能会鸡飞蛋打。

（五）敏感

创业者的敏感是指对外界环境变化的敏感，尤其是对商业机会的快速反应。

（六）人脉

创业不是引无源之水，栽无本之木。创业需要资源，而其中最重要的是人脉资源，即创业者构建其人际关系网或社会网络的能力，一个创业者如果不能在最短的时间内建立起自己最广泛的人际网络，那么他的创业一定会非常艰难，即使其初期能够依靠领先技术，或者自身素质如吃苦耐劳或精打细算，获得某种程度上的成功，我们也可以断言他的事业一定做不大，正所谓有钱比不过"有人"。创业者的人脉资源，第一是同学资源，第二是职业资源，第三是朋友资源。

（七）谋略

商场如战场，在产品同质化严重、市场有限、竞争激烈的情况下，创业者的智谋将在很大程度上决定其创业成败。谋略，说白了就是一种思维的方式，一种处理问题和解决问题的方法。对于创业者来说，智慧是不分等级的，它没有好坏、高明不高明的区别，只有好用不好用、适用不适用的问题。

（八）胆量

创业本身就是一项冒险活动，必然伴随风险，因而创业需要强大的心理承受能力，需要胆量、胆识。当年史玉柱在深圳开发 M-6401 桌面排版印刷系统，他的身上只剩下了 4000 元，他却向《计算机世界》定下了一个 8400 元的广告版面，唯一要求就是先刊登广告后付钱，他的期限只有 15 天，前 12 天分文未进，第 13 天他收到了 3 笔汇款，总共是 15820 元，2 个月以后，他赚到了 10 万元。史玉柱将 10 万元又全部投入做广告，4 个月后，史玉柱成了百万富翁。这个故事至今仍被人们津津乐道。但是想一想，要是当时 15 天过去，史玉柱收来的钱不够付广告费用呢？要是之后《计算机世界》再在报纸上发一个向史玉柱讨债的声明呢？我们大概永远也不会看到一个轰轰烈烈和"赌性"十足的史玉柱了。

创业需要胆量，需要冒险。冒险精神是创业家精神的一个重要组成部分，但创业毕竟不是赌博。冒险是这样一种东西，你经过努力，有可能得到，而且那东西值得你努力；否则，你只是冒进，"死了"也不值得同情。创业者一定要分清冒险与冒进的区别，无知的冒进是鲁莽和愚蠢，你的行为将变得毫无意义，并且惹人耻笑。

（九）分享

作为创业者，一定要懂得与他人分享。一个不懂得与他人分享的创业者，不可能将事业做大，甚至创业尚未成功就"财聚人散"了。分享不是慷慨，对创业者来说，分享是明智的。

【小故事】

懂得与人分享

居里夫人（玛丽·居里）已具备了漂亮这一资本，但是，她却没有利用这一点资本，她战胜自我也恰恰就是从这一点开始的。为了做科学研究，她甘愿让酸碱啃蚀她柔美的双手，让呛人的烟气吹皱她秀美的额头。

为了提炼纯净的镭，居里夫妇搞到一吨可能含镭的工业废渣。他们在院子里支起了一口锅，一锅一锅地进行冶炼，然后再送到化验室溶解、沉淀、分析。而所谓的化验室是一个废弃的、曾停放解剖用的尸体的破棚子。玛丽终日在烟熏火燎中搅拌着锅里的矿渣，她衣裙上、双手上，留下了酸碱的点点烧痕。然而，她的努力不是徒劳的，最终，她发现了天然的放射性元素——镭。

她本来可以就在她发现镭后申请专利,从而获得大笔财物,可是,她没有这样做,而是毫不犹豫地将镭的提纯方法公布于众。

(十)自省

自省其实是一种学习能力。创业既然是一个不断摸索的过程,创业者就难免在此过程中不断地犯错误。自省,正是认识错误,改正错误的前提。对创业者来说,自省的过程就是学习的过程,进步的过程,成功的创业者有一个共同之处,就是都非常善于学习,非常勇于进行自我反省。

一个创业者,遭遇挫折,碰上低潮都是常有的事,在这种时候,反省能力和自我反省精神能够很好地帮助你渡过难关。曾子说:"吾日三省吾身",对创业者来说,问题不是一日三省吾身,而是应该时时刻刻警醒、反省自己,唯有如此,才能时刻保持清醒。

四、创业者的分类

创业者是创业的主体。创业者既可以是一个单独的个体,也可以是一个团队;既是新创企业的意志主体,又是行为主体。

(一)按创业内容划分

创业者涉及各行各业,他们创业的动机也千差万别。我们按照其创业内容进行划分,可以划分为生产型、管理型、市场型、科技型和金融型五种类型。

1. 生产型创业者

生产型创业者是指通过创办企业推出产品的创业者,这种产品通常科技含量较高,比如,小米的创业是因为雷军看到智能手机能够打开中国乃至世界手机市场的大门,而毅然投入这项事业的开发,充分利用各种资源,建立了一套非常有竞争力的经营模式,很快打开了市场。

2. 管理型创业者

管理型创业者是指那些综合能力较强的创业者,他们对专业知识并不十分精通,但能够通过各种有效的管理手段带动企业前进。例如,钢铁大王卡内基,最初对钢铁生产知识知之甚少,但他看准了钢铁制造业的发展前景,迅速网罗人才进行创业,打造了自己的钢铁帝国。

3. 市场型创业者

这类创业者的一个重要特点就是注重市场,善于把握机会。中国改革开放以来涌现出大批的市场型创业者。例如,海尔集团总裁张瑞敏,正是抓住市场转型期的大好机遇,将海尔发展壮大。

4. 科技型创业者

科技型创业者多与高校和科研机构相关联,以高科技为依托创办企业。20世纪80年代后,为了鼓励科技成果转化为生产力,国家推出了一系列鼓励高等院校创办企业的措施。当今许多知名的高科技企业,前身就是原来的"校办企业"和科研院所的"所办企业",例如北大方正、清华同方等。

5. 金融型创业者

这类创业者实际上就是一种风险投资家,他们向企业提供的不仅仅是资金,更重要的是专业特长和管理经验。他们不仅参与企业经营方针的制定,还参与企业的营销战略的制定、资本运营乃至人力资源管理。

(二)按创业动机划分

创业者的创业动机多样,有的希望获得丰厚的物质报酬,有的希望拥有一份属于自己的事业,有的希望满足自己的兴趣,有的希望获得个人的独立和自主。根据创业动机的不同,可以将创业者分为以下四种类型。

1. 物质追求型创业者

物质资料是人类赖以生存的基础,而生存是人类的第一需要。在物质资料极度短缺,劳动就业竞争十分激烈的情况下,许多人为了谋生混口饭吃,被逼上梁山,不得不自己创业。创业者中的城镇下岗工人、失去土地的农民、毕业后找不到工作的大学生,多数都属于这种类型。另外,人们对物质追求的程度是有很大差异的,许多人在满足了基本的生存需要后,还会有很强的物质追求,甚至是对奢侈生活的追求。在今天的物质追求型创业者中,有相当一部分属于这种情况。

2. 事业追求型创业者

马斯洛认为,开创一番事业,实现人生价值,是人类最高层次的需要。任何社会都有一些具有崇高理想和远大抱负的人,这种人以事业追求、改造社会、造福人类为己任,把对社会的贡献,作为实现自我人生价值的目标。这种人当自己的生存有了基本保障之后,就会谋求自我实现的需要。改革开放以来,在党、政、军、行政、事业单位或国有企业中,既有较好的工作,也有不菲的收入的人,毅然选择辞职创业;一些科研人员、研究生、大学生放弃安稳的职业,带着自己的专利和梦想创业,便都属于事业追求型创业者。

3. 尊重满足型创业者

赢得尊重的需要也是人类的基本需要。在人们的物质需要获得满足后,就会转向追求精神方面的需要,赢得尊重的需要就属于这种需要。赢得尊重的方式虽然多种多样,但最常见的还是获得让人羡慕的社会地位和做出让人佩服的事情。大学生的创业动机调查表明,有近30%的同学想创业,是因为在他们看来通过创业致富是最有面子的事,钱来得光明正大,自己花着潇洒,还有能力去帮助亲友和社会,从而获得亲友和社会的尊重。

4. 独立自主型创业者

每个人由于遗传和环境影响的不同,都具有不同的人格特征。很多创业者特别向往独立和自由,不愿意过受人控制的生活,喜欢自己当家作主。

当然,上述创业者的类型划分,仅仅是从创业内容和创业动机的角度所进行的粗略分类,它不可能涵盖所有的创业者。另外,人们的创业动机是十分复杂的,有些人之所以选择创业,既考虑了物质方面的因素,也考虑了精神方面的因素;既有独立自主的需要,也有获得尊重的需要。我们在这里之所以从创业动机这个角度对创业者进行分类,就是要提醒同学们想清楚自己为什么要创业,想清楚自己到底想过一种什么样的生活。因为从某种意义上说,选择了一种工作方式,也意味着选择了一种生活方式,而且大多数选择,都会有利有弊,很难十全十美。例如,选择做独立创业者,虽然可以在一定条件下充分发挥自己的想象力、创造力,可以主宰自己的工作内容和工作节奏,并按照个人意愿追求自身价值。但是,独立创业的难度和风险很大,工作压力和挑战性也很大,在企业发展到一定规模之前,创业者会经常加班加点,很难过上正常人的生活。所以,同学们在选择是否创业和以什么方式创业之前,一定了解清楚各种创业方式对创业者的要求,并想明白自己到底想过一种什么样的生活。

任务二 创业团队

扫码看课

【名人名言】

什么是团队呢?团队就是不要让另外一个人失败,不要让团队任何一个人失败。

——马云

人们在一起可以做出单独一个人所不能做出的事业;智慧+双手+力量结合在一起,几乎是万能的。

——韦伯斯特

21世纪以来,企业面临的外部竞争环境更加复杂多变,越来越多的新创企业采用团队创业的模式,传统的大公司为了应对日趋激烈和多变的竞争形势,增强自身抵御风险的能力,也非常强调以团队管理的方式管理企业。美国著名风险投资公司合伙人曾说过,当今世界充斥着丰富的技术、大量的创业者和充裕的风险资本,而真正缺乏的是出色的团队,如何创建优秀的团队将会是未来创业者面临的最大挑战。那么,什么是创业团队?创业团队与群体有何区别?创业团队又应该担负怎样的社会责任?

一、创业团队的概念及特征

(一)创业团队的概念

创业团队是指由两个或两个以上具有一定利益关系的,共同承担创建新企业责任的人组成的工作团队。创业团队是团队而不是群体。团队与群体的差别在于团队成员具有共同的目标、相互之间有利益关系,并且遵守共同的行为准则和规范,而群体则没有这些特征。例如,军队是团队,而火车上的旅客是群体。军队有保卫祖国的共同目标和使命,有严明的纪律,军队中的每个成员都将密切合作,分别担任哨兵、侦察兵、狙击手等不同的角色,某个军事任务成功与否取决于所有成员的共同努力。而同在一列火车上的旅客们,则没有共同的目标,相互之间也没有利益关系,更不需要密切合作去完成特定的任务。

创业团队按其成员构成的不同,可以分为狭义的创业团队和广义的创业团队。狭义的创业团队由一群才能互补(分工)、责任共担、愿为共同的创业目标而奋斗,并能做到利益让渡的合伙人团队。合伙人团队是由创业初期投资并参与创业的多个个体组成,是创业团队的核心部分。合伙人团队的技术、知识、经验、社会关系网络等资源是新创企业最有价值的资源。是否拥有较高的受教育程度、前期的创业经历和相关的产业经验与广泛的社会关系网络等是合伙人团队能否取得日后成功的重要决定因素。广义的创业团队包含狭义的创业团队,也包含创业过程中的一切利益相关者,如风险投资机构、董事会成员和专家顾问等。

(二)高效创业团队的特征

一个处于良性运转的高效创业团队必然具备一些显著的特征,而正是由于有了这些特征,一个群体组织才能称之为团队或高效创业团队。

1. 目标清晰

高效创业团队对于要达到的目标有清楚的了解,并坚信这一目标包含着重大的意义和价值。而且,这种目标的重要性还激励着团队成员把个人目标升华到团队目标中去。

2. 技能互补

高效的团队是由一群有能力的人组成的。他们具备实现理想所必需的技术和能力,而且相互之间有良好合作的个性品质,从而能够出色完成任务。

3. 沟通良好

成员之间通过畅通的渠道交换信息,互相之间能迅速、准确地了解一致的想法和情感。管理层与团队成员之间通过正常的信息反馈,也有助于管理者指导团队成员行动,消除误解。

4. 承诺一致

团队成员对群体具有认同感,把自己属于该群体的身份看作是自我的一个实现。因此,承诺一致表现为对团队目标的奉献精神,愿意为实现目标而调动和发挥自己的最大潜能。

5. 恰当领导

高效创业团队领导者往往担任的是教练和后盾的角色,他们对团队提供指导和支持,但并不可以试图去控制它,他们鼓舞团队成员的自信心,帮助他们更充分地了解自己的潜能。

6. 相互信任

团队成员之间相互作用、直接接触,彼此相互影响,形成一种默契、关心和信赖,不论何时,不论需要怎样的支持,成员之间都相互给予,彼此协作,共同完成团队的目标。

二、创业团队的作用与社会责任

(一) 创业团队的作用

据国内的相关研究表明,60%以上的创业活动都是以团队形式开展的。国外研究表明,高成长企业中,高达80%的新创企业是以团队创业的形式开展的。为什么团队创业的比例越来越大?这是因为相比个体创业来说,团队创业具有整合资源能力强、抗风险能力强和发展后劲大等优势,能在创业过程中发挥如下关键作用。

1. 有助于新创企业克服创业过程中的资源约束

一个企业刚刚诞生的时候,往往面临着众多的资源约束,处于"没钱,没人,没客户"的三无境地,克服这些资源约束是新创企业必须解决的问题。由于一个人的能力、资金、关系网络毕竟有限,所以解决这一问题的过程往往漫长而艰辛。相比个体创业来说,创业团队由于其成员具有不同的经验、能力和关系网络,其整合资源的能力会成倍增加,这无疑会有助于新创企业克服创业过程中的资源约束,实现快速成长。

2. 有助于提升新创企业的决策质量

创业活动面临高度的不确定性,据不完全统计,我国大学生创业成功的比率仅为2%~3%。而在导致创业失败的诸多因素中,决策失误高居榜首。创业团队由于其成员具有不同的教育背景、知识经验和个性特征,决策的速度会比个人慢,看问题的角度也会更加多元,这不但会降低决策失误的概率,而且会有助于用创新的方式解决复杂性问题,从而提高新创企业的决策质量,降低新创企业的失败概率。

3. 有助于获取风险投资和银行贷款

风险投资商对于新创企业的发展具有重要的推动作用。风险投资商不仅能够带给新创企业发展所需要的资金,还能够带来具有国际视野的管理经验、渠道和网络。美国的研究表明,风险投资商投资的新创企业的存活率,高于全国的平均水平。对风险投资商来说,投资新创企业的最大风险来自创业者和创业团队的管理风险。由于团队创业在决策质量和工作绩效方面往往优于个人创业,所以风险投资商投资的大多数都是具有良好创业团队的项目。

(二) 创业团队的社会责任

企业的社会责任是指企业在其商业运作中对其利害关系人应负的责任。企业的社会责任包括企业环境保护、社会道德以及公共利益等方面,由经济责任、持续发展责任、法律责任和道德责任等构成。企业的社会责任要求企业必须超越把利润作为唯一目标的传统理念,强调在生产过程中对人的价值的关注,强调对消费者、环境、社会的责任和贡献,从而获得在社会、经济、环境等领域的可持续发展能力。这意味着企业不仅要在经济上赚钱,还需要同时兼顾社会和环境的因素,实现可持续发展。

中国社科院2011年发布《中国企业社会责任报告》,从责任管理、市场责任、社会责任和环境责任四个方面,对中国企业的社会责任发展水平进行了评价。这里的责任管理是指一个企业所制定的企业社会责任发展规划、反商业贿赂制度与措施等;市场责任是指企业的成长性、收益性以及产品合格率等指标;社会责任包括社保覆盖率、安全健康培训以及评估运营对企业的影响;环境责任则包含了企业的环境管理和节能减排方面的指标。

强调企业的社会责任不仅是社会对企业的要求,也是企业自身发展的需要。阿里巴巴创始人马云指出:"生意人是唯利是图,有钱就赚;商人有所为、有所不为;而企业家必须承担社会责任、创造价值""每一个企业都要承担社会责任,并把这个社会责任贯穿于企业的工作中。这种使命感不仅仅是统一思想、凝聚人心、统一行动、提高效率、减少交流成本、激发员工斗志的力量,更是企业的血液、基因和品格"。而要真正做到这一点,则要求创业团队在一开始创业时就要有这种社会责任意识,即使遇到再大的困难,也不能忘记自己的社会责任。

【小故事】

提升团队凝聚力

有一个装扮很像魔术师的人来到一个村庄,他向迎面而来的人说:"我有一颗汤石,如果将它放入烧开的水中,会立刻变出美味的汤来,我现在就煮给大家喝。"

这时有人就找了一个大锅,也有人提了一桶水,并且架上炉子和木材,就在广场煮了起来,这个陌生人很小心地把汤石放入滚烫的锅中,然后用汤匙尝了一口,很兴奋地说:"太美味了。如果再加入一点洋葱就更好了。"立刻有人冲回家拿了一堆洋葱,陌生人又尝了一口,"太棒了,如果再放一点肉片就更香了。"有一个妇人快速回家端了一盘肉来。"再有一些蔬菜就完美无缺了。"陌生人建议道。在陌生人的指挥下,有人拿了盐,有人拿了酱油,也有人捧了其他的材料。当大家一人一碗蹲在那里享用时,他们发现这真是天底下最美味的东西。

启示:那不过是陌生人在路边上捡到的石头,其实只要我们愿意,每个人都可以煮出一锅如此美味的汤,当你贡献自己的一份力量,众志成城,汤石就在每个人的心中。

三、创业团队的组建

(一)组建创业团队的步骤

1. 评估人才需求

当创业者选择好创业项目,并下决心要创业之后,就需要根据创业项目和创业者个人的情况,来确定创业团队的人才选择标准。对任何新创企业而言,资源都是稀缺的,未来都是不确定的。在这种情况下,创业者必须在对个人的优势和劣势进行分析的基础上,根据创业项目运营的实际需要,缺少什么资源和能力,就选择拥有这种资源和能力的人才。比如,运作创业项目需要市场营销方面的资源和能力,而创业者本人恰又缺乏这方面的资源和能力,那就需要寻找拥有市场营销方面资源和能力的人才共同创业。

2. 寻找合作伙伴

在评估完人才需求之后,创业者就可以通过亲戚朋友介绍、媒体广告、互联网、各种招商洽谈会等形式,寻找创业合作伙伴。为了使创业合作伙伴了解创业项目和新创企业的未来发展,创业者应该认真准备一份周详的创业计划书。一份周详的创业计划书不但有助于吸引创业合作伙伴,而且能够帮助创业者更好地理清创业思路、个人已有的资源以及急需的资源。另外,在寻找创业合作伙伴过程中,创业者既需要考虑创业团队成员间的资源和能力互补,更需要考虑创业合作伙伴的人品,因为人品是创业团队成员相互信任的基础。

3. 落实合作方式

在寻找到有创业意愿的合作伙伴后,双方还需就具体的创业计划,股份分配等具体合作事项进行全面深入的沟通,以确定创业团队成员之间的正式合作方式。具体来说,首先要妥善处理创业团队各成员之间的利益分配关系,注重用与长期绩效有关的利益分配方式,激励团队创业成员为了团队的共同目标而持续努力。其次要制定创业团队的决策机制和冲突处理机制,该机制必须具有可操作性和前瞻性,不仅考虑到创业初期团队管理的实际需要,同时也要兼顾到未来企业壮大后的情况。

【小贴士】

公司起步时的员工管理

1. 正式工或临时工:很少或没有。
2. 员工的工作:完全由你亲自管理。
3. 你的任务:所有重要的和需要承担责任的工作。

4. 你对员工的了解程度:100%。
5. 你的工作重点:把订单拿到手,把工作分下去,收回应收账。
6. 公司组织结构:轮式结构,以你为轴心,大家都对你负责。

(二) 组建优秀创业团队的方法

1. 做高效创业团队领导者

创业团队中带头人的作用更加重要,创业者的能力决定了团队的核心竞争力,带头人正如大海航行中的舵手,指引着创业团队的方向。创业初期的困难和挫折是不可避免的,核心人物不仅要解决各种矛盾与困难,更重要的是作为团队成员的精神支柱,要不断地鼓舞他们的斗志,调整他们的心态。

2. 树立正确的团队理念

一是凝聚力,拥有正确团队理念的成员相信他们处在一个命运共同体中,共享收益,共担风险。二是诚实正直,这是有利于顾客、公司和价值创造的行为准则。三是相似的价值观,拥有相似的价值观比较容易获得一致的行为方式。四是共同的愿景,只有拥有共同的愿景,团队成员才会有奋斗目标和战胜困难的勇气,才会为顾客增加价值,使供应商随着团队成功而获益,为团队的所有支持者和各种利益相关者谋利。

3. 确立明确的团队发展目标

目标是一种有效的激励因素,如果一个人看清了团队的未来发展目标,并认为随着团队目标的实现,自己可以从中分享到很多的利益,那么他就会把这个目标当成是自己的目标,并为实现这个目标而奋斗。

4. 建立责、权、利统一的团队管理机制

一是创业团队内部需要妥善处理各种权力和利益关系,团队要确定谁适合于从事何种关键任务和谁对关键任务承担什么责任,以使能力和责任的重复最小化。二是善于处理创业团队内部的利益关系。每个团队成员所看重的并不一致,这取决于其个人的价值观,有些人求的是长远的资本收益,而另一些人不想考虑那么远,只关心短期收入和职业安全。

5. 制定创业团队的管理规则

要处理好团队成员之间的权力和利益关系,创业团队必须制定相关的管理规则。一是治理层面的规则,主要解决剩余索取权和剩余控制权问题,关键是明确合伙关系与雇佣关系。在合伙关系下大家都是老板,大家说了算;而在雇佣关系下只有一个老板,一个人说了算。二是文化层面的管理规则,主要解决企业的价值认同问题。三是管理层面的规则,主要解决指挥管理权问题。

四、创业团队的管理

不同逻辑组建的团队各有优劣,在日后的团队管理方面的侧重点也不一样。对于理性逻辑组建的创业团队,团队管理的重点在于经常的沟通和协调,整合团队成员的技能,强化相互之间的信任感,具体的措施包括分工明确及透明的决策机制,以信任为中心的团队沟通管理等等。针对非理性逻辑组建的创业团队,管理重点在于信任感的维持,外部资源的整合,避免决策一致性倾向等等,具体可采用招募核心员工,聘请外部专业顾问,以利益分配为中心的团队凝聚力管理等等。但是,无论哪种类型的创业团队,都有必要借鉴以下方式加强对创业团队的管理。

(一) 建立以团队理念为核心的公司愿景

真正有效的管理是能够激发人的内在动机,靠人的主观能动性进行自我管理。创业者要带领创业团队取得成功,最有效的办法是建立以团队理念为核心的公司愿景,通过愿景的力量激发创业团队成员发挥自身潜能去实现创业目标。有关研究表明,优秀的创业团队理念一般有以下几个共同点。

1. 凝聚力

凝聚力是优秀团队的基石,优秀创业团队的成员都会认为,团队的成功离不开每一位成员的共同努力,"一荣俱荣,一损俱损"。

2. 合作精神

团队合作精神深深根植于优秀团队成员的心中,他们相互合作,"别人的事就是自己的事",通过互相补位提高团队整体的效率。

3. 完整性

完整性要求团队成员完成任务的时候,不能够忽略工作质量、员工健康和其他相关利益者的利益,做到不"以邻为壑"。

4. 长远目标

创业团队一开始,就必须树立明确的目标直至团队完成使命为止。目标设置要切合实际,上下级之间要充分沟通与评估,这样双方对困难和期待也会更清晰。目标可以培育团队精神和改进团队合作,也正因为有目标的存在,团队中的每个人才有可能知道个人的坐标在哪里,团队的坐标又在哪里。

5. 收获的观念

在优秀创业团队看来,企业的成功是最终的成功,而不是他们个人的薪水、工作待遇和生活待遇等内容。

6. 致力于价值创造

创业团队成员都致力于价值创造,通过努力把"蛋糕"做大,不断创新产品和服务,满足客户的需求,让客户、供应商等相关利益者能够获得更大的价值和盈利。

7. 平等中的不平等

在成功的新创企业中,每个团队成员由于能力不同和分工不同,应承担不同的职责和拥有相应的权利,这样才能更好地激励团队成员。因此,不能追求简单的平等。

8. 公正性

在激励机制上,优秀团队会在设计员工的各种奖励机制的时候,将奖励与个人在一段时期内的贡献和工作成绩相挂钩,并随时根据实际情况做出调整。

9. 共享收获

企业的成功是每一位成员共同努力的结果,当企业发展到一定程度的时候,优秀创业团队会根据关键员工的贡献分配企业收益给关键员工。

(二) 建立合理的企业所有权分配机制

在创业团队组建之后,建立合理的企业所有权分配机制是创业团队必须解决的关键问题。合理的企业所有权分配机制,能增强创业团队的凝聚力,激励创业团队成员更好地为实现企业目标而奋斗,有利于企业的长远发展。在确定企业所有权分配机制过程中,需要注意以下几个原则。

1. 树立共享财富的理念

在企业所有权分配问题中,要做到同时兼顾公平和激励并不容易,但创业者拥有宽广的心胸和"与帮助你创造价值和财富的人一起分享财富"的理念,将使之能不再纠结于持股的百分比问题,而关注于如何把企业做大。毕竟,零的51%还是零。只有把企业做大,创业者才能分得更多。蒙牛的创始人牛根生曾在多个场合提到的"财聚人散,财散人聚",说的也是这个道理。

2. 重视契约精神

契约精神是西方文明社会的主流精神,强调自由、平等、守信。在创业之初,应重视契约精神,及早把确定的所有权分配方案以公司章程形式写入法律文件,以契约形式明确创业团队成员之间的利益分配机制,这样能够在长期内有助于创业团队的稳定,避免创业后续的争端和纠纷。

3. 按照贡献分配所有权

所有权应按照团队成员对企业的长期贡献来分配。在现实中,按照出资额的多少来分配是常见的做法,但不应该忽略没有出资却有关键技术的成员对企业的贡献,应该在分配中予以考虑。

4. 控制权与决策权统一

企业初创时期,应实现控制权与决策权的统一。股份占比多的成员在不拥有公司控制权的条件下,其内心可能比其他成员更看重新创企业,更容易去挑战其他成员的决策,甚至决策者的权威,从而引起团队冲突和矛盾。

(三)建立职权管理机制

领导者要真正地授权给团队,准许团队做出长期的、战略性的决定,而不仅仅是让他们参与;要善于除去矛盾的根源,尽力统一管理者与团队成员的观点;同时要加强团队成员的培训,最大限度地发挥团队的功效。

【思考讨论】

请分组并围绕"创业者与创业团队"展开讨论,思考并回答下列问题。
(1) 什么样的人能成为创业者?
(2) 创业成功者通常具备什么样的特征?
(3) 创业者应具备哪些素质?
(4) 根据创业内容和动机可将创业者划分为多少种类型?
(5) 组建创业团队通常需要经过哪些步骤?
(6) 高效创业团队的特征有哪些?组建高效创业团队可以采用哪些方法?
(7) 创业团队有什么作用?
(8) 组建创业团队需遵循哪些原则?

组建初创团队最常见、最致命的 10 个大坑

我们 AA 投资与大量天使期初创团队接触的过程中,发现了不少初创团队在组建团队中所出现的问题,这些问题将成为企业发展的桎梏,甚至是企业轰然倒下的直接原因。因此我们把最为常见、最致命的 10 个大坑列出,希望引起创业者的警醒并对初创团队有所帮助。

下文所用的例子都是我们 AA 投资团队在与初创团队接触过程中看到的实际案例,很多都非常有戏剧性。其实生活往往比影视剧还要充满戏剧张力,因为生活经常是最优秀的编剧。

一、老大去哪儿了?

柳传志曾经说过:"领军人物好比是阿拉伯数字中的 1,有了这个 1,带上一个 0,它就是 10,两个 0 就是 100,三个 0 就是 1000。"这句话很好地概括了公司里老大(大部分情况下是 CEO)的重要性,表面来看,每一个初创团队都会有一个名义上的老大,这个问题似乎不足为虑。但事实上,初创公司经常出现隐性的老大缺失问题,主要包括下面三种情况。

(1) 高管不服管,名义老大没有足够的威信。老大招聘过来的人大多跟老大是旧识,这本身并没有太多问题。然而如果有的团队成员因为种种原因(例如是老大的老领导或老师),自认为比老大的能力强,发自内心地缺乏对 CEO 的尊重,进而在团队沟通和讨论的过程中有意无意地体现出自我的优越感并散布对老大的不信任,就会给团队管理带来极大的困难和障碍,在这种情况下,就应该明白合伙创业千万不能"中国式合伙",以太多感情因素和老皇历的自我认知占据了理性因素本该在的位置。感兴趣的朋友不妨看看俞敏洪的发言稿《俞敏洪自揭创业伤疤,股权分配过程大揭秘》,体会一下他当初所受的各种煎熬和各种不容易。

(2) 公司 CEO 成为整个公司的对立面,成为公司内部公认的麻烦制造者和公司所有问题的根源。虽然 CEO 本来就应该对公司的所有问题承担责任,但是如果出现公司"千夫所指",全部问题都仅仅归咎于 CEO 的情况,还是很"奇葩"的。如果说上一种情况还只是公司个别高管不服管束,这种情况就是公司上下都缺乏对CEO的基本敬意。例如,我们投资的几个企业都比较喜欢来自某个公司的技术人员,因为他们工程师的表现都非常好:技术过硬,态度认真。理论上来讲这样的公司应该很有前景才对,为什么大家都到外面寻找机会?后来一问,该公司几乎所有员工众口一词,都说公司的技术氛围很好,但是CEO是典型的各种不靠谱,缺乏创业、管理、凝聚人心的基本能力。缺少一个可以服众的领袖,这个企业的分崩离析只是时间问题。

(3)权分两半,两人联合创业,各管一摊。能撑起摊子创业的人必然都是比较有想法和强势的人,那么假如有两个这样的人在一起共同创业,各管一摊会怎样?俗话说,一山难容二虎,两个同样强势和同样能干的人往往难以做到长期合作与和谐共处。笔者曾经投资过两个"牛人"联合创业的公司,两人在公司内的股份差不多大,权力结构方面也过于平等。这俩"牛人"一起发力,三年就把公司做到了能在纳斯达克上市的规模,后来因为一点挫折,两人就开始互相抱怨,最终结果可想而知……如果有时光机器,那么笔者一定会回到两人开始创业的初期,告诉他们:平均不可能永远都是最优的解决方案,一个公司还是需要一个绝对的领导者的。

二、股份结构太过分散、平均

在个人主导创业的时代,创始人个人持有融资之前公司80%以上股份的情况并不罕见。但是随着联合创业成为主流,公司股份需要在多个团队成员间进行分配,CEO的股份占比显著降低。近期我们看到的项目中,部分CEO融资之前的股份比例甚至不到35%。

事实上,从一个中长期的角度来看,过于分散、平均的股权结构对公司可能是隐忧,乃至于成为公司发展道路上的一个"暗雷"。我们建议:融资之前,CEO的股份比例最好不低于60%。这样经过天使融资后,CEO还能持有公司50%以上的股份比例。

初创团队中必须推选出明确的领导人(CEO)来做绝对的大股东。如果创业初期,大家的贡献和条件相差不大,建议CEO通过个人向公司注资的方式获得更高的股权。股份上的明显优势对于CEO树立在团队内部的影响力和话语权也是很有帮助的。但与此同时,CEO也不能持有过高的股份比例,需要为创始团队留出股份,也为员工和后续核心成员留出期权的空间。

三、没有提前制定好游戏规则和退出协定

为什么有的企业会"哥们式合伙,仇人式散伙"?合伙创业的时候,大多是因为惺惺相惜、理念相同;而分道扬镳的原因却可以有很多:有人承诺带来订单和资源,拿到股份后就不见人影;有人不适应创业的生活,时间不长就退出,接着回归朝九晚五的上班生活去了;有人说得天花乱坠,却一开始动手就被打回原形;还有人虽然能力很强,却无法和团队和谐相处。

为了在出现这种窘境时尽可能地保护公司和全体股东的利益,创业之前一定要提前签好退出协定,明确不同退出情况下的股份处理和转让相关条款、机制。如果创业之前顾及"兄弟"情面,没有明确规定出现问题后的应对和调整机制,一旦不利情况发生,公司和剩余股东将陷于被动的境地之中。这就好比结婚前大家先签好了离婚协议,听起来很伤感情,但可能是对彼此最好的保护。

四、团队背景过于接近

团队内部讨论的时候,如果两个人的意见总是一致,说明其中至少有一个人是多余的、可以去掉。然而在组建初创团队的时候,不少人却往往忘记了这一点,组建团队的时候,一味地根据喜好和认同感吸纳团队成员。我就经常看到主要成员来自同一个学校、同一个公司,或同一个地方的公司。太封闭的团队其生命力和适应性是有限的。

我非常喜欢Beyond《光辉岁月》中的一句歌词:"缤纷色彩闪出的美丽,是因它没有分开每种色彩。"我们真心希望每一个初创企业都能够组建背景多样化的团队,有着兼收并蓄、开放、平等、自由的文化。

五、天上掉下个CXO(电商企业首席惊喜官)?

创业公司只有几条枪,每一个人都要独当一面甚至好几面,任何一个人拖后腿都将直接影响整体进程,每一个创业伙伴都至关重要。所以务必要在人选的问题上谨慎再谨慎、斟酌再斟酌,尽最大可能去寻找合适的人选,不能指望天上今天掉下个CTO,过几天再掉下来个COO……随意地决定一起创业伙伴的人选,无疑是一开始就在公司安放了一个定时炸弹。

六、贸然和不熟悉的人一起创业

很多人都会纠结:组建团队的时候,是寻找知根知底,但是能力、经历、个性等方面稍有不足的熟人来做创业伙伴,还是更主动地寻找更加合适的队员?为了搭建更有战斗力的团队,需要打开视野,在不熟悉的圈子里寻找合适的创业伙伴。然而,前提是必须在新人正式加入之前就擦亮眼睛仔细甄选,先进行一定的磨合,做到知己知彼。一般来说,如此找到的队员经常是你不熟悉的,那么该怎么办呢?这就需要提前做好工作,通过多方面的调查和多次深入沟通来了解你的准创业伙伴,以期在最短的时间内达到彼此之间的熟悉和了解,下面是一些实际操作的方法。

(1)多谈几次,每次多花点时间谈透,多谈业务和工作的细节。这些年我在不同的企业中见过不少典型的"面霸",他们面试时表现很好,很能打动人,所以往往能拿到不错的职位,但是实际能力非常一般。其实这种人也容易分辨,多问业务方面的细节并听听他的回答是否言之有物。只要问问细节,南郭先生其实是很容易原形毕露的。

(2)多场景接触,比如说一起喝茶、爬山、打球、打牌、喝酒等,多谈点与工作无关的事情,从不同的场景中来对创业伙伴做出综合判断。此外,重要合伙人一定要跟对方的家人或准家人接触,因为创业不仅仅是工作选择,更是生活方式的选择,没有家人的支持是很难坚持下去的。

(3)找参谋一起谈。这个参谋可以是团队中经验和阅历比较丰富的人,也可以是你们的投资人。我曾经开玩笑说过,投资人就是专业跟CEO打交道的人。投资人的工作性质决定了他们需要跟不同的人接触,阅人无数之后,自然识人的能力也会高一些。事实上,我们的服务工作重点之一就是帮已投项目找人或看人。

(4)做背景调查。背景调查是很有效的方法,尤其是如果能找到了解对方情况、眼光犀利且愿意跟你开诚布公的人,将会事半功倍。之所以把这条放到最后,是因为你需要具备用前三种方法,自己排除掉95%地雷的能力;同时,不是所有情况下都能找到合适的人去做背景调查。所以,为了能找到合适的创业合伙人,创业者需要提前布局,扩展人脉。

七、一开始就组建一个豪华团队

部分创业者比较理想化,一开始就想着组建一个梦之队。但实际上,梦之队往往都是以惨败收场的。原因很简单,在创业初期选择精益创业方式可以最大可能地提升生存概率,而反其道而行之则容易加速死亡。初创企业的资金都很有限,每一分钱都得用到刀刃上。因此,初创企业的人员数量上不能太多,能满足基本的需求就可以了,否则会增加内耗,造成不必要的麻烦。

组建团队时,如果过于求全求好,就会出现以下两个方面的问题。

(1)团队成员的背景过好,超出了公司早期业务的需求。我们有时可以看到一些创业者在挑选创业伙伴时,一定要求是同行业大企业的管理层加盟,否则似乎就不够"高大上"。然而,习惯管理大企业的人,不一定能接地气,也不一定能挽起袖子亲自动手,因此开展业务不一定就会如在大企业那样得心应手。同时,大企业管理层的人力成本也不是初创企业能承担的。另外,大家背景都差不多,谁也不会服谁,在团队股份比例和领导权方面会增加不必要的内耗。当然了,如果你自己是雷军似的人物,本身就比"牛人"还要领先一筹,就不需要担心这个问题了。

(2)团队太完善,各种关键、不关键的岗位全部到齐。有的创业者似乎已经被过往从业经历中的层级划分、岗位界定洗脑了。就算公司创立的前半年只是在开发产品,也提前配备好市场和营销人员。更有甚者,有些做天使融资的团队,已经有CFO(首席财务官)了。对于这种团队,我们一般都会保持警惕。

八、引入中看不中用的人

我们曾经见过一些团队,一眼看去团队成员的背景非常好,且经验和人脉正好是公司业务发展所需求的。但是跟团队成员细细聊过之后,发现不是那么回事,有些团队成员的背景看着非常令人印象深刻,但是一聊到业务细节就漏洞百出。大公司里边难免会有滥竽充数之辈,但是对于小公司来说,如果关键岗位请到的是南郭先生,那很有可能是一场灾难。更有甚者,部分创业者为了募资时谈个好价钱,明知道是南郭先生也要招进团队,我有一个在创业的哥们,一次我去跟他们团队讨论业务,出来的时候我忍不住提醒他高管团队中有南郭先生。他的反应让我吃惊,他说:"我知道,但是他的背景好,容易获得投资人的认同。"对此,我是不敢苟同的。我们在做团队访谈的时候,如果发现有南郭先生,是要亮红灯的。因为从一方面来看,团队是创业成功重要的必要条件;另一方面,选人的功夫也是我们考察CEO能力中很核心的一部分,成熟的投资者不会仅从团队成员的背景去考虑问题。

九、所有成员都是兼职创业

创业是一种生活方式,一旦市场的枪声响起,就要夺命狂奔。创业的日子里,每个人都恨不得每天都有48个小时。朝九晚五,那是很久很久以前的事情了。

数年前,还有不少人是先兼职创业,准备充分之后再辞职。但是近期,随着市场环境的发展和竞争的步调加快,如果你看到了一个市场机会,只要判断距离市场的爆发不会太远,请不要犹豫,尽快全身心投入其中吧。否则,等你觉得自己准备好了可以创业的时候,没准市场上已经有上百个竞争对手了。

我们曾经见过一个项目,是BAT里的一个程序员自己个人做的App,他的产品比别人领先了大半年推出,在没有任何宣传和推广的前提下获得了上百万的用户,且用户反馈很不错。但是,最终我们还是没有投资,因为他计划辞职专职做自己项目的时候,市场上已经有数个类似的App拿到了大额融资,且市场占有率已经领先于他了。这位同学就是典型的因为兼职创业而错失机遇的例子。

十、招来在做人方面有硬伤的人

如果创业核心成员出现如下的问题,将成为团队团结的障碍。

(1) 品性有问题的人,这种人不仅自己破坏,还影响整个公司的文化和气氛。

(2) 太喜欢公司政治的人。

(3) 太难以与团队进行配合的人

初创企业,招聘是非常重要的工作,也是创始人要花大力气的三个重点(团队、融资和战略)之一。但是招聘是个技术活,需要在长期的工作中练就一对火眼金睛。

在选人方面,YC创始人Paul Graham给出了一个很好的实操建议:如果你在与候选人沟通的时候,如果对方看起来令人印象深刻,但是你自己个人总感觉有疑虑,那么,你要相信你的直觉。

总结:

世界上没有完美的个人,但有接近完美的团队;创业者需要做的,就是建立起一支能熬过困难、能越战越勇、能持续学习并最终夺取胜利的团队。

一个好的创业合伙人,会在企业困难的时候迎难而上,并帮助企业实现腾飞;同样的,一个不合格的合伙人,不仅仅会延误战机,更可能给企业带来灾难。对创业者而言,选择创业伙伴则意味着未来好几年内你将和他休戚与共,共同决定公司未来几年内的走向。所以你需要选择内在价值观一致,能力互补的创业伙伴,并通过提前制定好规则、坦率而真诚的交流以及彼此之间的包容,努力打造一个富有战斗力和生命力的团队。

在初创团队的建设上,建议各位创业者有空的时候可以翻阅《三国演义》,一方面是换换脑子,另一方面也看看三个最牛的创业团队是如何组建出来的,又为什么产生了自身固有的困境和问题。

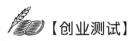【创业测试】

贝尔宾团队角色测试

剑桥产业培训研究部前主任贝尔宾博士和他的同事们经过多年在澳洲和英国的研究与实践,提出了著名的贝尔宾团队角色理论,即一支结构合理的团队应该由八种角色组成。贝尔宾团队角色理论认为,高效的团队工作有赖于默契协作。团队成员必须清楚其他人所扮演的角色,了解如何相互弥补不足,发挥优势。

成功的团队协作可以提高生产力,鼓舞士气,激励创新。

理论内容:利用个人的行为优势创造一个和谐的团队,可以极大地提升团队和个人绩效。没有完美的个人,但有完美的团队。

贝尔宾团队角色自测问卷

说明:对下列问题的回答,可能在不同程度上描绘了您的行为。每题有八句话,请将总分十分分配给每题的八个句子(看到描述马上给分,不要有过多的分析)。分配的原则:最体现您行为的句子分最高,以此类推。最极端的情况也可能是十分全部分配给其中的某一句话。请根据您的实际情况把分数填入后面的表中。

1. 我认为我能为团队做出的贡献是(　　)。

A. 我能很快地发现并把握住新的机遇

B. 我能与各种类型的人一起合作共事

C. 我生来就爱出主意

D. 一旦发现某些对实现集体目标很有价值的人,我就及时把他们推荐出来

E. 我能把事情办成,这主要靠我个人的实力

F. 如果最终能导致有益的结果,我愿面对暂时的冷遇

G. 我通常能意识到什么是现实的,什么是可能的

H. 在选择行动方案时,我能不带倾向性,也不带偏见地提出一个合理的替代方案

2. 在团队中,我可能有的弱点是(　　)。

A. 如果会议没有得到很好的组织、控制和主持,我会感到不痛快

B. 我容易对那些有高见而又没有适当地发表出来的人表现得过于宽容

C. 只要集体在讨论新的观点,我总是说得太多

D. 我的客观看法,使我很难与同事们打成一片

E. 在一定要把事情办成的情况下,我有时使人感到特别强硬以至专断

F. 可能由于我过分重视集体的气氛,我发现自己很难与众不同

G. 我易陷入突发的想象之中,而忘了正在进行的事情

H. 我的同事认为我过分注意细节,总有不必要的担心,怕把事情搞糟

3. 当我与其他人共同进行一项工作时,(　　)。

A. 我有在不施加任何压力的情况下,去影响其他人的能力

B. 我随时注意防止粗心和工作中的疏忽

C. 我愿意施加压力以换取行动,确保会议不是在浪费时间或离题太远

D. 在提出独到见解方面,我是数一数二的

E. 对于与大家共同利益有关的积极建议我总是乐于支持的

F. 我热衷寻求最新的思想和新的发展

G. 我相信我的判断能力有助于做出正确的决策

H. 我能使人放心的是,对那些最基本的工作,我都能组织得井井有条

4. 我在工作团队中的特征是(　　)。

A. 我有兴趣更多地了解我的同事

B. 我经常向别人的见解进行挑战或坚持自己的意见

C. 在辩论中,我通常能找到论据去推翻那些不甚有理的主张

D. 我认为,只要计划必须开始执行,我就有推动工作运转的才能

E. 我有意避免使自己太突出或出人意料

F. 对承担的任何工作,我都能做到尽善尽美

G. 我乐于与工作团队以外的人进行联系

H. 尽管我对所有的观点都感兴趣,但这并不影响我在必要的时候下决心

5. 在工作中,我得到满足,因为(　　)。

A. 我喜欢分析情况,权衡所有可能的选择

B. 我对寻找解决问题的可行方案感兴趣

C. 我感到,我在促进良好的工作关系

D. 我能对决策有强烈的影响

E. 我能适应那些有新意的人

F. 我能使人们在某项必要的行动上达成一致意见

G. 我感到我的身上有一种能使我全身心地投入到工作中去的气质

H. 我很高兴能找到一块可以发挥我想象力的天地

6. 如果突然给我一件困难的工作,而且时间有限,人员不熟,(　　)。

A. 在有新方案之前,我宁愿先躲进角落,拟定出一个摆脱困境的方案

B. 我比较愿意与那些表现出积极态度的人一道工作

C. 我会设想通过用人所长的方法来减轻工作负担

D. 我天生的紧迫感将有助于我们不会落在计划后面

E. 我认为我能保持头脑冷静,富有条理地思考问题

F. 尽管困难重重,我也能保证目标始终如一

G. 如果集体工作没有进展,我会采取积极措施去加以推动

H. 我愿意展开广泛的讨论,意在激发新思想,推动工作

7. 对于那些在团队工作中或与周围人共事时所遇到的问题,(　　)。

A. 我很容易对那些阻碍前进的人表现出不耐烦

B. 别人可能批评我太重分析而缺少直觉

C. 我有做好工作的愿望,能确保工作的持续进展

D. 我常常容易产生厌烦感,需要一两个有激情的人使我振作起来

E. 如果目标不明确,让我起步是很困难的

F. 对于我遇到的复杂问题,我有时不善于加以解释和澄清

G. 对于那些我不能做的事,我有意识地求助于他人

H. 当我与真正的对立面发生冲突时,我没有把握使对方理解我的观点

贝尔宾团队角色自测表

题号	CW	CO	SH	PL	RI	ME	TW	FI
1	G	D	F	C	A	H	B	E
2	A	B	E	G	C	D	F	H
3	H	A	C	D	F	G	E	B
4	D	H	B	E	G	C	A	F
5	B	F	D	H	E	A	C	G
6	F	C	G	A	H	E	B	D
7	E	G	A	F	D	B	H	C
合计								

测试结果分析

这八种团队角色如下。

1. 实干家 CW(company worker)

(1) 典型特征：保守、顺从、务实可靠。

(2) 积极特性：有组织能力、实践经验；工作勤奋；有自我约束力。

(3) 能容忍的弱点：缺乏灵活性；对没有把握的主意不感兴趣。

(4) 在团队中的作用：

①把谈话与建议转换为实际步骤。

②考虑什么是行得通的，什么是行不通的。

③整理建议，使之与已经取得一致意见的计划和已有的系统相配合。

2. 协调者 CO(coordinator)

(1) 典型特征：沉着、自信、有控制局面的能力。

(2) 积极特性：对各种有价值的意见不带偏见地兼容并蓄，看问题比较客观。

(3) 能容忍的弱点：在智能以及创造力方面并非超常。

(4) 在团队中的作用：

①明确团队的目标和方向。

②选择需要决策的问题，并明确它们的先后顺序。

③帮助确定团队中的角色分工、责任和工作界限。

④总结团队的感受和成就，综合团队的建议。

3. 推进者 SH(shaper)

(1) 典型特征：思维敏捷、开朗、主动探索。

(2) 积极特性：有干劲，随时准备向传统、低效率、自满自足挑战。

(3) 能容忍的弱点：好激起争端，爱冲动，易急躁。

(4) 在团队中的作用：

①寻找和发现团队讨论中可能的方案。

②使团队内的任务和目标成形。

③推动团队达成一致意见，并朝向决策行动。

4. 开拓者(创始人、智多星)PL(planter)

(1) 典型特征：有个性、思想深刻、不拘一格。

(2) 积极特性：才华横溢、富有想象力、智慧、知识面广。

(3) 能容忍的弱点：高高在上、不重细节、不拘礼仪。

(4) 在团队中的作用：

①提供建议。

②提出批评并有助于引出相反意见。

③对已经形成的行动方案提出新的看法。

5. 外交家 RI(resource investigator)

(1) 典型特征：性格外向、热情、好奇、联系广泛、消息灵通。

(2) 积极特性：有广泛联系人的能力，不断探索新的事物，勇于迎接新的挑战。

(3) 能容忍的弱点：事过境迁，兴趣马上转移。

(4) 在团队中的作用：

①提出建议，并引入外部信息。

②接触持有其他观点的个体或群体。

③参加磋商性质的活动。

6. 监督者 ME(monitor evaluator)

(1) 典型特征:清醒、理智、谨慎。

(2) 积极特性:判断力强、分辨力强、讲求实际。

(3) 能容忍的弱点:缺乏鼓动和激发他人的能力,自己也不容易被别人鼓动和激发。

(4) 在团队中的作用:

①分析问题和情景。

②对繁杂的材料予以简化,并澄清模糊不清的问题。

③对他人的判断和作用做出评价。

7. 凝聚者 TW(team worker)

(1) 典型特征:擅长人际交往、温和、敏感。

(2) 积极特性:有适应周围环境以及人的能力,能促进团队的合作。

(3) 能容忍的弱点:在危急时刻往往优柔寡断。

(4) 在团队中的作用:

①给予他人支持,并帮助别人。

②打破讨论中的沉默。

③采取行动扭转或克服团队中的分歧。

8. 完美主义者 FI(finisher)

(1) 典型特征:勤奋有序、认真、有紧迫感。

(2) 积极特性:理想主义者、追求完美、持之以恒。

(3) 能容忍的弱点:常常拘泥于细节,容易焦虑,不洒脱。

(4) 在团队中的作用:

①强调任务的目标要求和活动日程表。

②在方案中寻找并指出错误、遗漏和被忽视的内容。

③刺激其他人参加活动,并促使团队成员产生时间紧迫的感觉。

需要注意的是,有的人可能在两三个角色上的得分一样多,这是允许的。请问,您能扮演什么角色呢?

马化腾的创业团队

这是一个难得的兄弟创业故事,其理性堪称标本。希望大家在阅读中有所收获。

1998年,马化腾与他的同学张志东"合资"注册了深圳腾讯计算机系统有限公司。之后,公司又吸纳了三位股东:曾李青、许晨晔、陈一丹。这5个创始人的QQ号,据说是从10001到10005。为避免彼此争夺权力,马化腾在创立腾讯之初就和四个伙伴约定清楚:各展所长、各管一摊。马化腾是CEO(首席执行官),张志东是CTO(首席技术官),曾李青是COO(首席运营官),许晨晔是CIO(首席信息官),陈一丹是CAO(首席行政官)。

之所以将腾讯五兄弟的创业故事称之为"难得",是因为直到2005年的时候,这五人的创始团队还基本保持这样的合作阵形,不离不弃。直到腾讯做到如今的帝国局面,其中4个人还在公司一线,只有COO曾李青挂着终身顾问的虚职而退休。

都说一山不容二虎,尤其是在企业迅速壮大的过程中,要保持创始人团队的稳定合作尤其不容易。在这个背后,工程师出身的马化腾从一开始对于合作框架的理性设计功不可没。

从股份构成上来看,5个人一共凑了50万元,其中马化腾出了23.75万元,占了47.5%的股份;张志东出了10万元,占20%的股份;曾李青出了6.25万元,占12.5%的股份;其他两人各出5万元,各占10%的股份。

公司成立所需主要资金都由马化腾所出,他刻意把所占的股份降到一半以下,47.5%。"要他们的总和比我多一点点,不要形成一种垄断、独裁的局面。"而同时,他自己又一定要出主要的资金,占大股。"如果没有一个主心骨,股份大家平分,到时候也肯定会出问题,同样完蛋。"

保持稳定的另一个关键因素,就在于搭档之间的"合理组合"。据《沸腾十五年》作者林军回忆说,"马化腾非常聪明,但非常固执,注重用户体验,愿意从普通的用户的角度去看产品。张志东是脑袋非常活跃,对技术很沉迷的一个人。马化腾技术上也非常好,但是他的长处是能够把很多事情简单化,而张志东更多的是把一个事情做得完美化。"

许晨晔和马化腾、张志东同为深圳大学计算机系的同学,他是一个非常随和而有自己的观点,但不轻易表达的人,是有名的"好好先生"。而陈一丹是马化腾在深圳中学时的同学,后来也就读深圳大学。他十分严谨,同时又是一个非常张扬的人,他能在不同的状态下激起大家的激情。

如果说其他几位合作者都只是"搭档级人物"的话,只有曾李青是腾讯5个创始人中最好玩、最开放、最具激情和感召力的一个,与温和的马化腾、爱好技术的张志东相比,是另一个类型。其大开大合的性格,也使其比马化腾更具备攻击性,更像拿主意的人。不过或许正是这一点,也导致他最早脱离了团队,单独创业。

后来,马化腾在接受多家媒体的联合采访时承认,他最开始也考虑过和张志东、曾李青三个人均分股份的方法,但最后还是采取了5人创业团队,根据分工占据不同的股份结构的策略。即便是后来有人想加钱、占更大的股份,马化腾也说不行,"根据我对你能力的判断,你不适合拿更多的股份"。因为在马化腾看来,未来的潜力要和应有的股份匹配,不匹配就要出问题。如果拿大股的不干事,干事的股份又少,矛盾就会发生。

当然,经过几次稀释,最后他们上市所持有的股份比例只有当初的1/3,但即便是这样,他们每个人的身价都还是达到了数十亿元人民币,是一个皆大欢喜的结局。

可以说,在中国的民营企业中,能够像马化腾这样,既包容又拉拢,选择性格不同、各有特长的人组成一个创业团队,并在成功开拓局面后还能使创业团队依旧保持着长期默契合作,是很少见的。而马化腾的成功之处,就在于其从一开始就很好地设计了创业团队的责、权、利。能力越大,责任越大,权力越大,收益也就越大。

思考与讨论:
1. 进一步搜寻资料,试分析马化腾团队创业成功的原因。
2. 假如你要创业,你想做什么?你会选择哪些成员来组建团队?

模块五
创业机会与风险

CHUANGYEJIHUI
YUFENGXIAN

知识目标：

1. 了解创意、创业机会的内涵。
2. 了解创意、商业概念和创业机会的关系。
3. 了解创业机会类型。
4. 熟悉创业机会识别的影响因素。
5. 了解大学生创业项目选择相关建议。
6. 理解掌握市场调查概念及调查内容。
7. 理解创业机会评估内容。
8. 理解创业风险概念及来源。

能力目标：

1. 掌握创业机会识别方法，并能识别创业机会。
2. 掌握市场调研分析方法，能对市场需求进行分析。
3. 能够运用一定的方法对创业项目进行评估。
4. 能够识别创业风险，并找出有效的应对方法。

创业是发现市场需求，寻找市场机会，通过投资经营企业满足这种需求的活动。创业需要机会，在我们身边隐藏着很多创业机会，只是我们缺少善于发现的眼睛。发现创业机会是有规律可循的，如何发现创业机会，需要创业者掌握一定的方法。此外，创业机会与创业风险总是相伴而行的。创业者应尽可能识别创业机会中可能蕴含的风险，并制定相应的风险防范措施，以实现创业机会的价值最大化，从而实现创业目标。

在学习之前请同学们思考一下：生活中你发现有适合你的创业机会吗？你是否把握住了创业机会？创业者要如何识别和防范创业风险？

史玉柱的两次创业

史玉柱与巨人集团

史玉柱，安徽人，1989年研究生毕业后"下海"，在深圳研究开发M-6401桌面中文电脑软件，获得成功。1992年，史玉柱率100多名员工，落户珠海。珠海给了史玉柱的巨人集团很多照顾：高科技企业税收全免；破例审批出国……

巨人集团一下子发展了起来，史玉柱开始不满足于只做巨人汉卡，他开始做巨人电脑，巨人电脑还没做扎实，史玉柱又看上了财务软件、酒店管理系统。史玉柱曾去美国考察，问投资银行未来哪些行业发展速度最快，投资银行说是IT和生物工程。史玉柱回国后立即展开了生物工程项目。其他涉足的行业还有服装和化妆品，摊子一下铺到了六七个事业部。

1993年，巨人集团仅中文手写电脑和软件的销售额就达到3.6亿元，成为中国第二大民营高科技企业。作为支持，珠海市政府批给巨人集团一块地，巨人集团准备盖办公楼。盖72层的巨人大厦需要12亿元，而史玉柱手中只有1亿元现金。史玉柱将赌注押在了卖"楼花"上。1993年，珠海西区别墅在香港卖"楼花"卖出十多亿元。可等到1994年史玉柱卖"楼花"的时候，中国宏观调控已经开始，对卖"楼花"开始限制，必须投资到一个数额才能拿到预售许可证，后来越来越规范，限制越来越多。史玉柱使出浑身的宣传本事，也只卖掉了1亿多元的"楼花"。

1995年，巨人集团推出12种保健品，投放广告1亿元。史玉柱被《福布斯》列为中国大陆富豪第8位。脑黄金取代巨人汉卡成为巨人集团新的摇钱树。1995年，仍然认为形势一片大好的史玉柱，往巨人大厦地下3层又花了1亿多元。1996年，巨人大厦资金告急，史玉柱贷不到款，决定将保健品方面的全部资金调往巨人大厦。此时，脑黄金每年已经能为巨人集团贡献1亿多元利润。"我可以用脑黄金的利润先将巨人大厦盖到20层。卖掉这20层，再盖上面的。"让他没想到的是，保健品业务因资金"抽血"过量，再加上管理不善，迅速盛极而衰。1997年初，巨人大厦未按期完工，购"楼花"者天天上门要求退款，媒体也"地毯式"地报道巨人集团财务危机。不久，只建至地面3层的巨人大厦停工，巨人集团名存实亡。

史玉柱与征途网络

2004年11月，上海征途网络科技有限公司正式成立。在进入网游之前，史玉柱曾经向专家咨询，也曾专门拜会一些行业的主管领导。结论是，至少在8年或者更长的时间里，网络游戏的增长速度会保持在30%以上。而在史玉柱看来，国人对娱乐的需求日益增长，中国游戏玩家的比例相对也较低，增长潜力巨大。因此，史玉柱断言：现在的网游肯定是一个朝阳产业。

史玉柱始终认为，网络游戏的成功靠的就是两个：钱和人。多年的保健品业务积累和投资收益给史玉柱带来了巨大的资金积累。2004年，放弃大型网络游戏研发的上海盛大的一个团队准备离开盛大并希望找一个合适的投资伙伴，并在与一个台湾的投资方接触。史玉柱听说此事之后，立刻找到这个团队见面，会谈之后，史玉柱投资IT的热情再度被点燃起来，决定投资。

在正式确定后，史玉柱自问：如果失败，其原因有可能来自哪些方面？一是产品，二是人员流失等。在一问一答中，史玉柱罗列出了十几个项目要点，也一一找到了解决方法。

初做网游的史玉柱，无法全面同对手竞争，因此制定了一个"聚焦聚焦再聚焦"的策略。征途网络只做一款产品，只选择MMORPG类中的2D领域，史玉柱声称要做"2D游戏的关门之作"。从现在的结果来看，史玉柱的聚焦策略取得了一定程度上的成功，《征途》的在线人数已经领先于直接竞争对手。

为了网络游戏的项目，史玉柱预先估计到最高可能会亏损2亿元，因此就在账上准备了2亿元人民币。但是，前期4000万元人民币投下去之后，很快《征途》就已经进入良性发展，在公测阶段便已经开始盈利。由此，史玉柱也就正式进入改变网游格局的征途。

在中国经济改革的浪潮中，史玉柱适时抓住了创业机会，无疑是具有传奇色彩的创业者之一。然而，在第一次创业时，史玉柱却因为没有处理好创业风险而导致"巨人危机"；在创建征途网络时，史玉柱提前找出了各种创业风险，并一一找到了解决的方法，从而保证了创业过程的顺利。

任务一　创意与创业机会

扫码看课

【名人名言】

要永远相信：当所有人都冲进去的时候赶紧出来，所有人都不玩了再冲进去。

——李嘉诚

我极少能看到机会，往往在我看到机会的时候，它已经不再是机会了。

——马克·吐温

机会的识别源自创意的产生，创业者在创业之前往往有一个很好的创业想法，就是创意。有的创业者认为自己有很好的创意和点子,对创业充满信心。虽然创意和点子固然重要,但并不是每个大胆的创意和点子都可以转化成创业机会。所以我们有必要澄清创意和创业机会之间的区别与联系。

一、认识创意

(一) 创意的内涵

创意就是既具有创业指向,也具有创新性甚至原创性的想法。创意的核心是创造性思维,其突出的标志是具有新颖性、独特性。创造性思维往往带有随机性和突发性,因此又被称为"灵感"。

创意要将问题或需求转化成一定的逻辑性架构,而不是单纯的奇思妙想。创意的形成是一个过程,尽管时间可能很短。创意是创业者的初步设想或灵感,在创意没有产生之前,机会的存在与否意义不大。

(二) 创意的特征

你在准备将创意付诸创业实践之前一定要认清它是否具备转化为机会的条件。创意很难说存在绝对意义上的好与坏,能够转化成创业机会的创意一般会具有以下基本特征。

1. 新颖性

创业的本质是创新,创业指向的想法首先应具有新颖性。新颖性可以是新的技术和新的解决方案,可以是差异化的解决办法,也可以是更好的措施。新颖性还意味着一定程度的领先性,不少创业者在选择创业机会时关注国家政策优先支持的领域,就是在寻找领先性的项目。不具有新颖性的想法不仅将来不会吸引投资者和消费者,对创业者本人也不会有激励作用。大多数的想法只是想想而已,并不会付诸行动。新颖性还可以加大模仿的难度。

【小故事】

卖石头的青年

有两个青年一起在山上采石头,一个把大石块砸成石子,卖给那些建房的人;另一个则直接把开采的石块运到杭州,卖给那里的花鸟商人,因为那山上怪石嶙峋,他就只卖造型不卖重量。几年后,卖石头造型的青年盖起了村里的第一间瓦房。

后来政府号召村民在山上种树,而且禁止开采石头。于是,荒山变成了果园。一到秋天,漫山遍野的鸭梨吸引着来自四面八方的商人,因为这里产的鸭梨又大又甜,香脆可口,他们便把鸭梨成筐成筐地运往全国各大城市,后来还出口,直接运往世界各国。

就在大家忙着种果树的时候,那个卖石头造型的青年却卖掉了果树,种上了柳树。因为他发现,客商缺的不是鸭梨,而是用来装鸭梨的筐。几年后,他又是村里第一个在城里买上房子的人。

又过了几年,一条铁路修到了村里,贯穿南北。小山村不像以前那么闭塞了,果农们也开始了果品的加工和市场的开发。就在一些人开始集资办厂的时候,还是那个青年,他在地头砌了一堵三米高、百米长的墙。这堵墙正朝着铁路,两旁是一望无际的万亩果园。坐火车经过这儿的人,在欣赏果园的美景时,会突然看到几个醒目的大字:可口可乐。据说这是几百里铁路沿线唯一的广告。那堵墙的主人凭借这堵墙,每年有6万元的广告收入。

有一天,日本一家大公司的亚洲代表来中国考察,当他坐火车经过这个小山村时,听到这个故事,十分钦佩主人公敏锐的商业头脑,决定马上下车找到这个经商奇才。当那个代表找到这个人的时候,他正在自己的店门口与对门的店主吵架。因为他店里的一套西装标价1000元的时候,同样的西装在对门标价900元;他标价900元的时候,对门就标价800元。几个月下来,他仅批发出9套西装,而对门那家却批发出了1000套。

那个代表看到这种情形,大失所望,以为上了讲故事的人的当,可当得知对门的那个店也是归那青年所有之后,他立刻决定以百万的年薪聘请他来公司任职。

成功有时就来自你独特的眼光和非凡的创意。同一种事物,善于思考的人更容易发现其中潜在的价值,并将其很好地利用,为自己赢得财富。

2. 真实性

创业指向的创意绝对不会是臆想,而要有现实意义,要有实用价值。首先,创意要可实现,简单的判断标准是能够开发出可以把握机会的产品或服务,而且市场上存在对此产品或服务的真实需求,还要能够找到让潜在消费者接受产品或服务的途径。

3. 价值性

创意的价值性是根本,好的创意要能给消费者带来真正的价值。创意的价值要通过商业概念进行市场检验。有价值的创意是可以进行市场测试的。

二、了解创业机会

(一)创业机会的内涵

机会是创业的核心要素,创业离不开机会。机会是一种隐性的状态或情形,同样的机会,不同的人看到的会不同,让不同的创业者来开发,效果也会差异巨大。纽约大学科兹纳教授认为,机会就是未明确的市场需求或未充分使用的资源或能力。他从两个角度来界定创业机会,其实开发未充分使用的资源或能力本质上还是用来满足一定的市场需求。创业者的创业行为是需要得到一定的回报,要不然不能称之为创业。所以,创业机会就是能够满足消费者需求,并能使创业者收获回报的有吸引力的商业想法或主张。

识别创业机会是思考和探索互动反复,并将创意进行转变的过程。有的创业者认为自己有很好的创业想法和点子,对创业充满信心。有想法、有点子固然重要,但并不是每个大胆的想法和新异的点子都能转化为创业机会。许多创业者就因为仅仅凭想法去创业而失败了。因此,了解创业机会的特征有助于创业者正确识别创业机会。

创业机会具有以下特征。

(1)普遍性:凡是有市场、有经营的地方,客观上就存在着创业机会。创业机会普遍存在于各种经营活动过程之中。

(2)偶然性:创业机会的发现和捕捉带有很大的不确定性,任何创业机会的产生都有"意外"因素。

(3)消逝性:创业机会存在于一定的时空范围之内,随着产生创业机会的客观条件的变化,创业机会会相应地消逝和流失。

【小故事】

1989年,默巴克还只是美国斯坦福大学的一名普通学生。

为了减轻父母的工作压力,默巴克从走进大学校门起,就边读书边做一些力所能及的事情,赚取微薄的收入。在打扫学生公寓时,默巴克经常在墙脚、沙发缝、床铺下扫到满是灰尘的硬币,这些硬币有1美分的、2美分和5美分的。

当默巴克将这些硬币还给那些同学时,他们个个懒洋洋地又不屑一顾地说:"硬币?谁是这些硬币的失主啊?一把硬币装在钱包里哗哗作响,又买不来多少东西,有些是我们故意扔掉的。"

这件事情后,默巴克分别给财政部和国家银行写信反映小额硬币被人白白扔掉的事情。财政部很快就给年轻的默巴克回信说:"每年有310亿美元的硬币在全国市场上流通,但其中的105亿美元都正如你所反映的那样,被人随手扔在墙脚和沙发缝中睡大觉。"1991年,刚从斯坦福大学毕业的默巴克成立了自己的"硬币之星"公司,定制了自动换币机。自动换币机收取约9%的手续费,所得利润与超市按比例分成。

默巴克的"硬币之星"一开业便大获成功。仅仅5年,"硬币之星"公司便在全美8900家主要超市连锁店设立了10800个自动换币机,并成为纳斯达克的上市公司。一文不名的年轻穷小子——默巴克一夜暴富,旋风般地成了令人瞩目的亿万富翁。人们都称他是"一美分垒起的大富翁"。

(二)创意、商业概念和创业机会

一个好的创意可能会成为一个好的创业机会,但也可能不会成为创业机会。创意需要开发成商业概念才能成为创业机会。

创意是创业者的初步设想或灵感,是对某个问题提出的初步解决方案,不一定追求市场回报。创业机会比创意更为严肃和正式,有时候一个非常好的创意不一定就是一个好的创业机会。虽然每个创意都是和一种需求或解决问题的办法紧紧联系在一起的,但创意要想转化为创业机会,必须具备以下几个特征:一是时机,由机会窗口决定。当机会窗口打开时(时机敏感性),机会所带来的利润就会产生。当达到某个时点,市场成熟了,机会窗口也就关闭了。二是吸引力,必须可以获利。三是持续期,可以持续一段时间,能够在市场上发展、成长和成熟。四是必须可为消费者提供价值。

创业机会的吸引力和价值性必须通过商业概念来实现。商业概念是在创意的基础上用文字、图像、模型等对已成型的潜在产品构思进行形象的描述,以便在消费者心中形成一种潜在产品的独特印象。商业概念就是产品介绍,用消费者的语言来描述产品;而创意是站在创业者的角度对问题解决手段的构思,消费者一般很难理解。商业概念必须以简单、概括、形象的方式来传递优势信息,突出潜在产品的优势,形成潜在产品的卖点。所以商业概念必须通过市场检验。商业概念甚至需要在小规模市场上进行试销,以确定利润的回报是否可以实现。如果没有利润回报,创意就不能开发成创业机会。

总之,看到机会、产生创意并发展成清晰的商业概念才意味着创业者识别到机会。一个创意只有在能带来利润回报时才能开发成创业机会。

【小贴士】

机 会 窗 口

机会窗口指特定商机存在于市场之中的一定的时间跨度。一旦新产品市场建立起来,机会窗口就打开了。达到某个时点,市场成熟,机会窗口也就被关闭了。一个产品处于生命周期的成长期——往往是机会窗口的打开时期。当创业者利用机会时,机会窗口必须是敞开的。随着市场成长,企业进入市场并设法占据有利可图的定位。机会窗口关闭后,新建企业想成功,已经非常困难,除非专注细分市场。

通常,市场规模越大,机会窗口越大,创业者才越有可能抓住这个机会。否则,创业者可能无法抓住这个机会。创业者在机会窗口中创业才有望获得相应的投资回报,否则就可能"血本无归"。

三、创业机会的类型

创业机会依据不同的分类方式可以分为不同的类型,根据创业机会的来源可以将创业机会分为以下几种。

(一)趋势型机会

趋势型机会是指在变化趋势中蕴含的一种创业机会。趋势型机会一般出现在经济变革、政治变革、人口变化、社会制度变革、文化习俗变革等多个方面(表5-1)。一旦被人们认可,它产生的影响将是持久的,带来的利益也是巨大的。我国正处于经济改革深化阶段,创业者如果能够识别出适合自己的机会,能够很早地发现并把握,就有可能成为未来趋势的先行者和领导者。

表 5-1 过去 50 年中几个大的趋势和因此带来的创业机会

趋势	创业机会
婴儿潮	纸尿布、玩具、儿童服装、童车、幼儿教育
个人云计算	互联网、个人云计算、电子出版物、电子通信技术
肥胖人士增多	减肥行业的兴起、家庭式健身房、健康俱乐部、健康食品
双薪家庭	儿童托管、家政服务（例如景观美化、家庭清洁、食品准备、修剪花园）
亚健康人群增加	健康保健食品、健康设施、健康娱乐产品、心理咨询

低碳环保产品是当今经济社会发展的必然趋势

低碳经济是指在可持续发展理念的指导下，通过技术创新、制度创新、产业转型、新能源开发等多种手段，尽可能地减少煤炭、石油等高碳能源消耗，减少温室气体排放，达到经济社会发展与生态环境保护双赢的经济发展形态。低碳经济是以低消耗、低污染、低排放为基础的经济模式，是人类社会继农业文明、工业文明之后的又一次重大进步。

随着"低碳"话语的出现，现在"低碳社会""低碳城市""低碳超市""低碳校园""低碳交通""低碳环保""低碳网络""低碳社区"——各行各业蜂拥而上，统统冠以"低碳"二字，使"低碳"成了一种时尚。

共享经济的兴起

提及共享经济，大多数人首先想到的是以优步为代表的打车软件。优步自 2009 成立以来，以一个颠覆者的角色在交通领域掀起了一场革命。优步打破了传统由出租车或租赁公司控制的租车领域，通过移动应用，将出租车辆的供给端迅速放大，并提升服务标准，发展出在出租车内为乘客提供矿泉水、充电器等服务，将全球的出租车和租车行业拖入了一轮新的竞争格局。

与优步类似，Airbnb 源于两位设计师创始人在艺术展览会期间出租自己床垫的想法。Airbnb 旨在帮助用户通过互联网预订有空余房间的住宅（民宿）。同样由于供给端的迅速打开，以及 Airbnb 所提供的各具特色的民宿，Airbnb 在住宿业内异军突起。

根据统计，2014 年全球共享经济的市场规模达到 150 亿美元。到 2025 年这一数字预计将达到 3350 亿美元，年复合增长率达到 36%。事实上，共享概念早已有之。传统社会中，朋友之间共享一条信息、邻里之间互借东西等，都是一种形式的共享。但这种共享受制于空间和关系两大要素，一方面，信息或实物的共享受制于空间，仅限于个人所能触达的空间之内；另一方面，共享需要有双方的信任关系才能达成。

2010 年前后，随着优步、Airbnb 等一系列实物共享平台的出现，共享开始从纯粹的无偿分享、信息分享，走向以获得一定报酬为主要目的、基于陌生人且存在物品使用权暂时转移的"共享经济"。

（二）问题型机会

问题型机会是指由现实中存在的未被解决或未被有效解决的问题所产生的一类机会。问题型机会可以说无处不在。比如，生活中存在的各种不方便，生产中的高消耗、高成本，以及买卖中大量的退货、顾客的抱怨、消费者的不便，无法买到称心如意的商品、服务质量差等，都是问题。在解决这些问题的过程中会存在价值或大或小的创业机会，需要人们用心发掘。

【小故事】

胡润的富豪榜

胡润，1970 年出生在卢森堡。就读于英国杜伦大学，专业学的是中文。1990 年，他到中国留学，后来就留在安达信会计师事务所（上海分部）工作，成了一名会计师。但是，胡润遇到了一件麻烦事，每次休假回到英国,大家都会很好奇地问他,中国什么样?这个问题看似简单,不过还真是难回答,关键是没有标准,偌大一个中国,5000年历史,10多亿人口,说些什么呢?胡润为了这个事特别烦恼。1999年,当时正好是中华人民共和国成立50周年,胡润想不如给人们介绍50个中国特别成功的人,这样不就可以让他们知道新中国成立50年来的变化了吗?基于这样的想法,胡润后来推出了富豪榜。

(三)缝隙市场机会

缝隙市场机会是指避开在整个市场中的竞争而选择一个细分市场进行需求满足的机会。只有实力强大的公司才有能力在整个市场中进行竞争,小企业初始创业者资源有限,应该对市场进行细分,选择一个对自己有利的市场,集中优势资源进入,有效满足这一细分市场的需求。在缝隙市场中寻找机会,有利于创业者增强主动性,减少盲目性,增加成功的可能性。对后进企业来说,善于寻找市场缝隙,是超越先进、实现后来者居上的捷径。尽管竞争对手很多,也很强大,但是精明的经营者都明白,市场的缝隙总是存在的,是可以突破的。

【小故事】

"即拍得"照相机

美国有一家生产"即拍得"照相机的公司,在准备打开日本市场时,别人都认为这简直是不可想象的。因为日本已有佳能、美能达等各种非常优秀的照相机品牌,而且性能和质量也很好,不仅在日本国内拥有雄厚的市场实力,在国际市场上也占有很大的份额。美国的这家公司却不这么看,他们认为,"即拍得"是一种与上述产品有区别的新型产品,并不是将一种普通照相机推广到日本市场,而是把一种"只要10秒钟就可洗出照片来的喜悦"提供给日本人,使日本人觉得这是一种人生的享受和乐趣。正是靠着这项日本相机没有的功能,"即拍得"打入了日本市场。

夹缝求生的拼多多

如果一个创业者已经拿到网易创始人丁磊的天使投资,以后融资应该相对容易一些。但是假如这个人同时得到丁磊和淘宝创始人孙彤宇的支持,资本市场会如何对待他?黄峥就是这样一个创业者,他主导创立的自营社交电商拼好货得到了四位"大佬"的支持,15分钟就拿到高榕的投资,IDG也同样出手。几个月后,他的游戏团队创立了平台社交电商——拼多多。腾讯、新天域等紧随其后,也对其进行了投资。2016年9月,两家公司宣布合并,品牌对外以拼多多为主,拼好货成为其子频道。据说,合并后的新公司估值已经达到10亿美元,用户超过1亿,月成交额超过10亿元。

拼多多在阿里巴巴、京东、唯品会等巨头夹缝中获得生存空间,并且一年时间就成为独角兽,这样的电商公司并不多见。

任务二 创业机会识别

扫码看课

【名人名言】

一个公司在两种情况下最容易犯错误,第一是有太多的钱的时候,第二是面对太多的机会,一个CEO看到的不应该是机会,因为机会无处不在,一个CEO更应该看到灾难,并把灾难扼杀在摇篮里。

——马云

我们多数人的毛病是：当机会朝我们冲奔而来时，我们兀自闭着眼睛，很少人能够去追寻自己的机会，甚至在绊倒时，还不能见着它。

——卡耐基

青年学生毕业后开农产品网上超市

上海信息技术学校学生张某毕业没几年，开了家农产品店，继而又开办"绿悠悠"电子商务网站，该网站称得上是首批蔬菜农作物"网上超市"之一。随后，"绿悠悠"网站引进风险投资，创业前景看好。

张某在校学的是计算机专业。毕业那年，他集结同学中的"电脑高手"组建了学校第一间"设计工作室"，当时接洽了几宗"大生意"，帮索尼等企业制作官方网站。毕业后，他开了家IT公司，从事广告设计。

张某和朋友思想"碰撞"后，想在"网上超市"进行尝试。张某做了小型的市场调查，发现当时淘宝等电子商务网站上农产品还是一个空白点，因为它的网上购物人群还没形成。家庭买菜的多以老人为主，他们不是网络购物的主力消费者。于是，张某把创业范围缩小到"有机蔬菜"领域，定位于白领家庭。张某投资30万元，在安远路开了一间180平方米的"绿悠悠"农产品店。

因为年轻，张某的想法与众不同。在一次市场考察中，江西农业局一位负责人向他介绍：他们那儿的鸡蛋是绿色的壳，蛋清和蛋白更有营养。民间有一种说法更吸引人：土鸡中极少有产绿壳蛋的，母亲都留给最疼爱的孩子和最尊敬的老人食用，因为它能提高小孩免疫力，治疗老人头晕、目眩等疾病。张某听后顿受启发——现在卖东西都是卖商品，我能不能卖故事？

回上海后，张某将店里几十种商品——归类，从网上搜集了从产地到用途等的各种信息，编成一个个"产品故事"，教消费者怎样从颜色、大小、形状等细节分辨农产品的好坏，并把一些有机农作物和各项身体健康指标"对号"，比如东北某个品牌的黑木耳吃了可以软化血管等。

赋予商品故事和文化后，消费者的认可度马上提高了不少，两个月后销售额就突破了40万元。在张某的店里，商品旁边不再是单一的价格标签，还有五颜六色的"故事牌"，方便消费者挑选适合自己的种类。

一、影响创业机会识别的因素

理论界与实践界都一直试图回答：是什么因素导致一些人更善于识别出有价值的创业机会，这些创业者有什么独特之处？下面是取得共识的4类主要因素和特征。

1. 先前经验

在特定产业中的先前经验有助于创业者识别商业机会，这被称为"走廊原理"。它是指创业者一旦创建企业，他就开始了一段旅程，在这段旅程中，通向创业机会的"走廊"将变得清晰可见。这个原理提供的见解是，某个人一旦投身于某产业创业，这个人将比那些从产业外观察的人，更容易看到产业内的新机会。有调查发现，70%左右的创业机会，其实是在复制或修改以前的想法或创意，而不是全新创业机会的发现。

2. 专业知识

拥有在某个领域更多专业知识的人，会比其他人对该领域内的机会更具警觉性与敏感性。例如，一位计算机工程师就比一位律师对计算机产业内的机会和需求更为警觉与敏感。有些人认为，创业者有"第六感"，使他们能看到别人错过的机会。

3. 社会关系网络

研究已经发现，社会关系网络是个体识别创业机会的主要来源。社会关系网络能带来承载创业机会的有价值的信息，个人社会关系网络的深度和广度影响着机会的识别，这已是不争的事实。通常情况下，建立了大量社会关系网络的人，会比那些拥有少量社会关系网络的人更容易得到机会。

4. 创造性

创造性是产生新奇或有用创意的过程。从某种程度上讲,机会的识别是一个创造过程,是不断反复的创造性思维过程。在许多产品、服务和业务的形成过程中,甚至在许多有趣的商业传奇故事中,我们都能看到有关创造性思维的影子。

尽管上述特征并非导致创业成功的必然因素,但具备了这些特征,往往较其他创业者具有更多的优势,也更容易获得成功。因此,创业者应该在日常生活中有意识地加强实践,培养和提高发现创业机会的能力。一是要养成良好的市场调研习惯。发现创业机会最根本的一点是深入市场进行调研,要了解市场供求状况和变化的趋势、顾客的需求是否得到满足、竞争对手的长处与不足等。二是要多看、多听、多想。我们常说见多识广,识多路广。我们每个人的知识、经验、思维,以及对市场的了解不可能做到面面俱到,多看、多听、多想能使我们广泛获取信息,及时从别人的知识、经验想法中汲取有益的东西,从而增强发现机会的可能性和概率。三是培养独特的思维。机会往往是被少数人抓住的,我们要克服从众心理和传统的习惯思维的束缚,敢于相信自己,有独立的见解,不人云亦云,不为别人的评头论足、闲言碎语所左右。在创业的道路上,有时需要的恰恰是发现一般人没有看到的机会,或者说做一般人不屑于去做的事,最后把平凡的事做到了不平凡。

二、创业机会的识别方法

(一)新眼光调查法

1. 注重二级调查

阅读某人发表的作品,利用互联网搜索数据、浏览寻找包含你所需要信息的文章等都是二级调查的形式。

2. 开展初级调查

通过与顾客、供应商、销售商交谈和采访他们,直接与这个世界互动,了解正在发生什么以及将要发生什么。

3. 记录你的想法

瑞士最大的音像、书籍公司的创始人说,他有一本用来记录想法的笔记本,当记录到第200个想法时,他坐下来,回顾所有的想法,然后开办了自己的公司。

(二)通过问题分析和顾客建议发现机会法

1. 问题分析

从一开始就要找出个人或组织的需求和他们面临的问题,这些需求和问题可能很明确,也可能很含蓄。一个有效并有回报的解决方法对创业者来说是识别机会的基础。这个分析需要全面了解顾客的需求,以及可能用来满足这些需求的手段。

2. 从顾客那里征求想法

一个新的机会可能会由顾客识别出来,因为他们知道自己究竟需要什么。然后,顾客就会为创业者提供机会。顾客的建议多种多样,最简单的,他们会提出一些诸如"如果那样的话不是会很棒吗"这样的非正式建议,留意这些,有助于你发现创业机会。

【小故事】

日本汽车商识别并把握美国汽车市场机会

20世纪60年代初,日本汽车商利用政府、综合贸易商社、企业职能部门,甚至美国市场研究公司广泛搜集信息。

通过市场调研,他们发现:美国人把汽车作为身份或地位象征的传统观念正在逐渐削弱,大多数人把汽车作为一种交通工具,更重视其实用性、舒适性、经济性和便利性;美国的家庭规模正在变小,核心家庭大量出现;美国汽车制造商无视环境变化,因循守旧,继续大批量生产大型豪华车,因而存在一个小型车空白市场。

于是,日本汽车商设计出满足美国顾客需求的美式日制小汽车,以其外形小巧、价格便宜、舒适平稳、耗油量低、驾驶灵活、维修方便等优势敲开了美国市场的大门。

(三)通过创造获得机会法

这种方法在新技术行业中最为常见,它可能始于拟满足的市场需求,从而积极探索相应的新技术和新知识,也可能始于一项新技术发明,进而积极探索新技术的商业价值。通过创造获得机会比其他任何方式的难度都大,风险也更高。同时,如果能够成功,其回报也更大。这种情况下所产生的创新在人类所具有重大影响的创新中,居于压倒性的主导地位。索尼公司开发随身听(Walkman)就是一个很好的例子。索尼公司觉察到人们希望随身携带一个听音乐的设备,并利用公司微缩技术的核心能力从事项目研究,最终开发出划时代的产品——随身听,取得了巨大的成功。

任务三 市场调查

扫码看课

【名人名言】

没有调查就没有发言权。

——毛泽东

创业者在创业之前要弄清楚自己看中的或者掌握的创业项目的产品或服务在当地有没有市场、做还是不做。不管是选择做还是不做,都要把调查的数据、材料摆到桌面上来,然后说服自己为什么能做,又为什么不能做,而这些都需要体现到市场调查上。所以,一次科学的市场调查可以决定某个项目(产品)的生或死,也可以决定创业者此次创业的成或败。

市场调查不仅仅在创业阶段是重要的,企业开办后,市场调查也应成为企业生命周期的一部分。简单地说,市场调查贯穿于整个创业过程。

一、市场调查的内容

在做市场调查时,要对创业环境、市场需求等信息展开调查。

(一)创业环境调查

顾名思义,创业环境就是指创业者开展创业活动的范围和领域,以及所处的境地和所面对的情况。创业环境对创业活动的决定性作用在于它能为人们的创业活动提供各种条件,能从各个方面影响创业活动的进程,决定创业活动的成败。

因此,创业者需要通过调查了解企业所在的国家或地区的政治、经济、人口、社会文化、科技、资源,甚至地理和气候等外部环境,还要了解企业所在行业的市场区域范围及规模大小、规模经济特征、行业进入与退出壁垒及难易程度、对资源的要求程度及平均投资回收期、市场成熟程度、市场增长速度、行业中公司的数量及其规模、购买者的数量及规模、分销渠道的种类及特征、技术革新的方向及速度、行业总体盈利水平等。只有这样,创业者才能准确地预测行业未来的利润和公司的发展前景。

(二)市场需求调查

创业者在生产或经销某一种或某一系列产品之前,应对这一产品的市场需求量进行调查。也就是说,通过市场调查,对产品进行市场定位。例如,想开眼镜店,应调查一下市场对它的需求量,相同或相类似的店铺有多少,其市场占有率是多少。又如,要提供制冷维修服务,应调查一下居民对这种项目的了解和需求程度,需求量有多大,有无其他人或公司提供相同的服务项目,其市场占有率是多少。

市场需求调查的另一项重要内容是市场需求趋势调查,了解市场对某种产品或服务项目的长期需求态势;了解该产品或服务项目是逐渐被人们认同和接受,需求前景广阔,还是逐渐被人们淘汰,需求萎缩;了解该产品或服务项目从技术和经营两方面的发展趋势如何等。

(三)顾客情况调查

这里的顾客可以是原有的客户,也可能是潜在的顾客。顾客情况调查包括以下两个方面的内容。

1. 顾客的需求调查

例如,购买某种产品(或服务)的顾客大都是些什么人(或社会团体、企业),他们希望从中得到哪方面的满足和需求(如效用、心理满足、技术、价格、交货期、安全感等),现实的产品(或服务)为什么能够较好地满足他们的需要等。

2. 顾客的分类调查

重点了解顾客的数量、特点及分布,明确目标顾客,掌握他们的详细资料。如果是某类企业或单位,应了解其基本状况,如进货渠道、采购管理模式、联系电话、办公地址,某项业务负责人的具体情况和授权范围,对某种产品和服务项目的需求程度、购买习惯和特征;如果是消费者个人,应了解消费群体的种类,即目标顾客的大致年龄范围、性别、消费特点,对产品或服务能接受的价格范围,对产品或服务的需求程度、购买动机、购买心理、使用习惯。掌握这些信息,将为有针对性地开展业务做准备。

(四)竞争对手调查

在开放的市场经济条件下,做独家买卖太难了,在创业者开业前,也许已有人做相同或类似的业务,这些就是其现实的竞争对手。也许创业者开展的业务是全新的,有独到之处,在刚开始经营的时候,没有对手,一旦生意兴旺,马上就会有许多人学习其业务,竞相加入,这些就是其潜在对手。了解竞争对手的情况,包括竞争对手的数量与规模,分布与构成,优缺点及营销策略,做到心中有数,才能在激烈的市场竞争中占据有利位置,有的放矢地采取竞争策略,做到人无我有、人有我优、人有我独、人独我精。

(五)市场销售策略调查

这是指创业者要重点调查了解目前市场上经营某种产品或开展某种服务项目的促销手段、营销策略和销售方式,如销售渠道、销售环节、最短进货距离和最少批发环节,广告宣传方式和重点,价格策略,有哪些促销手段,是有奖销售还是折扣销售,销售方式有哪些(批发还是零售,代销还是直销,专卖还是特许经营)等,调查一下这些经营策略是否有效,有哪些缺点和不足,从而为自己采取什么经营策略、经营手段提供依据。调查对象一般为消费者、零售商、批发商。在以消费者为调查对象时,要注意到有时某一产品的购买者和使用者不一致,如对婴儿食品的调查,其调查对象应为婴儿的母亲。此外,还应注意到一些产品的消费对象主要针对某一特定消费群体或侧重于某一消费群体,这时调查对象应注意选择产品的主要消费群体。例如,对于化妆品,其调查对象主要为女性;对于酒类产品,其调查对象主要为男性。

创业前先做好市场调研

小夏是环境艺术设计专业毕业生。用了不到两年的时间,从一名通过贷款来完成学业的"特困生"成为了一位拥有十多名员工,两百多平方米办公场地的装饰公司老板。

自己创业做老板,小夏干的得心应手。刚刚踏出校门的大学生既没有经验,也没有资金,怎样才能获得成功?小夏的故事也许能让我们获得一些灵感。由于所学专业,小夏很早就接触到了软装,"环境艺术设计专业包含很多方面,然而我唯独就对软装感兴趣,现在想起了,大概可以追溯到大学时期"。

上学时，小夏经常翻阅相关杂志，发现现在装修行业硬装比较广泛，而软装行业并不普及，突然就萌生了想要创业的念头。为了更多地了解这方面的内容，小夏还大量地查阅了软装方面的资料。要创业，光靠书本是没用的。小夏告诉记者，在创业前，她还曾经做过相关的市场调查，软装的消费对象是什么人？在哪些地区比较受欢迎？软装的供货渠道有哪些？各类装饰品的价格区间怎样？对于每一个问题，她都做了仔细的调查。

软装行业有一定的利润空间。然而，怎样来赚取利润，小夏自有一番见解：本地刚兴起的一些软装行业其实在设计上并不强，他们往往只是简单地做一些软装品牌的销售，根本谈不上整体设计。但消费者选择软装的产品基本上都是先看款式，再看质量，最后才谈价格。相对地，他们对软装的品牌要求并不太高。

小夏说："软装不是简单地安装窗帘、灯具、装饰品，软装是要烘托出整体设计的气氛和美感。"利用自己的专业优势，小夏把软装从装修的功能性，提升到了美学层面。"学艺术的人对设计类的东西非常敏感。壁画、墙绘、青瓷是我当初的专业方向，根据顾客具体的要求，我常常把这些元素放进软装设计里，这样设计出来的产品，更有情调，更有气氛，客人们非常喜欢。"

小夏的创业机会不是想当然得出来的，是她以学习经历和行业经验为依据得出来的。要创业，你必须给出让自己满意的理由。

二、市场调查的方法

创业者通过市场调查收集市场信息的方法有很多种，如问卷法、访问法、电话询问法、观察法、实验法、E-mail问卷调研法等，总结归纳为两种：间接法和直接法。

（一）间接法

间接法收集市场信息就是收集已存在的、别人调查整理的二手信息、情报、数据或资料。这些间接的信息可以从各个渠道得到，如报纸、杂志、互联网、行业协会、研究机构、政府部门、统计机构、银行财税、咨询机构等。对创业者来说，间接法收集二手市场信息比较方便、容易、费用少、来源广、节省时间，所以在创业调查分析中收集信息往往首先采用这种间接方法。

对于创业者来说，可从以下几个主要渠道收集信息。

（1）互联网。利用百度等搜索引擎输入需要收集的信息的关键词，将会得到很多想要的信息；在互联网上，还有各行各业的行业信息、商（厂）家信息等各种信息。

（2）统计部门与各级各类政府主管部门公布的有关资料。国家统计局和各地方统计局都定期发布统计公报等信息，并定期出版各类统计年鉴，内容包括全国人口总数、国民收入、居民购买力水平等，这些均是很有权威性和价值的信息。这些信息都具有综合性强、辐射面广的特点。

（3）各种经济信息中心、专业信息咨询机构、各行业协会和联合会提供的市场信息和有关行业情报。这些机构的信息系统资料齐全，信息灵敏度高，为了满足各类用户的需要，它们通常还提供资料的代购、咨询、检索等服务，是获取资料的重要来源。

（4）国内外有关的书籍、报纸、杂志所提供的文献资料，包括各种统计资料、广告资料、市场行情和预测资料等。

（5）有关生产和经营机构提供的商品目录、广告说明书、专利资料及商品价目表等。

（6）各地电台、电视台提供的有关市场信息。近年来，全国各地的电台和电视台为适应市场经营形势发展的需要，都相继开设了"市场信息""经济博览"等以传播经济、市场信息为主导的专题节目。

（7）各种国际组织、外国使馆、商会所提供的国际市场信息。

（8）国内外各种博览会、展销会、交易会、订货会等促销会议，以及专业性、学术性经验交流会议上所发放的文件和材料。

尽管采用间接法可以便捷地收集到间接信息，但间接信息的时效性较差，采用这种间接方法收集的很多信息已经过时了，现实中正在发展变化的新情况、新问题难以在其中得到反映；另外，间接信息针对性较差或精准度不高,与创业者的分析目的往往不能很好地吻合,其数据有时需要做进一步的加工处理。在间接法无法满足创业者的信息分析要求时,我们也可以考虑采用直接法收集市场信息。

(二) 直接法

收集市场信息最直接的方法就是直接观察或调查相关人员,根据得到的答案或信息整理出有用的市场信息。用直接法收集的主要是微观市场信息,对于宏观市场信息的收集一般采用间接法。

通常有以下几种直接收集信息的方法。

1. 问卷调查法

问卷调查法是指根据调查或收集信息的目的,将需要搜集的信息分为一个个具体的问题集中在一张调查表上,根据被调查者的回答,整理出能反映市场总体信息的一种调查方式。问卷调查是直接收集市场信息最常用的方法,在国内外被广泛采用。

问卷调查提供了标准化和统一化的数据收集程序,它使问题的表述用语和提问的程序标准化。每一个被调查者看到或听到的都是相同的文字和问题,每一个访问员问的都是完全相同的问题,这使所得到的数据具有可比性。一份好的问卷可能有助于收集到质量非常高的市场信息。

问卷调查法的优点:访问过程较直接,易于操作;所收集的数据比较可靠;数据的整理、分析和解释都比较简单。

问卷调查法的缺点:对于涉及个人隐私或感情、信仰等方面的敏感问题,被调查者可能不愿意回答,还有一些被调查者不能回答,这些都可能影响数据的有效性;所问问题的措辞设计很不容易,所以要设计一份好的问卷难度较大。市场信息收集的好坏在很大程度上取决于问题设计的好坏。

2. 面谈访问法

面谈访问法是指访问员根据收集信息的提纲直接访问被访问者,当面询问有关问题。它既可以是个别面谈,主要通过口头询问;也可以是群体面谈,可通过座谈会等形式。

一般来说,个别面谈用于商品需求、购物习惯等;群体面谈,是请一些专家就市场价格状况和未来市场走向进行分析和判断。

面谈访问法的优点:回答率高;可通过访问员的解释和启发来帮助被访问者完成收集信息的任务;可以根据被访问者的性格特征、心理变化、对访问的态度及各种非语言信息,扩大或缩小收集范围,具有较强的灵活性;可对访问的环境和访问背景进行了解。

面谈访问法的缺点:人力、物力耗费较大;要求访问员的素质较高;对访问员的管理较困难;此方法可能会受到一些单位和家庭的拒绝,从而导致任务无法完成。

3. 电话询问法

电话询问法是由工作人员通过电话向被访问者询问了解有关问题的一种方法。

电话询问法的优点:取得市场信息的速度较快;节省收集费用和时间;信息的覆盖面较广;可以访问到一些不易见到面的被访问者,如某些名人等。

电话询问法的缺点:被访问者只限于有电话的地区和个人;电话提问受到时间的限制;被访问者可能因不了解问题的详尽、确切的意图而无法回答或无法正确回答;对于某些专业性较强的问题无法获得所需的信息资料;无法针对被访问者的性格特点控制其情绪。

4. 观察调查法

观察调查法是收集信息的工作人员凭借自己的感官和各种记录工具,深入被观察者现场,在被观察者未察觉的情况下,直接观察和记录被观察者的行为,以收集市场信息的一种方法。

观察调查法的优点:可以实地记录市场现象的发生,能够获得直接而具体的生动材料,对市场现象的实际过程和当时的环境气氛都可以了解,这是其他方法不能比拟的。观察法不要求被观察者具有配合收集工作的语言表达能力或文字表达能力,因此适用性也比较强。观察调查法还有资料可靠性高、简便易行、灵活性强等优点。

观察调查法的缺点:只能观察到人的外部行为,不能说明其内在动机,观察活动受时间和空间的限制,被观察者有时难免受到一定程度的干扰而不完全处于自然状态等。总之,运用观察调查法,须扬长避短,尽量减少观察误差。

5. 实验调查法

实验调查法是指市场调查者有目的、有意识地改变一个或几个影响因素,来观察市场现象在这些因素影响下的变动情况,以认识市场现象的本质特征和发展规律。实验调查既是一种实践过程,又是一种认识过程,并将实践与认识统一为调查研究过程。企业在经营活动中经常运用这种方法,如开展一些小规模的包装实验、价格实验、广告实验、新产品销售实验等,来测验这些措施在市场上的反应,以对市场形成一个总体的认识。

(三) 网络调研法

随着互联网的普及,利用网络工具进行信息搜集已成为许多企业的重要手段,网络调研法对于人力、时间、精力有限的创业者来说无疑提供了一个良好的机会。网络调研法,又称网上市场调查或联机市场调查,它指的是通过网络有系统、有计划、有组织地收集、调查、记录、整理、分析与产品、服务有关的市场信息,客观地测定及评价现有市场及潜在市场,用以解决市场营销中的有关问题,其调研信息可作为各项营销决策的依据。

1. E-mail 问卷调研法

E-mail 问卷调研法包括主动问卷法和被动问卷法。

(1) 主动问卷法。例如,美国消费者调查公司是美国的一家网上市场调查公司,它通过互联网在世界范围内征集会员,只要回答一些关于个人职业、家庭成员组成及收入等方面的个人背景资料问题,即可成为会员。该公司每月都会寄出一些市场调查表给符合调研要求的会员,询问诸如"你最喜欢的食物是哪些口味?你最需要哪些家用电器?"等问题,在调查表的下面注明完成调研后被调查者可以获得的酬金,根据问卷的长短以及难度的不同,酬金的范围在4~25美元,并且每月还会从会员中随机抽奖,中奖者至少会被奖励50美元。该公司会员注册十分积极,目前已有网上会员50多万人。

(2) 被动问卷法。被动问卷法是一种将问卷放置在网站上,等待访问者访问时主动填写问卷的一种调研方法。例如,中国互联网络信息中心(China Internet Network Information Center,CNNIC),每半年进行一次的"中国互联网络发展状况调查"采用的就是被动问卷法。在调查期间,为达到可以满足统计需要的问卷数量,CNNIC 一般与国内一些著名的 ISP(互联网服务提供商)、ICP(网络内容服务商)合作设置调查问卷的链接,如新浪、搜狐、网易等,进行适当的宣传以吸引大量的互联网浏览者进行问卷点击,感兴趣的人会自愿填写问卷。

2. 网上焦点座谈法

网上焦点座谈法是在同一时间随机选择 2~6 位被访问者,弹出邀请信,告知其可以进入一个特定的网络聊天室,相互讨论对某个事件、产品或服务等的看法和评价。

3. 使用 BBS 电子公告板进行网络市场调查

这种调研方式即网络用户通过 Telnet 或 Web 方式在电子公告栏发布消息。BBS 上的信息量少,但针对性较强,适合行业特点突出的企业。

4. 委托市场调查机构调查

企业委托市场调查机构开展市场调查,是主要针对企业及其产品的调查。调查内容通常包括网络浏览者对企业的了解情况;网络浏览者对企业产品的款式、性能、质量、价格、售后服务等的满意程度;网络浏览者对企业产品的意见和建议。

5. 合作方式的网络市场调查

这种调研由于是企业和媒体合作进行的,所以调查题目也是企业和媒体各出一半。

三、市场调查的步骤

市场调查是调查市场状况、周边环境和消费者需求,通过搜集、整理、分析有关市场营销的数据信息,了解市场现状和发展趋势的过程。

市场调查一般由 5 个步骤构成。

(一)明确市场调查目的

明确市场调查目的就是明确在市场调查中要解决哪些问题,通过市场调查希望取得哪些资料,取得这些资料有什么用途等问题。只有明确了市场调查目的,才能确定调研的范围、内容和方法,以免在调查表中列入一些无关紧要的调查项目,而漏掉重要的调查项目,以至无法满足市场调查的要求。

(二)制订市场调查计划

制订市场调查计划就是根据市场调查的目的和调查对象的性质,在实际调查之前,对市场调查工作的各个方面和阶段进行总体安排,制订出合理的工作程序,主要包括以下内容。

1. 市场调查内容

市场调查内容是根据市场调查目的来确定的。例如,某个市场调查的目的是全面了解主要竞争品牌的信息,那么,市场调查内容应该包括主要竞争者的产品和品牌的优劣势,营销方式和营销策略,市场概况和营销网络状态等。

2. 市场调查对象

市场调查对象是根据调查目的和调查内容确定的被调查群体。应该根据市场调查目的和经费来确定合适的调查对象数量。

3. 市场调查人员

由于被调查对象是社会各阶层成员,其思想认识、文化水平差异较大,所以调查人员的素质要求要根据调查对象和调查方法来确定。

创业应围绕市场调查内容,对市场调查人员进行思想教育,使每个调查人员都能深刻认识调查的目的和意义。另外,企业要对调查人员进行工作技能训练,包括如何面对调查对象、如何提问、如何解释、遇到一些情况如何处理等。根据市场调查方案,一般可将市场调查人员分为调查督导、调研人员和复核员。

4. 市场调查方法

如上节所述,市场调查方法有很多种,采用哪种方法取决于调查对象和调查任务。一般复杂的市场调查都是多种调查方法的结合运用。例如,某次市场调查需要同时针对消费者和经销商进行。因为消费者数量众多,一般采取问卷法调查;而经销商业务水平较高,需安排水平较高的调查人员采取面谈访问法进行调查。

(三)组织实施计划

该环节包括根据调查和规模建立调查组织或外请专业调查公司、准备调查工具、实地展开调查等。

(四)整理与分析调查任务资料

在整理与分析调查资料的过程中应对资料进行科学的分析,检查资料是否齐全;对资料进行编辑加工,去粗取精,去伪存真,透过现象看本质,找出误差,剔除前后矛盾之处;对资料进行分类、制图、列表,以便于归档、查找、使用;运用统计模型和其他数学模型对数据进行处理,以充分发掘从现有数据中可推出的结果,在看似无关的信息之间建立起内在联系。

(五)撰写市场调查报告

市场调查报告应包括以下内容。

(1)引言。引言用来说明市场调查的目的、对象、范围、方法、时间和地点等。

(2)摘要。摘要用来简明概括整个研究的结论和建议,这也许是决策者有时间读的唯一部分。这部分内容包括对市场调查主要内容的总结,并提出如何利用已证明为有效的措施和解决某一具体问题可供选择的方案和建议。结论和建议与正文部分的论述要紧密对应,不可以提出无根据的结论,也不要进行无结论性意见的论证。

(3)正文。正文用来详细说明市场调查的目标、过程、结论和建议。

(4)附件。附件包括样本分配、数据图表、问卷附件、访问记录、参考资料等。

任务四　创业机会的评价

扫码看课

【名人名言】

只有愚者才等待机会,而智者则造就机会。

——培根

善于捕捉机会者为俊杰。

——歌德

所有的创业行为都来自绝佳的创业机会,创业团队与投资者均对创业前景有极高的期待,创业家更是对创业机会在未来所能带来的丰厚利润满怀信心。不过我们都知道,几乎九成以上的创业梦想最后都会落空。事实上,新创业获得成功的概率大约不到1%。成功与失败之间,除了不可控制的机会因素之外,显然有许多创业机会在刚开始的时候,就已经注定未来可能失败的命运。对于一些先天条件不好、市场进入时机不对,或者具有致命瑕疵的创业构想,创业者如果能先以比较客观的方式进行评估,那么许多悲剧式的结局就不至于一再发生,创业成功的概率也可以大幅提升。因此,创业者需要进行筛选,在众多机会中筛选出真正适合自己的创业机会。

一、优质的创业机会的特征

一般而言,有价值的创业机会有以下几个特征。

(1)前5年中的市场需求会稳步快速增长。

(2)创业者能够获得利用该机会所需的关键资源。

(3)创业者不会锁定在"刚性的创业路径"上,而是可以中途调整创业的"技术路径"。

(4)创业者可能创造新的市场需求。

(5)特定机会的商业风险是明朗的,且至少有部分创业者能够承受相应风险。

除了上述特征外,我们还可以通过一些实例的对比,如表5-2所示,更深入地了解对于不同类型企业,什么样的创业机会可以成为好的商业机会。

表5-2　不同类型企业创业的几个实例对比

机会的特点	有利于谁	理由	例子
非常依赖于信誉	现存企业	人们更愿意从他们了解和信任的企业那里购买产品	奢侈品,如珠宝店
需要大量资金	现存企业	现存企业可以使用已有现金流来生产新产品或服务	芯片、医药、房地产
建立在独立创新的基础上	新企业	新企业能够开发独立创新而不必复制现存企业的整个系统	互联网
利用能力破坏性创新	新企业	现存企业的经验、资产和流程受到威胁	生物技术、电子商务
存在于人力资本当中	新企业	拥有知识或技术的人能够生产出满足顾客需求的产品或服务	餐饮、演艺

面对有价值的创业机会,创业者需要回答四个问题:一是创业者能否获得自己缺少但他人拥有的资源;二是遇到竞争时,自己是否有能力与之抗衡;三是是否存在创业者可能创造的新增市场;四是创业者是否有能力承受利用该机会的各种风险。

二、创业机会评估的内容

微课精讲

创业机会评估可以降低创业风险和减少失败,主要包括八个方面。

(一)行业和市场

一个关键的问题就是创业想法是否有市场。这个市场是由有购买力及愿意并能购买你的产品或服务的消费者组成的。另外要考虑的一个重要问题是市场的大小(消费者对产品和服务的需求量)和增长速度。理想的情况是有一个巨大并快速增长的市场,在这样的情况下,哪怕只是占有一个小的市场份额也会有一个很大的销售量。想要成为创业者就需要收集这类信息。一些潜在的创业者认为这项工作太难,他们会安慰自己说:市场数据(市场的大小、特征和竞争者等)经常和真正潜在的商业机会背道而驰,不能真实地反映商机。但是换句话说,如果市场数据很容易获得,并能很清晰地反映潜在的情况,那么就会有很多的创业者进入市场。相应地,机会就会减少、变小了。创业者可以获取一些公开发表的信息(也称作次要信息),来源包括图书馆、商会、投资促进中心、政府部门、大学、外国大使馆、互联网、报纸等。除了上述来源之外,经常与人们交流也是可以收集到信息的(也称作初级调查),如来自消费者和供应商的信息。如果准备这样收集信息的话,就需要设计一个调查的方法和渠道。

(二)"机会窗"的大小

机会经常被称为一个"窗户"。也就是说,它是真实存在的,但它不是永远敞开的。随着时间的推移,市场以不同的速度增长,市场变化更大,确定市场的难度更大,因此时机的选择很重要。另一个问题就是要了解"窗户"打开的时间范围,能否在"窗户"关闭之前把握和抓住机会。

(三)创业者的个人能力和目标

对于任何投资创业的人来说,是否愿意承担风险都是一个重要的问题。个人的动机是创业者的本质特征。因此,除非一个人真的想要创办一个企业,否则他(她)是不会愿意承担风险的。

相关的另一个问题就是潜在的创业者是否具备创业必需的能力(包括知识、技能和特质)。如不具备,他们是否能够学习并提高这些能力。许多小企业的管理者都是基于他们的能力才创办企业的。将上述问题结合在一起,就变成了一个基本问题:创业所要求必须具备的条件和创业者本身具备的条件是否一致或相符。这不仅对于创业成功十分重要,也关系到创业者的幸福和快乐。

(四)团队管理

在许多风险投资尤其是涉及大量资金、高风险、成熟的市场、激烈的竞争等特点的投资中,管理团队是一个衡量投资吸引力的重要标尺。该团队在相同或相关行业和市场中的技能和经验通常决定了企业的成败。这就解释了风险投资者(为企业提供资金的人)非常强调管理因素的原因,他们经常说,与其投资一个产品或服务优异但管理不善的企业,不如投资一个产品或服务一般但管理有序的企业。

(五)竞争

一个能吸引人的机会必须具备某些竞争优势。例如,与市场中同类产品相比成本更低或质量更好。另外,进入市场的壁垒问题,即需要大量的资金投入、保护(如专利权)、合同优势(如一个市场或一个供应商的专营权利)等,是决定投资或不投资的重要因素。换句话说,如果一个企业不能避免潜在竞争者进入市场,或者企业本身有很多进入市场的壁垒,那么这个机会就没有吸引力了。

(六)资金、技术和其他必需的资源

掌握可用的资金、技术和其他必需的资源将决定企业是否可以利用某个机会。一般的规则:如果某个

想法、产品或服务在某个地区有一定的市场,条件难被满足,企业也就具有吸引力。举个例子,销售一个专利产品并不能保证一定成功,但是它的确形成了强大的竞争优势。

(七)环境

企业的外部环境对于机会的吸引力有着深远的影响。我们谈及的环境不仅仅指的是自然环境,而且还包括政治、经济、法律等社会环境。政治的不稳定性,致使很多国家的商业机会不具吸引力,特别是当需要很高的投资并且投资回收期很长的时候。类似的还有通货膨胀、外汇汇率波动和司法系统不健全等,哪怕回报率很高,也不利于吸引投资。缺乏可用的基础设施和服务(如道路、水电、通信、运输、学校、医院)也会影响一些地区的商业机会的吸引力。

(八)可行性研究和创业计划

讨论和调查上述因素的过程就是经常提到的可行性研究。投资者和贷款人都要求考虑到以上相关问题并以创业计划书的形式展现出来。一个市场论证严密、文字表述清晰、内容简洁有效的创业计划书也在评估的范围内。

三、创业机会的评估

对创业者来说,关键在于如何从众多机会中寻找出真正有价值的创业机会,并采取快速行动来把握机会。在此,我们介绍几种可用于评价创业机会价值潜力的一般方法,掌握这些方法,有助于打算创业的学生在发现创业机会后花费较少的时间、精力和成本迅速形成对创业机会价值潜力的基本判断。

一般而言,创业机会可以从产品、技术、市场与效益等几大方面进行评估。采取的方式有定性评价法和定量评价法。由于很多指标无法准确计算,所以创业者更多的是凭借自己的商业敏感度来抓住几个重要的指标分析,而且多为主观判断,而非客观分析。

(一)定性评价方法

(1)斯蒂文森等人(1994年)认为对创业机会的充分评价,需要考虑以下几个重要问题:

①机会的大小、存在的时间跨度和随时间成长的速度等问题;

②潜在的利润是否足够弥补资本、时间和机会成本的投资,带来令人满意的收益;

③机会是否开辟了额外的扩张、多样化或综合的商业机会选择;

④在可能的障碍面前,收益是否会持久;

⑤产品或服务是否真正满足了目标市场真实的需求。

(2)隆杰内克等人(1998年)提出了评价创业机会的五项基本标准:

①对产品有明确界定的市场需求,推出的时机也是恰当的;

②投资的项目必须拥有持久的竞争优势;

③投资必须具有一定程度的高回报,从而允许一些投资中的失误;

④创业者和机会必须相互适合;

⑤机会中不存在致命的缺陷。

(二)蒂蒙斯的创业机会评价模型

蒂蒙斯总结出一个包含八类分项指标的创业机会评价模型,如表5-3所示,涉及行业与市场、经济因素、收获条件、竞争优势、管理团队、创业家的个人标准、理想与现实的战略性差异、致命缺陷八个方面的53项指标。一些风险投资商、政府基金和创业大赛就是借用了该模型对创业项目进行评价。

表 5-3 蒂蒙斯创业机会评价模型

评价要素	评价指标
行业与市场	市场容易识别,可以带来持续收入
	顾客可以接受产品或服务,愿意为此付费
	产品的附加价值高
	产品对市场的影响力大
行业与市场	将要开发的产品生命力长久
	项目所在的行业是新兴行业,竞争不激烈
	市场规模大,销售潜力达到1000万~10亿美元
	市场成长率在30%~50%,甚至更高
	现有厂商的生产能力几乎完全饱和
	在五年内能占据市场的领导地位
	拥有低成本的供货商,具有成本优势
经济因素	达到盈亏平衡点所需要的时间在2年以下
	盈亏平衡点不会逐渐提高
	投资回报率在25%以上
	项目对资金的要求不是很高,能够获得融资
	销售额的年增长率高于15%
	有良好的现金流量,能占到销售额的20%~30%
	能获得持久的毛利,毛利率要达到40%以上
	能获得持久的税后利润,税后利润率要超过10%
	资产集中程度低
	运营资金不多,需求量是逐渐增加的
	研究开发工作对资金的要求不高
收获条件	项目带来的附加价值具有较高的战略意义
	存在现有的或可预料的退出方式
	资本市场环境有利,可以实现资本的流动
竞争优势	固定成本和可变成本低
	对成本、价格和销售的控制力较高
	已经获得或可以获得对专利所有权的保护
	竞争对手尚未觉醒,竞争较弱
	拥有专利或具有某种独占性
	拥有发展良好的网络关系,容易获得合同
	拥有杰出的关键人员和管理团队
管理团队	创业团队是一个优秀管理者的组合
	行业和技术经验达到了本行业内的最高水平
	管理团队的正直廉洁程度能达到最高水平
	管理团队知道自己缺乏哪方面的知识

续表

评价要素	评价指标
创业家的个人标准	个人目标与创业活动相符合
	创业家可以做到在有限的风险下实现成功
	创业家能承受薪水减少等损失
	创业家渴望进行创业这种生活方式，而不只是为了赚大钱
	创业家可以承受适当的风险
	创业家在压力下状态依然良好
理想与现实的战略性差异	理想与现实情况相吻合
	管理团队已经是最好的
	在客户服务管理方面有良好的理念
	所创办的事业顺应时代潮流
	所采取的技术具有突破性，不存在许多替代品或竞争对手
	具备灵活的适应能力，能快速地进行取舍
	始终在寻找新的机会
	定价与市场领导者几乎持平
	能够获得销售渠道，或已经拥有现成的网络
	能够允许失败
致命缺陷	不存在任何致命缺陷

（三）标准打分矩阵

标准打分矩阵法是通过选择对创业机会成功有重要影响的因素，并由专家小组对每一个因素进行最好（3分）、好（2分）、一般（1分）3个等级的打分，最后求出每个因素在各个创业机会下的加权平均分，从而可以对不同的创业机会进行比较。表5-4中列出了其中10项主要的评价因素，在实际使用时可以根据具体情况选择其中的全部或部分因素来进行评估。

表5-4 标准打分矩阵表

标准	专家打分			
	最好（3分）	好（2分）	一般（1分）	加权平均分
易操作性				
质量和易维护性				
市场接受性				
增加资本能力				
投资回报				
专利权状况				
市场大小				
制造的简单性				
口碑传播力				
成长潜力				

这种方法简单易懂、易操作，主要用于不同创业机会的对比评价，其量化结果可直接用于机会的优劣排

序。如果只用于一个创业机会的评价,则可采用多人打分后进行加权平均。其加权平均分越高,说明该创业机会越可能成功。

任务五　创业风险及防范

扫码看课

【名人名言】

所有的创业者应该多花点时间,去学习别人是怎么失败的。

——马云

到河岸是我们的目标,这是人人看清的事情。难的是如何搭桥,如何造船,或者学会游泳。在根本不会游泳的情况下奋不顾身地跳入水中,除了泛起一阵泡沫和带来滑稽的悲壮以外,什么结果也没有。

——柳传志

一、创业风险的概念与特征

(一)创业风险的概念

创业风险是指企业在创业过程中存在的各种风险。由于创业环境的不确定性,创业机会与创业活动的复杂性,创业者、创业团队与创业投资者的能力和实力的有限性而导致的创业活动结果的不确定性,就是创业风险。

创业者不要简单地以为经过千斟万酌而确认的创业机会就不会有风险了,其实再有价值的创业机会也是有风险的,因为多数创业机会都蕴含着诸多的不确定性。

【小故事】

尽量避免风险,保住本金

股神巴菲特是一个善于规避风险的高手。1956年,26岁的巴菲特靠亲朋凑来的10万美元白手起家;52年后,福布斯最新全球富豪排行榜显示,巴菲特的身价已位居全球首位。今天看来,巴菲特的故事无异于神话,但仔细分析巴菲特的成长历程,他并非那种善于制造轰动效应的人,而更像一个脚踏实地的平凡人。

在巴菲特的投资名言中,最著名的无疑是这一条,"成功的秘诀有三条:第一,尽量避免风险,保住本金;第二,尽量避免风险,保住本金;第三,坚决牢记第一、第二条。"为了保证资金安全,巴菲特总是在市场最亢奋、投资人最贪婪的时刻保持清醒的头脑而急流勇退。1968年5月,当美国股市一片狂热的时候,巴菲特却认为再也找不到有投资价值的股票了,他由此卖出了几乎所有的股票并解散了公司。结果在1969年6月,股市大跌,渐渐演变成了股灾,到1970年5月,每种股票都比上年初下降了50%,甚至更多。

巴菲特的稳健投资,绝不干"没有把握的事情"的策略使他逃避过一次次股灾,也使他能在机会来临时使其资本迅速增值。

(二)创业风险的特征

创业风险种类繁多,贯穿并交织于整个创业过程,但是这些风险具有一些共同的特征。

(1)客观性。创业本身就是一个识别风险和应付风险的过程,风险的出现是不以人的意志为转移的,所以创业风险的存在是客观的。

(2) 不确定性。由于创业的影响因素具有不确定性,这些因素是不断变化、发展的,甚至是难以预料的,因此造成了创业风险的不确定性。

(3) 双重性。创业有成功或失败两种可能性,创业风险有盈利或亏损双重性。

(4) 可变性。随着影响创业因素的变化,创业风险的大小、性质和程度也会发生变化。

(5) 可识别性。根据创业风险的特征和性质,创业风险是可以被识别和划分的。

(6) 相关性。创业风险与创业者的行为紧密相连。同一风险,采取不同的对策,将会出现不同的结果。

二、大学生创业过程中常见的风险

大学生创业过程中面临的风险主要有自身因素的原因及社会环境方面的影响。具体来说,主要包括以下几个因素。

(一) 创业心态

眼高手低、纸上谈兵是大学生最常见的创业风险。大学生长期待在校园里,对社会缺乏了解,更缺少创业经验,其创业想法往往因一时创业激情而起,大学生易把创业问题简单化、理想化,对创业过于自信,对困难估计不足,认为自己学历高、成绩好、获得过各种奖励,动手创业就能成功。还有些大学生过分夸大创业困难,过高估计创业压力,过低估计自身价值,妄自菲薄,没有信心和勇气面对创业,根本不愿意动手尝试。另外,有的大学生由于没有经受过挫折的考验,心理承受能力和自我调节能力较差,创业受挫后易产生强烈的挫折感,忧心忡忡,胆怯心虚,不能正确认识自己的创业优势,甚至把自身的长处看成短处,在创业竞争中信心不足,自我设限,错失良机,严重影响了创业的成功。

(二) 项目风险

创业项目选择风险是指在创业初期因选择的创业项目不当,导致企业无法盈利而难以生存的风险。

大学生创业激情高,但容易盲目选择项目,多数大学生没有进行前期市场调查和绩效分析,看到别人干什么自己也跟着模仿,缺乏针对自己特长及资源的调查分析,企业形态选择盲目。例如,加盟连锁经营型创业模式虽可以直接享受知名品牌的影响,复制他人的成功经验,并能获得资源支持,降低经营成本,但也存在着虚假宣传、交纳高额加盟费,甚至以合法形式掩盖非法目的等不良现象的风险,大学生创业者一旦被天花乱坠的宣传语所迷惑,没有收集资料,也不进行实地考察和市场分析,就盲目选择加盟连锁创业模式,而不考虑自己的实际情况,那么企业发展的风险就会较大,从而影响创业的成功。

(三) 资金风险

资金风险是指因资金不能适时供应而导致创业失败的可能性。

对于新创企业,资金缺乏是最为普遍的问题,如果创业者不能及时解决这个问题,非常容易造成创业夭折。例如,巨人集团因为修建巨人大厦时1000万元的资金缺口而轰然崩塌;辉煌一时的新疆德隆集团,短短几年内一下子进入十几个产业,总负债高达570亿元,酝酿了巨大的资金风险,2004年初,德隆集团资金链开始断裂,建造在沙滩上的堡垒顷刻间分崩离析。可见,资金风险对于新创企业来说往往是致命的。因此,快速、高效地筹措到资金是创业成功的重要因素。

大学生长期生活在校园里,没有资金来源,更无资金积累,再加上大学生交往对象多为处境相同的学生,社会关系简单,人际交往单一,很少能够从同学处筹措到创业资金,并且刚出校门的大学生想轻松地从银行贷到资金也十分困难。目前,大学生创业的资金更多的是靠父母、亲戚的帮助,融资渠道单一,资金来源不稳定,资金数额较小,创业之初资金的局限性为后期的企业发展埋下了隐患。企业创办起来后,缺少发展资金会造成企业的现金流中断,不能支持企业的正常运作,使企业发展停滞不前,甚至倒闭,从而造成创业失败。

(四) 法律风险

大学生由于社会经验不丰富,法律观念不强,维权意识淡薄,在创业开始时乃至整个过程中都有可能深陷法律陷阱,这将会对企业造成致命的打击。例如,合伙制企业投资者要承担无限连带责任,如果企业对他人的人身造成损害或对财产造成损失,企业不但要以自身财产赔偿对方损失,在企业财产不足以赔偿对方损失时,投资合伙人还要以个人财产赔偿对对方造成的损失。所以,大学生创业选择合伙制企业模式时一定要慎重考虑。再有,大学生创业者在与客户签订合同时不注意审查对方的主体资格,不调查、了解对方的信用,履行合同的能力,以及还债能力等情况,往往会造成合同无效、对方无力履行合同,甚至钱款或货物被骗等情况发生。在权利受到侵害时,大学生创业者维权意识淡薄,不是通过法律途径解决,更多的是托人情、找关系、私下解决,法律风险极大。

(五) 市场风险

市场风险是指市场主体从事经济活动所面临的盈利或亏损的可能性和不确定性。

(1) 市场需求量。如果产品的市场需求量较小或者产品在短期内不能为市场接受,那么产品的市场价值就无法实现,投资就无法收回,从而造成创业夭折。

(2) 市场接受需要时间。一个全新的产品,打开市场需要一定的过程与时间,如果初创企业缺乏雄厚的财力进行营销策划,产品为市场所接受的过程就会更长,因而不可避免地出现产品销售不畅,前期投入难以回收,从而给初创企业资金周转带来极大困难。

(3) 市场价格。产品价格超出了市场的承受力,就很难被市场接受,技术产品的商业化、产业化就无法实现,投资也就无法收回。当某种新产品逐渐被市场接受和吸纳时,其高额的利润会吸引来众多的竞争者,可能会造成供大于求的局面,导致价格下跌,从而影响高新技术产品创新的投资回报。

(4) 市场战略。一项好的高新技术产品,如果没有好的市场战略规划,相反在价格定位、用户选择、上市时机、市场区域划分等方面出现失误,就会给产品的市场开拓造成困难,甚至功亏一篑。

(六) 管理风险

1. 管理者风险

一个优秀的创业者,可以不具备精深的技术知识,但必须具备以下的素质:具有强烈的创新精神与创业意识,不墨守成规、人云亦云;具有追求成功的强烈欲望,富于冒险精神、献身精神,有忍耐力;具有敏锐的机会意识和高超的决策水平,善于发现机会、把握机会和利用机会;具有强烈的责任感和自信心,敢于在困境中奋斗,在低谷中崛起。

一些大学生创业者虽然技术出类拔萃,但理财、营销、沟通、管理方面的能力普遍不足。发达国家初创企业的成功经验之一,就是技术专家、管理专家、财务专家、营销专家的有机组合,形成团队的整体优势,从而为初创企业奠定坚实的组织基础。那种由技术所有者包揽一切、集众权于一身的家长式管理,往往由于管理水平、管理模式等方面的问题,导致创业夭折。

2. 决策风险

无论是政治、军事还是商业,由于决策失误而造成失败的事例实在是太多了。对于大学生创业者而言,绝不可以根据自己的喜怒哀乐或不切合实际的个人偏好而做出决策。不进行科学的分析,而仅凭个人经验或运气的决策方式都可能导致惨痛的失败。

管理者决策水平的高低对初创企业的成败影响巨大,据美国兰德公司估计,世界上破产倒闭的大企业中,85%是因企业家决策失误造成的。

3. 组织和人力资源风险

组织和人力资源风险是指由于初创企业的团队分歧、组织结构不合理、用人不当所带来的风险。初创企业的迅速发展如果不伴随着组织结构、用人机制的相应调整,往往会成为初创企业潜在危机的根源。

现代企业越来越重视团队的力量。团队的力量越大,产生的风险也越大。一旦创业团队的核心成员在某些问题上产生分歧不能达成统一时,就极有可能会对企业造成强烈的冲击。事实上,做好团队的协作并非易事,特别是在处理与股权、利益相关联的事情时,很多初创时关系很好的伙伴都会闹得不欢而散。

中国企业家调查系统"第十届企业家成长与发展调查"对3539位企业经营者的问卷调查结果表明:"企业经营者最容易出现的问题"中,"用人不当"仅次于排在第一位的"决策失误"。用人不当已经成为制约企业发展的重要因素。

盲目合作导致创业失败

小王和小张同在一家公司上班。一天,小王在网上看到一家店铺的衣服很有特色,且价格不贵。正好小张经过,两人一交流,认为这是个不错的商机,便准备合伙开一家店铺当小老板。

很快两人各投入两万元,选好了店铺,第一批货也到了。开业第一天,店里的人很多,但是没有一个人购买。第二天遇大雨,逛街的人很少,自然也没有生意。第三天人又多起来,但只小张一人看守店铺,忙乱中收了一张100元假币,同时两件衣服失踪,忙了一天没赚反亏。连续过了一段时间,店里生意起起伏伏,小王仍在公司上班,很少来店里帮忙。小张则独自留在店里工作,当店里生意不好时,小张内心充满了对小王的抱怨。

不到半年,在小王和小张大吵一架后,店铺正式关门。

(七)技术风险

技术风险是指在企业技术创新过程中,因技术因素导致创业失败的可能性。

1. 技术成功的不确定性

创新技术从研究开发到实现产品化、产业化的过程中,任何一个环节的技术障碍,都将使产品创新前功尽弃。很多初创企业,在技术产业化实施的过程中屡试屡败,其中的原因是多方面的。当用血汗赚来的资金或以家产抵押来的创业资金将要耗尽,却还没有生产出合格的产品时,企业将面临极大的风险。

2. 技术前景、技术寿命的不确定性

如果赖以创业的技术创新不能够实现产业化,或不能在高新技术寿命期内迅速实现产业化,不能收回初始投资并取得利润,则必然造成创业的夭折。

3. 技术效果的不确定性

一项高技术产品即使能成功地开发和生产,但若达不到创业前所预期的效果,也会造成大的损失,甚至创业夭折。

20世纪70年代,著名的美国杜邦公司曾对一种称之为"Corfam"的皮革替代品进行产品开发并上市销售。预测和试穿的成功,使杜邦公司决策层非常乐观,他们希望Corfam不仅能一帆风顺地上市,而且能像公司曾经发明的尼龙一样,成为世界性的畅销商品,引发鞋面用料的革命,再现杜邦公司的辉煌。然而,最终的结果却大大出乎人们的意料。Corfam的产品开发亏损了近1亿美元,这成为杜邦公司历史上罕见的一次失败。

三、大学生创业风险防范对策

大学生创业虽存在诸多风险,但机遇和挑战并存,唯有冷静地分析风险,勇敢地面对挑战,大学生创业者才能防范风险,克服困难,走向创业成功。针对大学生创业过程中遇到的风险,可以从以下方面加以管控。

(一）调整心态，做好创业准备

对自己充分了解，是大学生进行创业的前提。大学生创业时要对自己的个性特征、特长等有充分的了解，选择适合自己个性特征、符合个人兴趣爱好的项目进行创业，同时创业者要掌握广博的知识，具有一专多能的知识结构，才能进行创造性思维，才可能做出正确的创业决策。大学生在创业前还要积累一些有关市场开拓、企业运营方面的经验，通过在企业打工或者实习、参加创业培训、接受专业指导，来积累创业知识，提高创业成功率。

大学生创业者还应当锻炼受挫能力，遇到挫折后应放下心理包袱，仔细寻找失利的原因。属于主观原因的，要适当调整自己的动机、追求和行为，避免下次出现同样的错误；属于客观或社会中自己无能为力的因素的，也不要过于自责、自卑或固执，应坦然面对，灵活处理，争取新的机会。即使失败，也要振作起来，使自己始终保持昂扬的斗志和必胜的信心，直至创业成功。

（二）审时度势，创业应有选择地量力而行

创业路途充满艰辛，绝不是一蹴而就的。因此，创业者应找到合适的切入点，选择合适的时机、项目和规模。大学生创业者大多手中资金较少，创业经验不足，可以选择起点低、启动资金少的项目进行创业。

另外，大学生创业要选择一种适合自己的企业法律形态。创业者选择个体工商户、合伙制企业的形态模式时，虽没有最低注册资本的要求，但创业者或投资人要对企业承担无限连带责任，企业如果经营不善欠下债务，股东要对企业的债务承担继续偿还的责任，创业时应慎重选择；创业时如果设立的是有限责任公司，公司具备法人资格，能够独立承担法律责任，公司如果资不抵债宣告破产，对公司不能清偿的债务，股东仅以其出资额承担法律责任，超出的部分不承担法律责任。

同时，有些人为的因素，可能会导致合伙人之间、股东之间因经营理念、利益分割而产生矛盾，甚至因性格原因发生冲突，因此，创业者在组建团队时，也应注意选择志同道合、善于沟通、以企业利益为重的合作者，这是非常重要的。

（三）充分利用优惠政策，迈出创业坚实的第一步

支持大学生创业，已经成为各级政府的重要议事内容。近年来，相关部门陆续出台了许多优惠政策，鼓励和支持大学生创业。虽然有些优惠政策在实施过程中出现了配套措施不到位、具体操作烦琐等情况，但大学生创业者一定要充分了解这些优惠政策，并把它们充分运用到自己的创业实践中。具体来说，高校要向大学毕业生详细宣讲政府出台的创业优惠政策，使大学生创业者对自己能享受到的优惠政策熟记在心；相关部门对这些优惠政策要出台具体实施办法及操作指引等，以方便大学生创业者操作实施，使党和政府支持大学生创业的优惠政策，成为帮助大学生创业的阳光、雨露，使大学生迈出创业坚实的第一步。

（四）多渠道融资，降低创业资金风险

虽然大学生创业融资渠道相对较少，但社会相关各方仍能为大学生创业提供资金。政府为大学生创业提供贴息贷款。有经营项目，能够提供有稳定收入的行政、事业单位的正式职工作为担保人的，大学生创业者可以申请最高额度为10万元、期限为3年的政府贴息贷款，还可以得到各类创业基金的资金支持。目前，由中国社会福利教育基金会发起的中国大学生创业基金，由共青团中央发起的中国青年创业就业基金，由社会知名人士郑泽等人发起的中国大学生西部创业基金等，都可以帮助大学生解决部分创业资金的短缺问题。由共青团中央、中国科学技术协会、教育部和中华全国学生联合会等单位主办的"挑战杯大学生创业大赛"为冠军提供10万元的创业基金。大学生参加创业大赛，既可以锻炼创业能力，又可能获得高额的创业资金，是一种很好的融资途径。大学生创业者还可以引入风险投资。虽然风险投资风险高，但回报也高。风险投资者比较关注创业管理团队的构成、管理者的素质、创业者自身持续奋斗的精神等，有优秀的创业团队、独一无二的技术支撑、光明市场前景的创业项目，有可能得到风险投资家的青睐，从而获得创业资金。

例如大学生创业的成功典范——江南春创办的分众传媒,在两年内获得了近5000万美元的风险投资。

(五)树立团队意识,与他人合作共赢

新东方教育集团创始人俞敏洪认为,创业除了自己成功,还要与别人一起成功。一个人的能力是有限的,创业一定要抛弃单打独斗、孤军奋战的个人英雄主义思想,牢固树立团队合作共赢的理念。大学生创业应建立一个由各方面专才组成的合作团队,大家既有共同的理想,又能有效地使技术创新与经济管理互补,保证团队形成最大合力,在市场竞争中取胜,推动企业发展,取得创业成功。

(六)重法治、淡人情,在法律规则中稳步发展

市场经济是法制经济,企业的诞生和发展必须在法律框架下进行,符合法律规定。虽然中国人很重视人情、关系,但要想使企业稳步发展,把企业做大做强,大学生创业者从开始就应该依法办事,淡化人情,让法律成为大学生创业成功的基石。具体说来,创业之初选择企业形态要慎重,合伙制企业一定要制订合伙章程,明确合伙人之间的权利、义务,以及盈利或亏损的分配方式,最好找专业法律人士审查把关;企业形态最好选择有限责任公司的模式,分清公司责任和个人责任,降低个人风险;企业运营应严格遵守法律规定,安分守己,合法经营,切不可为小利而做违法乱纪之事;依法为企业员工缴纳社会保险,降低企业风险;出现纠纷最好通过法律途径解决,依法维护企业的合法权益。

总之,在社会发展的汹涌大潮中,大学生创业已成为时代的选择。随着社会各方对大学生创业的理解和支持,以及大学生自身身心发展的日趋成熟,知识结构更加完善,大学生创业遇到的风险会随之减少,创业者的风险管控能力更强,大学生创业必将发展到一个新阶段。

【思考讨论】

1. 寻找创业项目

假如你所在的社区存在以下几个问题,你能否从中发现创业机会?

(1)当地没有令人感到舒服的、可与朋友会面的休闲咖啡店。

(2)当地的餐厅较多,菜品、服务相似,没有特色。

(3)社区服务不健全,离家近的菜店种类少、价格高;离家远的地方虽有综合性的蔬菜购买市场,种类多、价格低,但坐车需要花费20分钟。

(4)在当地的商店里,玩具品种比较少,顾客选择的余地不大。

2. 评估创业项目

自己所学的专业是自己最熟悉的行业,根据该行业的特点、布局、结构,找到创业切入点,寻找创业机会,运用蒂蒙斯的创业机会评价模型进行评估,以确定创业机会是否具有可行性。然后评估自身条件,确定自己是否有能力来利用这一机会。最后,选取创业项目,优化创业方案。具体实施步骤如下。

(1)将学生分组,3~6人为一组,写出可能存在的创业机会。

(2)进行机会评估。

(3)进行自身条件评估。

(4)选取创业项目。

(5)运用头脑风暴法优化创业方案。

(6)师生一起评价创业项目,选出具有代表性的创业项目进行创业模拟。

(7)预期成果或收益。

【课外修炼】

(1)以小组为单位,从下列题目中任选一个,收集相关的二手资料,设计互联网调查的方案和问卷,并对收集的数据进行分析。

①青年学生网络游戏消费调查。
②青年学生接触校内上网情况调查。
③在校学生网络购物调查。

调查要求：调查方案尽可能详细具体，设计问卷结构完整，问题覆盖全面，分析准确合理。

(2) 访谈2～3个创业者，了解他们在创业和企业经营过程中遇到过哪些风险，他们是如何规避和化解这些风险的。(在采访前，一定要做好充分的准备，提前了解受访的企业；在访问过程中，注意所提的问题一定要有针对性。)

一次恶作剧引出金点子

林晓(化名)是位活泼的兰州女孩，天性好玩，不喜拘束。2003年大学毕业后，她在上海一家软件公司做程序设计。

每天坐在电脑前与枯燥的程序代码打交道，林晓觉得十分郁闷乏味。女同事小赵说，每天在上下班的地铁里，被闷得活像"沙丁鱼"的时候，就特想找个地方发泄发泄。听了这话，林晓忽然决定搞点恶作剧，让对方挨一下整并开怀大笑。

林晓跑到魔术器具店里买了一种墨水，下午上班时，"不小心"将神奇的消色墨水洒在了小赵的白衬衣上，看着那刺眼的蓝色，小赵冲着林晓大吼："你讨厌，人家这可是法国货，要是洗不掉怎么办啊！""对不起，对不起，都是我不好。"林晓赶快赔礼道歉，心里却早就笑翻了，因为那墨水是特制的，洒在任何面料的衣服上都会瞬间消失不见，完全不留痕迹。小赵发现其中玄妙后，脸色立刻由阴转晴，被逗得哈哈大笑起来。看到小赵"挨整"的这一幕，几个同事也爆发出一阵愉快的笑声。那天整个办公室里笑声不断，大伙全都沉浸在轻松、快乐的气氛中。想不到一次搞怪，竟然能让同事们如此开心！

林晓由此想到，如今都市人的生活节奏越来越快，肯定有不少人需要在这种"挨整"的游戏中找回珍贵的童心和久违的笑声。于是，林晓当即决定：辞职不干了，自己当老板去！

林晓把目标锁定在"整人"类玩具上，现在白领们的工作压力大，更应该需要类似的玩具来调节。但这类"整人"玩具在市场上并不多见，只是偶尔散见于一些魔术用品商店，何不将这些有趣的玩意儿集中起来，给它安个家？

此后，林晓和男友拿出仅有的10万元积蓄，开始广搜货源。很快，她搜集到了50多种产品。2004年5月1日，林晓正式挂牌营业，小店命名"整人谷"。为了突出"整人谷"的个性，林晓有意营造一种神秘气氛，比如在墙壁上挂一些恐怖的、奇特的玩具，还专门"请"来一只关在笼子里拼命喊"救命"的流氓兔给自己"看门"。

经过这番"打扮"，小店开张伊始就吸引了不少眼球。客人们听见"噗"的一声，以为有谁在"放屁"，定睛一看，才知道有人不小心坐上了"放屁袋"；只要用手轻轻一拍，一只硕大的黑蜘蛛就会"闻风而动"，不停地在墙上爬啊爬。还有怎么吹也吹不灭的蜡烛。你受了老板的气？那么不妨玩玩发泄水蛋，它上面画着一副正在训人的老板面孔，任你捏打……

一位女孩花50元买了一枚发泄水蛋，对着那张"讨厌的脸"说："连探亲的机票都不给报销，我捏死你！"几位同伴当场就被她逗得大笑不止。另一位女孩刚刚打开一个精美的礼盒，心却猛地提到了嗓子眼："妈呀，这……这是……啊！它还在动呢！"只见一只血淋淋的手平躺在盒子里，不时地还钩钩手指，让人毛骨悚然。"这是烟灰缸吗？"一位男士小心翼翼地从旁边一个货架上拿起一个彩色肺叶造型的东西，左摇摇，右晃晃，好像没什么特别，"它的神奇之处要点一支香烟才能看得出来。"林晓边说边拿出一包烟递给他。男顾客刚想伸手抽出一支，猛地又缩了回来，"有电！""怎么可能？"他身边的女孩也试了一下，确实被电了，手指麻麻的，"对不起，拿错了，这是电人香烟，也是整人玩具。不过您放心，它已经通过权威部门的检测了，绝对安全。"林晓说着又摸出另一盒香烟，亲手抽出一支递给男士，然后拿出一个打火机，他毫无戒备地凑上前来，

"啊"的一声又闪到了一边,打火机里竟然喷出一股水来!看着这位男子满脸是水的狼狈样儿,他身边的女孩笑弯了腰。

后来林晓终于帮那位先生点燃了一支烟,按照她的指引,男士将烟放在了肺叶形状的烟灰缸的夹烟槽内,这时,只听见烟灰缸发出一阵剧烈的咳嗽声,跟人吸烟过度的咳嗽声一模一样。他和女友目瞪口呆,再放一次,它竟然又发出一声惨叫,就像在真正的肺叶上点燃香烟似的,林晓趁机介绍说,"这个烟灰缸时时提醒人们吸烟的危害。""嗯,真是太好玩了!"那女孩一边笑,一边掏出100元钱爽快地为男友买走了这个"整人烟灰缸"。

就这样,在一片嘻嘻哈哈的笑声中,玩客们买上自己喜欢的玩具,开张第一个月,林晓净赚了6000多元。为了让"整人谷"不断有新意,林晓开始频频光顾各省举办的商品交易会,从成千上万种产品中淘出最"整人",最搞怪的,再把它们引进到自己的店里。在中国进出口商品交易会(广交会)上,她淘到了泡在水里两三天就能长大6倍的膨胀昆虫动物,撒在身上就会让人痒得哇哇叫的痒痒粉,放在手心里就会翻跟头的神奇药丸,让人假装口吐鲜血的血丸;在浙江义乌小商品批发城,林晓又找到了能让人狂打喷嚏的喷嚏粉,越剔越辣的牙签,越洗手越脏的肥皂,会夹手的口香糖;在韩国她邂逅了会爆炸的钱包,以及爆笑博士眼镜和声控恐怖猫等。

一款产自韩国的侦探眼镜刚摆到货架上,就令一位男顾客兴奋不已。它外表看起来和普通眼镜没有什么区别,平时也可当作墨镜戴,假如发现有人跟踪你,不需回头,即可看到背后的一切。

在外企工作的马小姐得意地告诉林晓,前几天她用搞笑玩具"穿指钉"整了一屋子人,那是一块用特殊染料染红的纱布,里面包着一枚弯曲的钉子,套在手上就像手指真的被钉子扎了一样,鲜血淋淋,她叫嚷着举起手,故意装出一副痛苦的样子,几名同事发现后马上围上来,问长问短。看着同事们着急的样子,马小姐心里乐开了花,后来终于忍不住大笑起来,当弄清事情的原委后,几名白领男女被她的恶作剧搞得哭笑不得。林晓如今资产已经超过百万。

思考与讨论:

1. 林晓是如何发现创业机会的?
2. "整人谷"的成功给我们带来哪些启发?

模块六
创业资源

CHUANGYE
ZIYUAN

知识目标：
1. 了解创业资源的内涵、种类。
2. 了解影响创业者资源获取的因素。
3. 了解融资的概念及作用。
4. 理解创业所需资金预测。
5. 了解创业者融资经验。

能力目标：
1. 掌握创业资源获取途径及技能。
2. 掌握创业融资的渠道及选择策略。

独立思考

在这个竞争激烈的时代，资源的争夺愈加激烈。作为刚毕业的大学生，创业初期能够掌握的资源不多，这就要求大学生能够快速、高效地找到足够的资源来支撑自创企业的发展。

那么请同学们想一下，创业资源有哪些？又该如何获取呢？

牛根生的资源整合

没有任何资源，难道就不能做事情，不能创业吗？我们不能被眼前的困难吓倒，要明白一个道理：资源是可以整合的。没有工厂，可以借别人的工厂生产；没有品牌，就先做别人的品牌，然后积累了一定基础后，做自己的品牌，同时也可以整合其他品牌资源。比如说，怕上火就喝王老吉，你就说，上火就喝"降火王"，当别人喝王老吉的时候，也会想到你。基本上企业的任何资源都可以整合。

现在这个时代，靠一个企业独立经营，单打独斗，力量是十分有限的，只有整合各方面的资源才能把一个企业做大。

牛根生是这方面的牛人。牛根生刚开始只是伊利的一个洗碗工，凭着自己的勤奋和聪明成为了生产部门的总经理。后来被伊利以各种原因辞退了，但是他那个时候都40多岁了，去北京找工作，人家嫌弃他年纪大。因此他又回到呼和浩特，邀请原来伊利的几个同事一起出来创业，人有了，但是没有奶源，没有工厂，没有品牌，每一项都是致命的。

牛根生便开始资源整合了，通过人脉关系他找到哈尔滨一家乳制品公司，这家公司的设备都是新的，但是生产的乳制品质量有问题，同时营销渠道这一块没有打通，所以产品一直滞销。牛根生马上找到这家公司的老板说："你来帮我们生产，我们这边都是伊利的技术高层，帮忙技术把关，牛奶的销售、铺货我们也承包了。"这位老板一听，马上答应下来。而且他们几个一起出来创业的伙伴也有落脚的地方，解决了生存的问题。

第二个问题，没有品牌怎么办？在乳制品这个行业，没有品牌很难销售，因为品牌代表着安全可靠。牛根生借势，整合，打出口号："蒙牛甘居第二，向老大哥伊利学习"，口号一出，一个不知名的品牌马上挤入全国前列。牛根生不只是盯着伊利，而是把自己和内蒙古的几个知名品牌联系起来，说："伊利、鄂尔多斯、宁城老窖、蒙牛为内蒙古喝彩！"因为前三个都是内蒙古的驰名商标，自己放在最后，给人感觉就是内蒙古的第四品牌。牛根生通过整合品牌资源，让蒙牛没有花一分钱就迅速成为知名的品牌。

第三个问题，没有奶源怎么解决？买牛养殖，第一牛很贵，第二也没有那么多人员去照顾，因此蒙牛整合了三方面的资源:农户、农村信用社、奶站。把信用社的钱借给奶农,蒙牛担保,而且承诺包销路。奶牛生产出来的奶由奶站接受,蒙牛又找到奶站。蒙牛定时把信用社的钱还了,把利润分给了奶农,趁机喊出一个口号:"一年养10头牛,过的日子比蒙牛的老板还牛。"

任务一　创业资源及获取

扫码看课

【名人名言】

创业者在企业成长的各个阶段都会努力争取用尽量少的资源来推进企业的发展,他们需要的不是拥有资源,而是要控制这些资源。

——霍华德·史蒂文森

管理者的一项具体任务就是要把今天的资源投入到创造未来中去。

——彼得·德鲁克

一、创业资源的内涵

常言道,"巧妇难为无米之炊",创业需要资源。创业资源是指能够支持创业者进行创业活动的一切东西,是涵盖让创业者的创业活动顺利进行的一切支持性资源,包括有形与无形的资产。如果不能获得这些创业资源,即使看到了商机,也只能"望(商)机兴叹"。因此,在创业过程中,应当积极拓展创业资源的获取渠道。

二、创业资源的种类

(一) 按其来源分类

创业资源按其来源可以分为自有资源和外部资源。

1. 自有资源

自有资源是指创业者或创业团队自身所拥有的可用于创业的资源,如自有资金、自有技术、自己获得的创业机会信息、自建的营销网络、控制的物质资源或管理才能等。自有资源可以内部培育和开发,企业可通过一定的方式在内部开发无形资产、培训员工、促进内部学习,从而获取有益的资源。

2. 外部资源

外部资源是指创业者从外部获取的各种资源,包括从朋友、亲戚、商业伙伴或其他投资者筹集到的投资资金、经营空间、设备或其他原材料等,或通过提供未来服务、机会等换取到的资源。外部资源是实现企业成长的重要来源。企业受自有资源"瓶颈"的影响,需要吸取适合本企业发展的新鲜资源,其中的关键是拥有资源的使用权并能控制或影响资源的部署。自有资源(特别是技术和人力资源)的拥有状况会影响外部资源的获得和运用。

(二) 按其存在形态分类

创业资源按其存在形态可以分为有形资源和无形资源。

1. 有形资源

有形资源是具有物质形态的,价值可用货币度量的资源,如组织赖以存在的自然资源、建筑物、机器设备、原材料、产品、资金等。

2. 无形资源

无形资源是具有非物质形态的,价值难以用货币精确度量的资源,如信息资源、人力资源、政策资源,以及企业的信誉、形象、专利、商标等。无形资源往往是使有形资源更好地发挥作用的重要手段。

（三）按其对企业成长的作用分类

按照资源对企业成长的作用，我们将其分为两大类：对于直接参与企业日常生产、经营活动的资源，我们称之为要素资源；对于未直接参与企业生产，但可以极大地提高企业运营有效性的资源，我们称之为环境资源。表 6-1 是要素资源和环境资源的具体类别及内容。

表 6-1 创业资源的种类

资源种类		具体内容
要素资源	人力资源	创业者，创业团队的知识、经验、智慧、判断力、人际关系
	财务资源	银行贷款、风险投资、政策性的低息或无偿扶持基金、租金等
	物质资源	创业或经营活动所需的有形资产，如厂房、土地、设备
	技术资源	关键技术、制造流程、作业系统、专用生产设备
	管理资源	企业诊断、市场营销策划、制度化和正规化企业管理的咨询等
环境资源	品牌资源	借助大学或优秀企业的品牌，科技园或孵化器的品牌，以及社会上有影响力的人士对企业的认可等
	市场资源	经营许可权、销售渠道、顾客关系等
	政策资源	政府扶持政策、与政府的关系
	信息资源	宣传和推介信息、中介合作信息、采购和销售渠道信息等
	组织资源	企业的战略规划、员工开发、评价和报酬系统等

三、影响创业者资源获取的因素

资源获取是在识别资源的基础上，得到所需资源并用于创业过程的行为。对于新创企业而言，是否能够从外界获取所需资源，首先取决于资源所有者对创业者或创业团队的认可，而这一认可在很大程度上取决于创业项目的商业价值。创业项目为资源获取提供了杠杆，一个能被资源所有者认同的、有价值的创业项目，才有助于降低创业者获取资源的难度。除了创业项目的商业价值，影响资源获取的因素还有很多，其中主要因素有社会网络、创业者（创业团队）先前的工作经验、创业者的管理能力和资源整合能力等。

（一）社会网络

社会网络是多维度的，能够提供企业正常运转所需的各种资源，也是新创企业最重要的资源获取来源之一。社会网络是隐性知识传播的重要渠道，它能通过促进信息（包括技能、特定的方法或生产工艺等）的快速传递而协助组织学习，同时还可以大大降低企业的交易成本，帮助获取与企业需求相匹配的资源，因此对于创业资源的获取具有重要意义。

研究表明，社会网络的关系强度、信任关系，以及网络规模对创业资源的获取有正向影响。由于大学生大部分的时间在学校内学习，因此他们很少有机会接触社会，这就造成了大学生的社会网络中几乎没有政府网络、商业网络的存在。因此，大学生创业者应注意加强关系网络的维护和利用。关系网络的主体通常以家庭、亲戚、朋友为主，与这些关系的频繁、密切接触，能使大学生创业者更易获取资金、技术、人力等运营资源和有益的创业指导和建议。

不同的社会网络和网络地位，为人们之间的沟通与协作提供了不同的渠道。在社会网络中处于优势地位的创业者，有较好的社会关系网络，能有针对性地对不同对象传递商业创意的不同方面，能有目的地获取不同资源所有者的不同理解和信任，最终能成功地从不同网络成员那里获取所需的不同资源，从而为自己的创新创业提供基础。

(二)创业者(创业团队)先前的工作经验

创业者(创业团队)先前的工作经验分为创业经验和行业经验两大类。其中,创业经验是指创业者先前创建过新的企业或组织,在此过程中所获得的感性和理性的观念、知识和技能等。它提供了诸如机会识别与评估、资源获取和公司组织化等方面的信息。行业经验是指创业者在某行业的工作经历,它提供了有关行业的规范和规则、供应商和客户网络、雇佣惯例等信息。

创业过程本身就是一个知识转移的过程。从先前创业经验中转移来的知识能够提高创业者有效识别和处理创业机会的能力,有助于发现、获取创业资源。拥有创业经验的创业者有一种"创业思维定式",驱使他们寻求和追求那些最好的机会。在不确定的时空条件下,先前的创业经验提供了有利于对创业机会做出决策的隐性知识,这种隐性知识可以通过创业者而转移到新创立的组织里。因此,创业者拥有较多的创业经验就更容易获得可取的特定机会,并能从更多的途径获取创业资源。此外,先前的创业经验还提供了帮助创业者克服新企业面临新困难的知识。这些都能够帮助创业者规避风险,增强他们的资源获取能力。

思迈人才网的失败

大学生小胡和7位同学筹资12万元成立了思迈人才顾问有限公司,并建立了思迈人才网。公司的主旨是为企业和个人提供人才评估、咨询、培训、交流、猎头、人事代理等服务,为大学生提供求职培训、素质测评、推荐安置工作等服务。这些服务看起来很有市场前景,但该团队中没有一个人拥有与公司主旨相关的核心技术和运营经验。开业之初,由于人才网络、企业网络没有运作起来,各种
服务项目没法开展。于是,小胡决定从最基础的为大学生找家教和其他兼职做起,这也不是他们擅长的领域。公司创立仅3个月,净亏7.8万元。最终他以1元的价格把思迈人才网卖给了别人。

(三)创业者的管理能力

创业资源获取的关键往往取决于企业的软实力。创业者的管理能力是企业软实力的主要表现,管理能力越高,获取资源的可能性越大。创业者的管理能力可以从其沟通能力、激励能力、行政管理能力、学习能力和外部协调能力等多方面予以衡量。

良好的沟通能力可以使创业团队表现出坚强的凝聚力,拥有更强的行动力,从而使创业团队更容易获取必要的外在资源。团队激励与合作有助于企业综合能力的提升,产生团队外溢效果,使创业团队能够获取必要的资产和资源。较强的行政管理能力有利于创业者将各种资源进行较完美的匹配与组合,使企业的正常运作更有效率,企业因而会根据成员的要求和组织发展的需要,去吸引更多的人力资源和其他无形资产。学习能力则可以使创业者不断地提升自身的管理能力,使创业者了解外部市场的变化和新创企业内部的需求,对其做出理性判断,并运用一定的方式获取企业所需的资源。外部协调能力是创业者个人才能的对外应用,创业者的外部协调能力越强,与合作者(如供应商、销售商等)达成一致的可能性就越大,创业者就可以利用外部资源为企业服务,为企业创造良好的发展环境。

(四)创业者的资源整合能力

资源整合能力是指创业者在创业过程中,以人为载体,在资源整合过程中表现出的对资源的识别、获取、配置和利用的能力。

创业资源在未整合之前大多是零散的、一般性的商业资源,要发挥其最大的效用,使其转化为竞争优势,为企业创造新的价值,就需要新创企业运用科学的方法将不同来源、不同效用的资源进行优化配置,使有价值的资源充分整合起来,发挥"1+1>2"的放大效应。

四、创业资源的获取途径

（一）通过市场途径获取创业资源

通过市场途径获取创业资源包括购买和联盟两种。

1. 购买

购买是指利用财务资源通过市场购入的方式获取外部资源，主要包括购买厂房、设备等物质资源，购买专利和技术，聘请有经验的员工及通过外部融资获取资金等。需要注意的是，诸如知识，尤其是隐性知识等资源虽然可能会附着在非知识资源之上，通过购买物质资源（如机器设备等）得到，但很难通过市场直接购买，因此，需要新创企业通过非市场途径去开发或积累。

2. 联盟

联盟是指通过联合其他组织，对一些难以或无法自己开发的资源实行共同开发。但联盟的前提是联盟双方的资源和能力互补且有共同的利益，而且能够对资源的价值及其使用达成共识。

（二）通过非市场途径获取创业资源

通过非市场途径获取创业资源包括资源吸引和资源积累等。

1. 资源吸引

发挥无形资源的杠杆作用，利用新创企业的商业计划和创业团队的声誉，通过对创业前景的描述来获得或吸引物质资源、技术资源、人力资源和资金等。

2. 资源积累

利用现有资源，在企业内部通过培育形成所需的资源。主要包括自建企业的厂房、设备，在企业内部开发新技术，通过培训来增加员工的技能和知识，以及通过企业的自我积累获取资金等。

显然，创业者的自有资源往往是通过非市场途径获取的。由于起步阶段的创业者往往囊中羞涩，很难通过购买的方式获取创业所需的各种外部资源，因而非市场途径——通过社会关系，用最小的代价获取创业资源成为创业者的首选，甚至无偿获取创业资源也并非不可能。

【小贴士】

得合伙人者得天下

创业者的人脉圈往往决定了其事业的高度。血缘、"地缘"、"业缘"、同乡、校友、同僚、战友等，都是形成人际交往圈的重要因素。在这些圈子里，校友圈又显得比较特别，如下表所示。有人说，世界上能够产生最好的朋友的地方就是学校和战场。

校友创业团队

公司名称	学校	校友创业者
腾讯	深圳大学	马化腾、张志东、陈一丹、许晨晔
新东方	北京大学	俞敏洪、徐小平、王强
携程	上海交通大学	季琦、沈南鹏、范敏
饿了么	上海交通大学	张旭豪、康嘉、汪渊
复星集团	复旦大学	郭广昌、梁信军、汪群斌、谈剑
蘑菇街	浙江大学	陈琪、魏一搏
美团网	清华大学	王兴、王慧文
途牛网	东南大学	于敦德、严海锋

五、创业资源获取的技能

蒂蒙斯认为,成功的创业活动必须对机会、创业团队和资源进行最适当的匹配,并且还要随着事业的发展而不断进行动态平衡。创业过程由机会启动,在创业团队建立以后,创业者就应该设法获得创业所必需的资源,这样才能顺利实施创业计划。为了合理获取、利用资源,创业者往往需要制订设计精巧、用资谨慎的创业战略,而创业团队则是实现创业目标的关键组织要素,为此创业者或创业团队必须具有高超的领导力和沟通能力,能够适应市场环境的变化,而沟通能力是其中尤为重要的一种能力。

人际沟通能力是指通过情感、态度、思想、观点的交流,建立良好协作关系的能力。有效性和适当性是评价人际沟通能力的重要指标。有效性,即沟通行为有助于个人目标、关系目标实现的程度;适当性,即沟通行为与情境和关系保持一致的程度。

沟通技巧是指参与沟通的人具有收集和发送信息的能力,能通过书写、口头与肢体语言等媒介,有效与明确地向他人表达自己的想法、感受与态度,亦能较快并正确地解读他人的信息,从而了解他人的想法、感受与态度。沟通技巧涉及许多方面,如简化运用语言、积极倾听、重视反馈、控制情绪等。虽然拥有沟通技巧并不意味着一定会成功获取创业资源,但缺乏沟通技巧一定会使创业者遇到许多麻烦和障碍。

【小故事】

"一个资源整合"的故事

从前,在美国有个农村里面住着一位老人,老人有三个儿子,大儿子和二儿子在城市工作,小儿子和老人在农村相依为命。有一天,从城里来了一个人,找到老人,对老人说:"我想把你的小儿子带到城市去,可以吗?"老人说:"你赶快滚出去!我就这么一个儿子在我身边,为什么要把他带走呢?"这个人说:"我给你这个小儿子在城市找份工作,可以吗?"老人说:"那也不可以。"这个人就说:"我给你这个小儿子在城市找一个对象,你看如何?"老人说:"那也不行。"这个人又说:"如果我给你儿子找的这个对象是洛克菲勒的女儿,你同意吗?"老人想了想:洛克菲勒是世界首富、石油大王……最后同意了。

过了两天,这个人又找到了洛克菲勒,对洛克菲勒说:"洛克菲勒先生,我准备给您的女儿介绍一个对象。"洛克菲勒说:"你赶快滚出去!我还用你给我女儿介绍对象吗?"这个人说:"如果我给你女儿介绍的这个对象是世界银行的副总裁,你同意吗?"洛克菲勒笑了笑,点头同意了。

又过了两天,这个人找到了世界银行的总裁,对他说:"总裁先生,你现在必须立刻任命一位副总裁。"总裁先生说:"你赶快滚出去吧。我这么多的副总裁,为什么要听你的再任命一位呢?而且还要马上?"这个人说:"如果你任命的这位副总裁是洛克菲勒的女婿,你同意吗?"总裁先生当然同意了。

这就是一个资源整合的故事,资源整合就是如何把一个农民的儿子既变成洛克菲勒的女婿,又变成世界银行的副总裁。

虽然这个故事不尽真实,存在许多令人疑惑之处,但它在一定程度上体现了沟通的力量。这个故事告诉我们,沟通时,信心非常重要,只有心里认定了这件事对双方都有好处,才能获得对方的配合,取得沟通的成功。而且认定了这一点后,还要不屈不挠,不怕拒绝,直到取得最后的胜利。

在获取资源的过程中,与各方沟通是必不可少的,因此创业者及其团队必须与各方建立顺畅的沟通机制,应派出有一定沟通能力的团队成员负责与各方沟通,这是获取创业资源成功的关键因素。有研究结论很直观地证明了沟通的重要性,即"两个70%",同样适用于创业者获取资源这一任务。

第一个"70%"是指企业的管理者,实际上有70%的时间用在沟通上。开会、谈判、谈话、做报告是最常见的沟通形式,撰写报告实际上是一种书面沟通的方式,对外的各种拜访、约见也都是沟通的表现形式。

第二个"70%"是指企业中70%的问题是由于沟通障碍引起的。例如,企业常见的效率低下的问题,实际上往往是有了问题后,大家没有沟通或不懂得沟通所引起的。另外,企业执行力差、领导力不高的问题,归根到底都与沟通能力欠缺有关。

无论是人与人之间,还是企业与企业之间的良好感情的建立,都是双方持续不断地顺畅沟通的结果。创业者获取资源、整合资源的过程就是与新创企业内、外部资源供给者充分沟通的过程。在企业外部,创业者需要与投资者、银行、媒体、同行从业者、消费者、供应商等通过沟通建立联系,获得信任,消除利益分歧,争取对方的扶持与帮助,取得共赢的结果;在企业内部,创业者需要通过顺畅沟通,鼓舞士气,吸引人才,留住人才,进而提升企业运营绩效。

【小故事】

　　一个人去买鹦鹉,看到一只鹦鹉前的标牌写道:此鹦鹉会两门语言,售价二百元。另一只鹦鹉前则标道:此鹦鹉会四门语言,售价四百元。该买哪只呢?两只都毛色光鲜,非常灵活可爱。这人转啊转,拿不定主意。结果突然发现一只老的掉了牙的鹦鹉,毛色暗淡散乱,却标价八百元。这人赶紧将老板叫来:"这只鹦鹉是不是会说八门语言?"店主说:"不。"这人觉得奇怪:它又老又丑,又没有能力,为什么会值这个数呢?店主回答:"因为另外两只鹦鹉叫这只鹦鹉老板。"

这个小故事说明:只有找准了沟通对象,才能沟通成功,否则再努力也是白搭。

任务二　创业融资分析

扫码看课

【名人名言】

在决定事业发展速度时,以什么为判断的标准呢?要看手头有多少资金,这些资金的消耗速度是多少,明白这两点之后就知道再过多久手中的资金会枯竭。所谓的现金燃烧率是指在多长的时间后资金会变成零。那么现金的燃烧率为多少才合适呢?我个人的意见是一年半,超过这个时限就太长了,一般创业者也筹集不到那么多资金。如果只有一年又太短。

——大前研一

一、创业融资的内涵

(一)创业融资的概念

融资主要是指资金的融入,也就是资金来源,具体是指通过一定的渠道,采用一定的方法,以一定的经济利益付出为代价,从资金持有者手中筹集资金,满足资金使用者在经济活动中对资金需要的一种经济行为。广义的融资指资本在持有人之间流动,以余补缺的一种经济行为;狭义的融资主要是指资本的融入,即通常说的资本来源。

创业融资是指创业者为了将创意转化为现实,通过不同的渠道,采用不同的方式筹集资金以建立企业的过程。

(二)创业融资的作用

任何企业的生产经营都需要资金的支撑,对于新创企业来说,无论是进行产品研发还是产品的生产和销售,都需要投入大量的资金,如何有效融集资金是创业者极为关注的问题。创业者通过合理选择融资渠道和融资方式,降低资金成本,将创业企业的财务风险控制在一定范围之间。通过对企业不同发展阶段融资需求特点的分析,有利于创业者做出科学的融资决策,使得创业企业实现可持续发展。

【小贴士】

大学生创业者融资难的因素

1. 个人信誉较弱,难以获得资金帮助。
2. 经营企业的思维意识较差,失败风险大。
3. 创业者普遍缺少抵押财产,难以获得银行贷款。
4. 新企业没有经营记录,难以评定信誉等级。
5. 项目处于验证期,风险类投资介入缓慢。
6. 创业者融资信息来源不足,不了解社会各类扶持资金的情况。

二、创业所需资金的测算

开办企业必须要有必要的投资和支付各种必要的费用,这些费用的总和就是启动资金。启动资金需求量的测算是融资的基础,每个创业者在融资前都要明确所需要的启动资金需求量。那么,如何计算启动资金需求量呢?

对于创业者来说,首先要弄清楚创业所需资金的用途。创业启动资金的用途可以分为两类:固定资产投资和流动资金。

固定资产投资是指企业购买的价值较高、使用寿命长的资产,如使用期限超过一年的房屋、建筑物、机器、机械、运输工具,以及其他与生产经营有关的设备、器具和工具等。不同的企业所需的固定资产不同,有的企业用很少的投资就能开办,而有的却需要大量的投资才能启动。在创办企业时应尽可能把必要的投资降到最低限度,降低企业承担的风险。

流动资金是指项目投产后,为进行正常生产运营,用于购买原材料、燃料、支付工资及其他经营费用等所必不可少的周转资金。

一般而言,创业者必须准备足够的流动资金来维持企业的正常运转。不同类型的企业对流动资金规模要求不同,一些企业需要足够的流动资金来支付6个月的全部费用,还有一些企业只需要支付3个月的费用。创业者必须预测,在获得销售收入之前,新企业能够支撑多久。企业需要支付的具体费用如下所示。

一是购买原材料和成品的费用。制造性企业生产产品需要原材料,服务性企业的经营者也需要一些材料;零售商和批发商需要储存商品来出售。创业者预计的库存越多,需要用于采购的流动资金就越多。既然购买存货需要资金,创业者应该将库存降到最低限度。如果创办的是一个制造性企业,创业者必须预测生产需要多少原材料库存,这样可以计算出在获得销售收入之前需要多少流动资金。如果是一个服务性企业,创业者必须预测在顾客付款之前,提供服务需要多少材料库存。零售商和批发商必须在开始营业之前,预测需要多少商品存货。

二是促销费用。新企业开张后,由于消费者对自己生产的产品或提供的服务还不了解,为了让消费者购买自己的产品或服务,就需要对自己的产品或服务进行促销活动,而促销活动需要一些费用开支。

三是工资。如果新企业雇用员工,在起步阶段就得给员工付工资。创业者还要以工资方式支付自己家庭的生活费用。计算流动资金时,要计算用于发工资的资金,只要通过用每月工资总额乘以还没达到收支平衡的月数就可以计算出来。

四是租金。正常情况下,新企业一开始运转就要支付企业用地用房的租金。计算流动资金中用于房租的金额,用月租金额乘以还没达到收支平衡的月数就可以得出来。而且,创业者还要考虑到租金可能一付就是3个月或6个月。

开办一家小型书店的资金预算

张佳明大学毕业后准备开办一家小型书店,在经过考察以后,他决定租用一间60平方米的门面房,下面是他开办书店进行的资金预算(不同城市及地段各项费用有所差别,仅供参考)。

(1) 店铺装修:普通的中小型书店,装修费用为每平方米300元。60平方米的书店需投入装修费18000元。

(2) 书架:中档的报价是每个300元。60平方米的书店放30个书架,共计9000元。

(3) 营业设备:电脑、扫描仪、打印机、电话、传真等,费用大约为10000元。

(4) 首期备货的采购资金:参考其他书店情况初步确定为50000元。

(5) 房租:每月租金5000元,需预备3个月的,共计15000元。

(6) 人员工资:60平方米的书店需要2个店员,每人每月工资平均为1600元,预备3个月,共计9600元。

(7) 其他费用预留:水电、通信、公关、物流等费用,每月预算2000元,预备3个月,共计6000元。

以上各项费用合计117600元。

结论:开办这样一家60平方米的小型书店需要启动资金117600元。

三、创业融资渠道

如果你想组建一个创业团队,想注册一家公司,那就要考虑一个至关重要的问题——你创业的第一桶金从哪里来?长期以来,这个问题困扰着无数的创业者。或许对于部分起点高的人而言,他们能够通过各种渠道迅速找到创业的突破口,挣得第一桶金,但对于仅凭满腔热血创业的普通创业者来说,赚取第一桶金几乎难如登天。正如古戏所唱:"一文钱买鸡蛋、蛋变鸡、鸡变蛋能变个没完",而大多数人就差那一文买蛋钱。然而,钱是有的,关键是到哪里去找。

很多创业故事已经告诉我们,富裕的启动资金绝对会帮助我们在创业路上少走一些弯路。这里总结了10种获取启动资金的渠道。

(一)自我筹资

总的来说,成功的企业家的创业资金有30%来自自己的积蓄。创业初期团队成员依靠自身的筹资,往往具备了初期项目启动的能力。同时自筹资金也是一种自我承诺,极大地坚定与鼓舞了团队士气。

一般来说,大学生创业初期所选择的项目及投入都不会太大,所以创业的第一桶金大部分是由几个股东一起凑起来的,单人的资金基本上是自筹的。从萌生创业想法到最终付诸实践,其间总会有机会让你攒下积蓄。"先打工赚钱,再出来创业"也成了许多创业者规划的路径。

靠个人积蓄创业的青年学生彭某

彭某是江苏某职业学校安防技术专业的学生。上学期间,他利用周末或节假日到上海市徐汇区的"百脑汇"打工,为客户组装电脑。在装机过程中,他学会了组装计算机的流程并找到了销售电脑的渠道,同时也掌握了一些营销技巧。他率先在电脑城里打出了"整体装机只挣100元""元部件价格全透明"的广告,消费者看到后纷纷去他所在的店铺装机。一时间,生意好到一个人忙不过来了。

彭某不甘心于一直给别人打工,想开创自己的事业。于是,他用打工积累

的钱租了一个摊位,请了几位工人,开启了自己的电脑维修、装机服务。到 2009 年毕业那年,他的资产已经超过了 20 万元人民币。他把这些资金作为启动资金,利用自己在学校所学的安防技术专业知识,注册了上海迅敏安防技术服务有限公司。截至 2016 年,彭某的企业的注册资本增资到 1000 万元人民币。

积累个人的创业资金对于创办企业尤为重要。很多成功的创业者,在创业初期都是通过个人积蓄或向亲友借款以筹得创业资金的。本案中,彭某通过努力工作,积累了一些积蓄,并将其作为启动资金,创办了自己的公司,并取得了创业成功。

(二) 向父母、亲朋好友融资

向家人朋友借钱,应该是很多创业者采取的方法。这种方法有优势也有劣势。优势是成功概率高、投资和利息条件更优惠,而且能够更快地拿到钱。劣势是容易出现纠纷,父母可能会插手公司;如果创业失败,可能一辈子会对他们有负罪感。向父母借钱时不要超出他们的损失承受能力。你当然希望可以借到足够创一番事业的钱,但要考虑到如果你创业失败,可能会给家人带来很大的麻烦。

【小贴士】

借钱要合适不要贪多

杜开冰(私企老板)建议:借钱,首先要考虑借多少合适。"合适"就是不要贪多,创业资金 5 万元和 150 万元,在我看来,对于一个初次创业者来说,毫无区别。假如两者的公司都倒闭了,存活的时间也差不多。拥有 5 万元的创业者通过精打细算,反而还撑得更久。创业应该从力所能及的项目开始。

(三) 股东融资

共同参与的所有股东,合伙凑集启动资金。不少人选择合伙创业的方式来减轻创业初期的资金压力,人多力量大,一个人出几万元,启动资金很快就能凑齐。这种方法有优势也有劣势。优势是容易共同前进,达成统一利益共识;劣势是当出现亏损时股东承受不住压力而撤资,会影响士气。

【小贴士】

合伙人选择要慎重

周文明(重庆中交科技股份有限公司董事、总经理)建议:一开始最好是两个人合伙。这样的合伙只需要考虑两个人的创业匹配度。首先,你们的能力是不是互补,能力互补才能发挥最大的作用,否则容易造成内耗和浪费,短板没人能补上,整体能力就会打折扣。其次,你们的价值观是否统一。最后,有没有容错能力。如果出了问题相互指责推诿,好朋友合伙创业也可能以绝交收场。

所以,用别人的钱创业,看似筹资轻松,风险和问题却从资金层面转移到合伙人层面,我们仍然不能放松警惕。

(四) 创业贷款申请

针对每年扶持创业政策进行申请,以获得当地政策与资金的扶持。这种方法有优势也有劣势。优势是创业贷款资金使用压力较小,有贴息、免息等政策;劣势是获得扶持的难度较大,申请数量较多。

贷款要求如下。

(1) 大学生创业贷款申请者年满十八周岁,具有合法有效身份证明和贷款行所在地合法居住证明,有固定的住所或营业场所。

(2) 大学生创业贷款申请者持有工商行政管理机关核发的营业执照及相关行业的经营许可证,从事正当的生产经营活动,有稳定的收入和还本付息的能力。

(3) 大学生创业贷款申请者投资项目已有一定的自有资金。

（4）大学生创业贷款用途符合国家有关法律和银行信贷政策规定，不允许用于股本权益性投资。

（5）在银行开立结算账户，营业收入经过银行结算。

（五）加入孵化计划/赢取创业基金

每年有大量的社会公益机构，针对创业者开展大赛、论坛，经过评委评定，发放部分资金帮助创业者。这种方法有优势也有劣势。优势是获得的扶持资金可享有免偿或免息政策；劣势是公益机构创业扶持评审周期长。

很多城市的创业园区、政府机构有为创业者提供创业基金的政策和孵化器，以及办公场所和初始基金；一些知名创业扶植服务机构、基金也会定期举办创业大赛、Demo活动。用赢取创业基金的方式筹集创业的"第一桶金"，不失为一个高效、可行的办法。但同时也要求创业者具备足够的实力，从众多申请者中脱颖而出。

如创业邦推出的"创新中国孵化计划"，由创业邦天使基金会为每家入孵企业提供50万～200万元的启动资金，帮助创业企业度过早期最艰难的时刻。

（六）天使投资

天使投资是自由投资者或非正式风险投资机构对处于构思状态的原创项目或小型初创企业进行的一次性的前期投资。天使投资虽是风险投资的一种，但两者有着较大差别：天使投资是一种非组织化的创业投资形式，其资金来源大多是民间资本，而非专业的风险投资商；天使投资的门槛较低，有时即便是一个创业构思，只要有发展潜力，就能获得资金，而风险投资一般对这些尚未诞生或嗷嗷待哺的"婴儿"兴趣不大。在风险投资领域，"天使"这个词指的是企业的第一批投资人，这些投资人在公司产品和业务成型之前就把资金投入进来。天使投资人通常是创业者的朋友、亲戚或商业伙伴，由于他们对该创业者的能力和创意深信不疑，因而愿意在业务远未开展之前就投入大笔资金。

牛根生在伊利工作期间因为订制包装制品与谢秋旭成为好友。当牛根生自立门户之时，谢秋旭作为一个印刷商人，慷慨地掏出现金注入初创期的蒙牛，并将其中的大部分股权以"谢氏信托"的方式"无偿"赠予蒙牛的管理层、雇员及其他受益人，而不参与蒙牛的任何管理和发展安排。最终谢秋旭也收获不菲，380万元的投入如今已变成10亿元。

天使投资具有以下特征。

（1）天使投资的金额一般较小，而且是一次性投入，它对风险企业的审查也并不严格，更多是基于投资人的主观判断或者是由个人的好恶所决定。通常天使投资是由一个人投资，并且是见好就收，是个体或者小型的商业行为。

（2）很多天使投资人本身就是企业家，了解创业者面对的难处，是起步公司的最佳融资对象。例如在硅谷，相当多的天使投资人是那些成功创业的企业家、创业投资家或者大公司的高层管理者，他们不仅拥有一定的财富，而且还有经营理财或者技术方面的特长，对市场、技术有敏锐的洞察力。

（3）天使投资人不但可以带来资金，同时也能带来关系网络。如果他们是知名人士，还可提高公司的信誉。天使投资往往是一种参与性投资，也称为增值型投资。

一般而论，一个公司从初创期到稳定成长期，需要三轮投资。第一轮投资大多来自个人的天使投资，作为公司的启动资金；第二轮投资往往会有风险投资机构进入，为产品的市场化注入资金；而最后一轮投资则基本是上市前的融资，来自大型风险投资机构或私募基金。

中国天使投资人目前已渐成规模，对中国创业起到了很好的促进作用。由于不同的天使投资人有各自相对鲜明的投资判断准则、投资风格、专注的投资领域，所以大学生创业者想成功地获得天使投资人的青睐,顺利拿到风险投资,就必须对此有所了解。国内著名天使投资人的投资风格如表 6-2 所示。

表 6-2 国内著名天使投资人的投资风格

投资人	投资判断准则	投资风格	投资领域	主要投资项目
蔡文胜	团队是第一要素 方向要对 要有好的执行速度 要有一定的用户规模	对草根创业者比较偏爱 投资的阶段更早 投资速度很快 投资规模一般在几十万元到500万元之间,会占 10%~30% 股份	互联网、游戏	暴风影音、网际快车、ZCOM、58 同城、美图秀秀、大旗网、优化大师、易名中国
雷军	能洞察用户需求,对市场极其敏感 最好是两三个优势互补的人一起创业 一定要有技术过硬并能带领队伍的技术带头人 低成本情况下的快速扩张能力 有创业成功经验的人加分 业务在小规模中被验证	一般只投熟人,不熟的人不投,或者只投很少的钱 帮忙不添乱,不是"控制型"天使 倾向于解决中国本土用户需求的项目	游戏、软件、移动互联网、电子商务	多玩游戏网、IS 语音、乐讯、7K7K、拉卡拉、乐淘、凡客诚品
徐小平	创业者对自己的项目要有理性的狂热及狂热的理性	投资判断非常感性,很多时候只会看人不会看报表 与其他大多数天使投资人"只投熟人,不熟不投"的投资风格不同,投资了很多陌生人 投资完后对企业和项目过问较少,不会太多干涉和介入企业的发展与运营	互联网	世纪佳缘、兰亭集势、聚美优品
周鸿祎	创业者是否能正确认识自己的才能,看清自己的缺陷 创业者的团队协作精神 抗压能力,精神韧性	通常进行小份额战略投资 不寻求控股地位	互联网	迅雷、酷狗、火石软件

(七)商业银行贷款

商业银行贷款有个人生产经营贷款、个人创业贷款、个人助业贷款、个人小型设备贷款、个人周转性流动资金贷款、下岗失业人员小额担保贷款和个人临时贷款等类型。

目前各类银行都有针对中小企业的贷款政策,可供初创企业短期借贷使用。很多人认为找银行,金额大了批不下来,再加上对政策、手续不熟悉,觉得审查会很麻烦,投入的时间和精力成本有些不划算。但实际上,很多银行都设有小额担保贷款,在必要时可用于满足企业日常生产经营的资金周转,帮助创业公司突破瓶颈。那么,各大银行都有哪些小额贷款产品呢?

【小贴士】

银行小额贷款产品

1. 中国工商银行:个人信用消费贷款产品

中国工商银行(简称工行)为特定条件借款人发放的,用于消费用途的,无担保、无抵押的信用贷款。贷款额度 600 元至 80 万元不等,贷款期限最长为 5 年,有 4 种还款方式,可自由选择,提前还款不收取任何费用。

2. 中国农业银行:网捷贷

中国农业银行(简称农行)推出的网捷贷是针对个人客户推出的自助申请、自动审批的小额信用贷款。贷款额度最高为30万元,贷款期限为1年,还款方式是贷款到期一次性还款。

3. 中国建设银行:快贷

中国建设银行(简称建行)推出的线上全流程自助贷款;其中快贷产品分快e贷、融e贷、质押贷、车e贷、沃e贷5种,快e贷门槛最低。快e贷贷款金额为1000元至30万元不等,贷款期限最长为1年,可循环使用。

4. 中国招商银行:闪电贷

中国招商银行(简称招行)推出的一款全线上自助信用贷款。贷款额度为1000元至30万元不等,贷款期限分24期、60期、240期,用户可按率计息,提前还款无额外费用。

5. 浦发银行:微小宝

浦发银行针对授信金额在500万元以下的小微企业融资需求创新推出的专属服务模式,其包含四个子产品:网络循环贷、积分贷、组合贷和小额信用贷。

(八) 众筹募资

众筹源于国外"crowdfunding"一词,顾名思义,就是利用众人的力量,集中大家的资金、能力和渠道,为小微企业、艺术家或个人进行某项活动等提供必要的资金援助。创业者可以把自己的产品原型或创意提交到众筹平台上,发起募集资金,由感兴趣的人来捐献指定数目的资金(捐助者可以在项目完成后得到一定的回馈,如这个项目制造出来的产品)。众筹最初是艰难奋斗的艺术家为创作筹措资金的一个手段,现已演变成初创企业和个人为自己的项目争取资金的一个渠道。众筹平台使任何有创意的人都能够向几乎完全陌生的人筹集资金,消除了从传统投资者和机构融资的许多障碍。互联网金融的兴起让许多人们曾经以为不可能的事情成为可能,现在,有越来越多的国外创业者开始在Kickstarter、Indiegogo等众筹平台募集资金,国内也出现了很多出色的众筹平台如天使汇、大家投、点名时间、追梦网等。这些众筹分属于股权式众筹、奖励型众筹、捐赠型众筹等不同形式。

【小贴士】

股权式众筹

股权式众筹是指公司出让一定比例的股份,面向普通投资者。投资者通过出资入股公司,获得未来收益。这种基于互联网渠道而进行融资的模式被称作股权式众筹,还有一种解释就是"股权式众筹是私募股权式互联网化"。股权式众筹运营模式有以下三种。

凭证式众筹

凭证式众筹主要是指在互联网上通过卖凭证和股权捆绑的形式来进行募资,出资人付出资金取得相关凭证,该凭证又直接与创业企业或项目的股权挂钩,但投资者不成为股东。

会籍式众筹

会籍式众筹主要是指在互联网上通过熟人介绍,出资人付出资金,直接成为被投资企业的股东。

天使式众筹

与凭证式众筹、会籍式众筹不同,天使式众筹更接近天使投资或VC的模式,出资人通过互联网寻找投资企业或项目,付出资金直接或间接成为该公司的股东,同时出资人往往伴有明确的财务回报要求。

3W咖啡——会籍式众筹

3W咖啡采用众筹模式,向社会公众进行资金募集:每个人10股,每股6000元,相当于一个人6万元。

那时正是微博最火热的时候,很快,3W咖啡汇集了一大批知名投资人、创业者、企业高级管理人员,其中包括沈南鹏、徐小平、曾李青等数百位知名人士,股东阵容堪称华丽。3W咖啡引爆了中国众筹式创业咖啡在2012年的流行,几乎每个城市都出现了众筹式的3W咖啡。3W很快以创业咖啡为契机,将品牌衍生到创业孵化器等领域。

3W的游戏规则很简单,不是所有人都可以成为3W的股东,也就是说不是你有6万元就可以参与投资的,股东必须符合一定的条件。3W强调的是互联网创业和投资圈的顶级圈子。没有人是为了6万元可能带来的分红而投资的,3W给股东的价值回报更多的是圈子和人脉价值。试想如果投资人在3W中找到了一个好项目,那么多少个6万元都赚回来了。同样,创业者花6万元就可以认识一大批同样优秀的创业者和投资人,既有人脉价值,也有学习价值。很多顶级企业家和投资人的智慧不是区区6万元可以买的。

(九)担保机构融资(信用担保)

信用担保融资主要由第三方融资机构提供,是一种民间有息贷款,也是解决中小企业资金问题的主要途径。从20世纪20年代起,许多国家为了支持本国中小企业的发展,先后成立了为中小企业提供融资担保的信用机构。目前,国内中小企业信用担保融资机构已经有很多了。

(十)其他融资方式

其他融资方式包括典当贷款、P2P贷款、设备融资租赁、孵化器融资、集群融资、供应链融资等。

典当贷款:典当期限短则5天,长则半年,到期还可以延期;典当金额少则几百元,多则上千万元,这些双方都可以协商约定。小企业的扩张发展选择典当贷款,不失为一种有效的融资方式。

P2P贷款:如果需要少量运营资金,可以尝试一下P2P的贷款网络,在网上寻找合适的贷款人和借款人。

四、创业融资经验

创业者亟待获得启动资源,但是,创业者也需要积累一定的融资经验。

(一)争取主动

创业企业筹集风险资金的过程的确很艰难。一般来说,风险投资公司一年要听数百位创业者阐述他们的创业计划,可最后投资的企业少之又少。因此,做好准备,把握机会,主动争取创业资金,对中小企业融资相当重要。对创业者来说,融资过程也是推销其公司、产品和梦想的过程。成功的企业家之所以会成功,一个重要的原因就是他懂得怎样向经验最丰富的投资商推销他的第一商品——初创的企业,从而获得资金的支持。

(二)不要急于求成,廉价出售你的技术或创意

许多创业者急于得到启动或周转资金,往往在中小企业融资时急于求成。给小钱让大股份,轻易地贱卖技术或创意。"只要能获得启动资金就行",在这种思想的指导下,不少核心技术的拥有者廉价地出售自己的技术或创意。他们在公司运营一段时间后,才感悟到当初的技术卖便宜了,开始对当初的投资协议不满,造成合作的不愉快,甚至有的还会轻率地提出毁约。因此,不急于求成,同多个合作者谈判是非常必要的。

(三)不要对投资者不负责任

创业不仅是创业者实现理想的过程,更是使投资者的投资保值增值的过程。创业者和投资者是一个事物的两个方面,只有通过企业这个载体发展的过程,才能达到双赢的目标。对投资者负责,也是对自己负责,其道理是只有投资者有钱可赚,他们才会信任你,并且会帮助你做大,你才可能成就事业。

(四)对多种融资方案进行比较

创业企业的融资渠道主要有合资、合作、外资中小企业融资渠道,银行及金融机构贷款、政府贷款、风险

投资、发行债券、发行股票、转让部分经营权、BOT中小企业融资、民间中小企业融资、利用商业信誉融资。对以上企业融资渠道进行比较与选择，可以有效降低中小企业融资成本，提高中小企业融资成功率。一方面，创业融资不能为了获得资金而不择手段，不做比较选择就进行融资；另一方面，做好融资组合，将资本金和债务资金做比较合理的安排，其中的债务资金以不给企业带来风险为前提，股权稀释以不至于失去对创业企业的控制能力为底线。

（五）准备好项目和资金规划

有些创业者以为获得了资金创业一定会成功，其实不然。当资金进入企业时，如果不能很好地使用资金，企业也会失去发展的动力。中小企业缺乏融资准备的最典型表现是多数创业者对资本的本性缺乏深刻的研究和理解，盲目进行企业融资。资本的本性是逐利，不能让其闲置，这就需要企业准备好项目，然后融资。如果没有项目的支持，要想找到资金支持是很困难的；如果没有资金使用规划，支持者也会因为企业失败而导致损失。中小企业融资前，还应该先将企业梳理一遍，做好相应的准备。中小企业融资时，能够把企业及公司业务清晰地展示在投资者面前，让中小企业融资者看到融资后逐利的可能性和现实性。

（六）建立广泛的金融联系

创业企业要居安思危，在正常经营时就应该考虑融资需要，与提供资金方建立广泛联系，向其介绍企业进展，与其进行资金融通，形成你中有我、我中有你的资金融通格局。这种广泛的联系可以使企业在成长期间容易获得超过基本融资能力、由多方组合成的资金的联合支持。

（七）准备必要的融资知识

很多创业者有很强的中小企业融资意愿，但缺少相应的中小企业融资知识。真正理解中小企业融资的人很少，很多中小企业融资者总希望托人打个电话、找个熟人、写份商业计划书，就能把钱贷到手，而不用心去研究中小企业融资知识。他们往往把中小企业融资简单化、随意化。由于缺乏必要的中小企业融资知识，中小企业融资视野狭窄，只看到银行贷款或股权中小企业融资，不懂得或不知道租赁、担保、合作、购并及无形资产输出和转让等方式都可以达到中小企业融资目的。其实，中小企业融资的相关知识是非常专业的，需要有丰富的中小企业融资经验，广泛的中小企业融资渠道，对资本市场和投资人要有充分的认识和了解，还要有很强的专业策划能力及解决中小企业融资过程中遇到的各种现实问题的运作能力。因此，融资企业必须加强中小企业融资知识的学习和理解。还可以聘请中小企业融资顾问，从培育和铸造企业资金链的高度，帮助企业打造企业发展的资金支撑。

（八）适度包装

有些创业企业为了企业融资，不惜粉饰财务报表，甚至造假进行"包装"，这种情况很容易被专业人员看破，一旦被看破，企业就会失去融资机会。另一种情况，有些创业企业认为自己经营效益好，应该很容易取得中小企业融资，不愿意花时间及精力去"包装"企业，不知道资金方看重的不只是企业短期的利润，更要看企业的发展前景、企业可能面临的风险及创业团队带领员工战胜风险的能力。清晰地进行创业思路的描述就是企业的适度包装，也是创业者理性认识自己事业的一个过程。

（九）建立合理的公司治理结构

企业的规范化管理是企业自身的融资能力的体现。很多民营企业虽然在不断扩张、发展，但企业管理却越来越粗放、松散。因为他们忽略了在企业发展的过程中不断完善企业治理结构，增强自身的融资能力和规避企业扩张过程中经营风险的能力。企业内部或各部门之间缺乏共同的价值观，没有协调能力，不具备银行评估的基本贷款条件和中小企业融资的条件，这也是造成中小企业贷款、融资难的一个重要原因。

（十）不要轻易对外出具融资担保函

由于创业企业融资比较困难，因此，一些创业企业往往相互进行中小企业融资担保，这种盲目担保往往会给创业企业带来很多意想不到的风险。意气用事和感情用事，结果使创业者深陷财务困境，是创业失败的重要原因。

案例分享

巧赚"第一桶金"

第一种:一门手艺

都说拥有万贯家财,不如有薄技在身。就凭这身薄技,最低目标是能养家糊口,最高目标是能发家致富而创下万贯家财。

张果喜,现在可能很多人不知道这个名字,但他直到现在依然是江西商界璀璨的明星。他是中国大陆第一个亿万富翁,他的第一桶金就是依靠自己的手艺赚到的,他是一位"好木工",依靠自己的木工手艺,得到了制作20个樟木箱的生意,从而赚了1万多元。人生第一桶金的掘得,使他把家当全部押在传统木雕业上,最终有了后来的成就。

陈逸飞,著名的油画家,当年初到美国,依靠自己的手艺替博物馆修画,因画技出众而进入画廊,在画廊依靠自己的技术赚来人生的第一桶金。

他说,在画廊时,当听到有人出价每张画3000美金时,一下觉得中了头彩,仿佛天上掉了个馅饼下来。

拥有一门手艺是赚取第一桶金的头等诀窍。可是很多人说:没有手艺!没有手艺,就请去学一门手艺。在你准备打天下的地方,学一门拾遗补阙类的手艺。掌握手艺后,就要向精益求精发展,在一个领域里竖起旗帜。

第二种:借鸡生蛋

借鸡生蛋,并非真的让大家去借钱,而是善于借别人的力量、金钱、智慧、名望,甚至社会关系,来扩充自己的力量,延伸自己的手脚,提高自己的能力。

王志东,新浪网创始人,虽然他现在已经离开了新浪网,但他是依靠别人融资建业,赚得人生第一桶金的经典案例。

1993年他向四通集团融资500万元港币,创办四通利方,后来,四通利方与华渊网合并,易名新浪。之后,王志东依然通过融资打开新天地。1999年,他在国际上融资2500万美元,又向戴尔电脑和软银等融资6000万美元扩大新浪。

2000年,新浪上市纳斯达克。

第三种:捕捉机遇

捕捉机遇,是指无意中发现的解决办法或创造想法。在人类发明创造史上,有许多发明、商机都是因及时捕捉机遇而获得成功的。

发现机会需要的是眼光,这个榜样是上海的杨怀定,人称杨百万。应该说,他的第一桶金是来自国库券的异地交易。他赚得第一桶金的苗头是在上海看到的,108元买进国库券,113元卖掉,4个小时赚了800元。他发现这个机遇后,立刻行动,来到合肥,那里的国库券与上海的差价是30元。两天时间,他就赚了6000元。就这样,他赚到了人生中的第一桶金。

发现机会要有眼光,而兑现机会需要行动。杨怀定发现了国库券的商机,并且抓住商机立即执行,最终获得了成功。

第四种:自己动手

都说:"自己动手,丰衣足食。"这里的自己动手,其实更贴近于节约成本。

吉利汽车集团的董事长李书福的第一桶金是开照相馆掘得的。在开照相馆的时候,他为节省成本,照相馆的聚光灯,只买了几个灯泡,1000多元的反光罩买不起,便自己动手做了一个,只要2元。他觉得敲个白铁皮做反光罩和敲水桶没有区别。后来,甚至连照相机上的皮老虎和装胶片的玩意,都是他自己做的。

他自己动手为自己节约了很多成本,通过节约成本,开拓市场,最后在照相馆挣得了人生中的第一桶金。

建业初期都是艰难的,节约成本是最根本的选择。从办公地址、人力成本到物业费、水费、电费、空调费等一切可节约的成本入手,节约一切可节约的。尤其在办公地址的选择上,可以选择更节省时间的企业孵化平台,这是节省成本最简洁的方式。因为好的企业孵化平台,不仅可以提供灵活、高成本效益及工作效率的商务空间,更可以解决企业发展道路上的一切后顾之忧,让你更容易赚钱人生的第一桶金。

反思视美乐:钱并不一定是好东西

视美乐被媒体誉为中国第一家大学生高科技公司,其核心技术产品是多媒体投影机,是由清华大学材料系学生邱虹云发明的。

1999年3月,邱虹云、王科和徐中3位清华大学学生靠打工挣的钱和朋友、家人的资助,筹集50万元注册了公司。两个月后,上海第一百货商店股份有限公司与视美乐签订分两期注入5250万元风险投资的协议,这是中国第一例本土化的风险投资案例,在资本市场引起了巨大轰动。

1999年12月,视美乐的专利产品——多媒体超大屏幕投影机试验成功。2000年4月25日,视美乐公司与青岛澳柯玛集团共同组建北京澳柯玛视美乐信息技术有限公司(简称澳视公司),注册资金3000万元,双方各占50%的股份。原视美乐公司的主要技术人员全部进入澳视公司。

如今,青岛澳柯玛集团控股澳视公司70%的股份,3位视美乐创始人只作为小股东存在,相继退出了公司管理层。对于过去的创业经历以及后来的退出,这些曾经的创业大学生都不愿意再谈。而随着澳柯玛侵占上市公司资金案发,视美乐也从此一蹶不振。

【思考讨论】

请分组并围绕"创业资源"展开讨论,思考并回答下列问题。

(1) 大学生创业的主要资源有哪些?如何获取这些资源?

(2) 创业融资的途径有哪些?应该如何选择?

【课外修炼】

(1) 王梅想成立一所培训学校,请你根据培训学校的实际业务情况,帮助其预测公司的启动资金并填写表6-3。如果你是王梅,你要通过什么渠道获得这笔资金?该融资方案是否符合企业发展战略和发展阶段?在融资前,应做好哪些准备工作?

表6-3 资金估算表

行次	项目	数量	金额	行次	项目	数量	金额
1	房屋租金			9	电话费		
2	办公家具和设备			10	保险费		
3	办公用品			11	设备维护费		
4	员工工资			12	营业税费		
5	业务开拓费			13	开办费		
6	交通工具购买费			14	……		
7	广告费				合计		
8	水电费						

(2) 你和两个好友用你们的全部积蓄创建了一家企业,并且企业的发展也比较平稳,具有一定的发展前景。在经过一年多的经营之后,由于销售货款积压,以及一些没有预料到的后继投资问题的出现,企业在资金周转上出现困难。在这种情况下,你将如何利用企业内外部的有效资源来解决这一问题?

(3) 以小组为单位,选择当地一家大型银行的中小企业部、一家城市或农村信用合作社、一家开展贷款业务的典当公司或财务公司、一家风险投资公司,联系其负责人或相应工作人员进行访谈,比较这些机构在创业融资方面的规划和具体做法。

巧融资成就创富奇迹

身在南京的王丹玲,想在南京寻找商机,做点小生意。但究竟做什么生意,她心里也没底儿。每天吃完早饭,她就在南京的大街小巷转悠,寻找创业的路子。

一天,王丹玲路过板仓街的时候,见路两旁一家挨着一家的汽车装潢店,顾客盈门。板仓街地偏东郊,车流量不大,生意却出奇的好,王丹玲深感好奇地来到一家小门面,想多看看这行的门道。

小门面的老板是位中年人,乐于与别人攀谈。王丹玲与小老板闲扯了一阵子,才问到主题:"你们生意这么好,一年下来也有不少赚头吧!"小老板扶了扶鼻梁上的眼镜框,十分不满意地说道:"唉,我这是小打小闹,小本生意,赚不了几个钱,一年下来也就赚个一两百万的样子。"

几十平方米的小店居然有这么大的赚头,街上车流滚滚,公务车、出租车、私家车每天在大街上跑来跑去,灰头土脸的,它们也总该要经常美美容,洗洗脸吧。

汽车要"美容"、要"洗脸",王丹玲脑际突然闪过一个词"亮脸"。"好,就干汽车亮脸这一行。"王丹玲不禁握紧了自己的拳头。

创业需要资金,可是庞大的资金源在哪呢?没有资金是最大的烦恼,但王丹玲不怕,她说:"有着肥美的田地,却没有多余的麦子作种子,怎么办?借呗,总不能让这么好的田地荒着吧。"

几天后,南京几家有影响力的平面媒体上出现了一则显眼的小广告:免费讲座,给想投资的人一条金点子,演讲主题《商业奇谋:千万富翁从天而降》。

由于贫穷,王丹玲对经济有着特殊的敏感度,她一直在自学经济学方面的课程,读了许多财富方面的书籍。她的知识积累这次派上了用场,她讲得声情并茂,台下不时爆发出热烈的掌声。

演讲结束后,王丹玲向所有听讲者发了自己的名片,希望能够寻找到合作者。第二天,就有几位有投资意向的人给她打来电话,约她详谈。几经筛选,王丹玲最终选择了一位在市场上倒卖鸡蛋的暴发户。

几个月后,"亮脸"公司营业了。

"亮脸"公司开业后蒸蒸日上,王丹玲自是喜上眉梢,"倒蛋大王"更是心花怒放。但是,时隔不久,王丹玲就觉得市场需要如此巨大,而自己的"道场"又实在太小了。她敏锐地意识到必须乘大好时机,扩大规模,走规模经营的道路。

王丹玲把自己的想法告诉"倒蛋大王","倒蛋大王"却颇感为难,因为他又玩股票又炒房子,摊子铺得太大,实在无力再出资,他让王丹玲再等等,等手上资金充裕了再做打算,不急在一时。

王丹玲说:"等面包被别人拿光了,你就只能捡一些面包屑吃了。做生意有时候也必须与时间赛跑,与时间赛跑就是与财富赛跑,谁跑得快,谁掘得的金子就越多。"就在王丹玲一筹莫展的时候,韩国一家公司的中国市场部杨经理来南京考察市场。王丹玲闻风而动,决定前往游说。

在杨经理下榻处,王丹玲侃侃而谈。杨经理虽听得目瞪口呆,但仍不为所动。这是一位久经沙场的老生意人,面对这样的老手,王丹玲有些心灰意冷。待王丹玲讲完,杨经理呵呵一笑,说:"王老板,对于你讲的情况,我要向总部请示才能做决定。"临走的时候,王丹玲执意要为杨经理擦一次皮鞋,杨经理惊呆了,这位风雅善辩并且事业有成的女老板怎么会肯弯腰给别人擦鞋呢?

王丹玲见杨经理不解,笑着说:"我在皮鞋厂打过工,跟一位老师傅学了一门擦鞋的手艺。我招进来的每一位员工,我都会为他们擦一次鞋。"

杨经理笑了笑:"你这是忆苦思甜呢,还是笼络人心呢?"王丹玲爽朗地回答:"两者都有。"杨经理还是不解:"可我不是你们公司的员工。"

王丹玲说:"对待合作伙伴和可以成为合作伙伴的朋友,我都会为他擦一次鞋,只一次。生意归生意,朋友归朋友,要想真正在一起合伙捡金子,首先要成为真诚的朋友。为朋友擦一次鞋,就算是一片诚意和见面礼了,没什么丢颜面的。"其实,王丹玲当时也只是死马当作活马医,一时突发奇想,想出擦鞋这一令她自己也有些哭笑不得的一招。没想到这次临场发挥,拉近了她与杨经理的距离。

半个月以后,杨经理陪同公司总部的老总登门"拜访",王丹玲喜出望外,向这位老总捧出了自己的计划书。在计划书上,王丹玲分析了以南京为中心所辐射的都市圈内,苏州、无锡、常州及杭州等城市的市场容量,提出了迅速占领市场、攻城略地的策略。

这位老总是带着赏识和满意离开的,当然,王丹玲因为上次的临场发挥,表演了一出擦鞋"闹剧",这次也只得将计就计给这位老总也擦了鞋。

时隔不久,杨经理带来好消息,韩国总部认为王丹玲是一位有能力有潜力,并且值得信赖的合作伙伴,决定投资1500万元。

现在,王丹玲的"亮脸"公司正在呈遍地开花之势奋力发展。昔日的农家女早已脱胎换骨,成了远近闻名的"金凤凰"。

思考与讨论:

1. 谈谈王丹玲成功融资之道。
2. 结合案例谈谈对你的启发。

模块七
商业模式

SHANGYE
MOSHI

学习目标

知识目标：
1. 理解商业模式的内涵。
2. 了解"互联网＋"背景下的新型商业模式。
3. 熟悉商业模式画布的设计思路。

能力目标：
1. 能够运用商业模式画布为企业设计商业模式。
2. 掌握商业模式创新方法。

企业竞争始于商业模式，有了好的商业模式，创业成功就有了一半的保证。近几十年来，越来越多的企业通过商业模式的创新获得了显著的成功，例如苹果、IBM、西南航空、亚马逊等，他们站在金字塔的顶端，让人不经意间就能感受其耀眼的光芒。我们不禁会思考：为什么是这些企业最终获得了商业的成功？而其他企业商业模式创新的失败根源又在哪里？

麦当劳的商业模式

提起麦当劳，大家都知道它是卖汉堡包的，但是，你知道它的盈利模式吗？也许，很多人都会讲，麦当劳肯定是卖汉堡包赚钱的嘛，这还用问。但是，如果这样想，你就错了。

其实，麦当劳不仅仅是个卖汉堡包的快餐商，还是一个地地道道的地产商，旗下的地产数量已经足以让麦当劳成为世界地产巨头。

麦当劳一直沿用"朝两个截然不同的方向赚钱"的经营办法。除了通过特许加盟收取约占销售额4％的特许权收益外，还通过房地产运作得到相当于销售额10％的租金。租金收益高于特许权收益，这就是麦当劳长期以来选择以超过任何人想象的速度圈地、建设和开新店来追求利润的原因。

麦当劳在美国的万家店铺中，60％的所有权是属于麦当劳的，另外40％是由总公司向土地所有者租来的，麦当劳租地时定死租价，不允许土地所有者在租约内加上"逐年定期涨价"条款，但在出租给加盟者时，却把所有的保险费、税费加了进去，并根据物价上涨情况，向加盟分店逐年收取涨价租金，这其中的差价有二至四成。

当餐厅生意达到一定水准后，各店还要缴付营业额的一定百分比给麦当劳，称作"增值租金"。麦当劳不仅由此赚到了40％的利润，而且还可以通过房地产来控制加盟者使其完全依附于总部。在麦当劳的收入中，有1/4来自直营店，3/4来自加盟店，而总收入的90％来自房租。

这就是麦当劳的盈利模式，不是卖汉堡包，而是靠房地产赚钱。我们从麦当劳的盈利模式中，可以发现，一个企业要盈利，并不一定非要以企业的主导产品来赚钱，而可以从其他辅助产品中产生利润。

那么，这种"主导产品＋辅助产品"的盈利组合，就需要企业在战略规划时，先做好它的设计，盈利模式只是商业模式当中的一个要素，跟盈利模式一样，商业模式也需要经过企业详细而周密的战略设计。凡是成功的企业，都是在一个有效的商业模式下运营的。

任务一 商业模式概述

扫码看课

【名人名言】

当今企业之间的竞争,不是产品之间的竞争,而是商业模式之间的竞争。

——彼得·德鲁克

回顾我们公司的发展,我们认为每次失败都归于技术,每次成功都归于商业模式。

——希金斯

一、商业模式的内涵

微课精讲

商业模式是企业在一定的动态环境中,为实现企业价值最大化,把能使企业运行的内外各要素整合起来,形成一个完整的高效率的具有独特核心竞争力的运行系统,并通过最优实现形式满足客户需求、实现客户价值,同时使系统达成持续盈利目标的整体解决方案,它包含了特定企业的一系列管理理念、方式和方法。商业模式是企业赖以生存的灵魂,通过识别、分析、评价企业的商业模式,可以较为系统、严格、全面地对一个企业的运营状况和盈利能力进行整体性的考察。

商业模式是一个企业创造价值的核心逻辑,描述了企业如何创造价值、传递价值、获取价值的基本原理。价值的内涵不仅只是创造利润,还包括为客户、员工、合作伙伴、股东提供的价值,以及在此基础上形成的企业竞争力与持续发展力。

创造价值就是公司提供的产品或者服务为特定消费群体带来的核心价值。例如,星巴克针对的消费人群是咖啡爱好者和白领,那么,星巴克的烘焙咖啡豆的醇香就是带给咖啡爱好者的价值,免费 WiFi 和轻松的氛围是给白领提供的价值。

传递价值就是通过各种渠道让目标消费群体知道产品或服务的价值。例如,Nike 赞助体育明星,蒙牛赞助"超级女声",999 小儿感冒颗粒赞助"爸爸去哪儿"……通过赞助,这些品牌都成功、有效地吸引了目标消费群体的注意。

获得价值是指尽可能地从为客户创造的价值中获取最大的回报。例如,吉列(Gillette)的剃须刀不贵,但需替换的一次性刀片价格很高,拥有剃须刀的人必须持续购买特定的刀片,厂家因而从中获取了利益。

总之,商业模式是连接顾客价值与企业价值的桥梁,商业模式为企业的各种利益相关者,如供应商、顾客、其他合作伙伴、企业内的部门和员工等提供了一个将各方交易活动相互连接的纽带。一个好的商业模式最终能够成为获得资本和产品市场认同的独特企业价值。企业必须选择一个适合自己的、有效的商业模式,把各种有形和无形的资源都整合其中,并且随着客观情况的变化不断对其加以创新,这样才能获得持续的竞争优势。

二、"互联网+"的六大商业模式

"互联网+"企业四大落地系统(商业模式、管理模式、生产模式、营销模式),其中最核心的就是商业模式的互联网化,即利用互联网精神(平等、开放、协作、快速、分享)来颠覆和重构整个商业价值链,目前来看,主要分为六种商业模式。

(一)工具+社群+电商模式

互联网的发展,使信息交流越来越便捷,志同道合的人更容易聚在一起,形成社群。同时,互联网将散落在各地的星星点点的分散需求聚拢在一个平台上,形成新的共同的需求,并形成了规模,解决了重聚的价值问题。

如今互联网正在催熟新的商业模式,即"工具+社群+电商(微商)"的混合模式。如微信最开始就是一个社交工具,先是通过各自工具属性、社交属性、价值内容的核心功能过滤到海量的目标用户,加入了朋友圈点赞与评论等社区功能,继而添加了微信支付、精选商品、电影票、手机话费充值等商业功能。

为什么会出现这种情况?简单来说,工具如同一道锐利的刀锋,它能够满足用户的痛点需求,用来做流量的入口,但它无法有效沉淀粉丝用户。社群是关系属性,用来沉淀流量。电商是交易属性,用来变现流量价值。三者看上去是三张皮,但内在融合的逻辑是一体化的。

 案例分享

小米科技:客户参与的商业模式

互联网服务需要客户参与(Beta)现在已经成为一种常识,大家都知道要把产品拿出来给客户用,然后和客户一起改进产品。Beta是与客户一起改进产品的过程,也是逐步教育客户如何使用产品的过程。这不同于跨国公司推出的一项Beta服务,它很简单,没有太多特性,与自己在其他国家的特性数量和成熟度相去甚远,客户甚至会抱怨它的特性太少(在使用产品的基础上产生的抱怨),然后它按照一定的节奏慢慢添加特性,客户的抱怨逐渐减少,满意度逐步提升,重要的是,这是一个产品与客户共同成长的过程,产品变得越来越复杂,而客户在Beta的过程中逐步掌握了它所有的特性。

从这个角度出发,产品的核心特性(这里说的是最核心的特性,可能只有一个特性或者两个特性)相对完善的时候,就可以引导客户参与了,不要添加太多的东西,那样会增加客户的教育成本,客户遇到需要思考、学习的东西时很有可能扭头就走了。当客户用起来之后,逐步添加产品特性,每次添加都要配合力度适当的宣传,进行客户教育,让客户从核心特性开始,逐步学习,保持客户的兴奋度和满意度,具体过程如下。

1. Community:建立社区,形成粉丝团

建立社区的第一步就是根据产品特点,锁定一个小圈子,吸引铁杆粉丝,逐步积累粉丝。小米手机把客户定位于发烧友极客的圈子。在吸引粉丝的过程中,创始人会从自己的亲友、同事等熟人圈子先开始,逐步扩展,最后把"雪球"滚大。建立社区与滚雪球是一个道理,初始圈子的质量和创始人的影响力,决定着粉丝团未来的质量和数量。雷军能把小米手机做得如此成功,在很大程度上源于雷军在互联网圈内多年积累的人脉和影响力,以及小米手机针对粉丝团的定位。在锁定了粉丝团的人群以后,下一步就是寻找目标人群喜欢聚集的平台。手机发烧友喜欢在论坛上讨论问题,所以魅族、小米手机等都建立了自己的论坛,吸引发烧友级的极客。当然论坛还有一个缺陷就是太封闭,人群扩展起来太难,所以小米手机在发展之初就把微博作为扩展粉丝团的重要阵地。在粉丝团扩展阶段,意见领袖起着信任代理人的作用,所以小米手机利用意见领袖为自己的品牌代言,在微博上获得更多的关注。

2. Beta:针对铁杆粉丝,进行小规模内测

在积累了一定规模的粉丝以后,第二个阶段就是根据铁杆粉丝的需求设计相关产品,并进行小规模产品内测。这一步对于小米手机而言,就是预售工程机,让铁杆粉丝参与内测。第一批客户在使用工程机的过程中,会把意见反馈给小米的客服。小米的客服再把意见反馈给设计部门,客户的意见可以直接影响产品的设计和性能,让产品快速完善。据小米公司的创始人之一——黎万强透露,小米手机三分之一的改进意见来自客户。

除了意见反馈以外,第一批工程机客户还担负着口碑传播的作用。因为工程机投放市场的数量有限,有一定的稀缺性,抢到的客户免不了要在微博或微信朋友圈上晒一下,每一次分享都相当于为产品做了一次广告。如此,第一批铁杆客户就好比小米手机撒下的一粒粒火种,星星之火可以燎原。

3. Mass production：进行大规模量产和预售

这个阶段一般有三件重要的事要做：产品发布会、新产品社会化营销与线下渠道发售。先说产品发布会，现在产品发布会已经成为小米手机营销过程中最为关键的一环。在盛大的发布会当天，作为小米公司董事长的雷军要亲自上阵讲解产品，而且还会邀请高通等配件厂商助阵，成百上千名米粉参与，众多媒体记者和意见领袖围观。这样做的目的只有一个，就是把产品发布会的信息传递出去，成为社交网络话题讨论的焦点。在产品发布会以后，小米手机紧接着就会举行新产品的社会化营销。在进行社会化营销的时候，小米手机一般都会选择最炙手可热的平台进行传播和推广。在新浪微博最为火爆的时候，小米利用新浪微博进行大规模的抽奖活动。在微信最为炙手可热的时候，小米选择将微信作为发布平台。在推出红米手机的时候，小米手机还选择将QQ空间作为合作平台进行产品发布，正是因为QQ空间在三四线城市有着广大的客户人群，与红米手机的客户重合度很高。在社会化营销的过程中，为了让客户切身地感受到稀缺性，小米公司即使在产品大量供给的情况下，还是依旧采用"闪购""F码"等方式制造一种产品稀缺的错觉，激发网友对产品进行下一步传播和逐级分享，在线下渠道正常铺货。

4. Connection：联结

按照互联网思维的逻辑，小米手机在售出了大规模的产品以后，营销并没有结束，而是刚刚开始，这时候需要用一个体系，把售出的这些产品联结起来，让这些产品及背后的人变成一个社群或者体系。这就是小米模式与传统制造业不同的地方。对于格力等传统家电企业而言，一台设备卖出以后，营销就结束了，企业只在每一台卖出的设备上获得利润，而对于小米而言，硬件可以不挣钱，甚至硬件可以免费，但通过把硬件联结起来，完全可以利用后续的服务和衍生产品赚钱。相比传统的制造业，小米模式建立的是一个生态体系，商业模式基于生态体系基础设施服务，而不是单纯地卖设备。这就好比小米公司是一个电力公司，它的主要收入来源并不是卖电表，而是收电费。

小米手机是如何将这些设备联结起来的呢？当然是通过软件，对于小米手机而言，就是它的MIUI系统。通过MIUI系统，小米手机不仅把成千上万的米粉联结到了一起，还基于MIUI系统建立了自己的商业模式。小米公司，除了小米手机这个基础硬件以外，在小米商店里还有很多配套硬件和软件供客户选择，这些都是小米公司新的收入来源。更重要的是，小米公司通过将成千上万的米粉联结在一起，可以让客户知道其他米粉在说什么、在做什么、在用什么，整个米粉群体就变成了一个互相连接、规模庞大的社群。而这个社群的衣食住行，都可以变成小米公司新的收入来源和商业模式，投资机构对小米公司之所以估值这么高，也正是看到这个社群背后的商业价值。更重要的是，这个社群的规模还在不断扩大。

5. Extension：扩展

基于MIUI系统的软件思维，最大的优势就在于它的扩展性，因为对于软件的扩展而言，成本接近于零，不过是服务器上的一些字节而已。而正是由于它的可扩展性，才能够让米粉这个生态圈快速生长起来。生态圈的扩展，对于个体客户而言，可表现为软件系统的升级和更新，服务内的扩展和个性化需求的满足。比如小米手机开发一款老年手机主题，就可以替代一部老年手机。壁纸、背景、主题等原来千篇一律的东西，现在都可以有更多的选择。除此之外，客户还可以去软件商店，选择适合自身需求的更具个性化的软件和产品。当然，基于软件扩展思维和米粉社群，小米手机在产业外围同样可以进行扩展，扩展性表现为小米软件商店、小米支付、小米路由器等整个基础设施的日益完善。比如，小米除了做手机以外，还做了小米电视、小米路由器等产品，甚至扩展到游戏和娱乐业。对于小米这类互联网公司而言，基于互联网思维的每个扩展，就好比是开启一个新型商业模式的接口，都可能变成新的商业收入来源和商业模式。

（二）长尾型商业模式

长尾概念由克里斯·安德森提出，这个概念描述了媒体行业从面向大量用户销售少数拳头产品，到销售庞大数量的利基产品的转变。虽然每种利基产品相对而言只产生小额销售量，但利基产品销售总额可以与传统的面向大量用户销售少数拳头产品的销售模式媲美。通过C2B实现大规模个性化定制，核心是"多款少量"。所以,长尾模式需要低库存成本和强大的平台,并使得利基产品对于兴趣买家来说容易获得,如ZARA。

(三) 跨界商业模式

马云曾经说过一句很任性的话:如果银行不改变,我们就改变银行。于是余额宝就诞生了,余额宝推出半年规模就接近3000亿元。而雕爷不仅做了牛腩,还做了烤串、下午茶,还进军了美甲界。小米做了手机,做了电视,做了农业,还要做汽车、智能家居。

互联网为什么能够如此迅速地颠覆传统行业呢?互联网的颠覆实质上就是利用高效率来整合低效率,对传统产业核心要素的再分配,也是生产关系的重构,并以此来提升整体系统效率。互联网企业通过减少中间环节,减少所有渠道不必要的损耗,减少产品从生产到进入用户手中所需要经历的环节来提高效率,降低成本。因此,对于互联网企业来说,只要抓住传统行业价值链条当中的低效或高利润环节,利用互联网工具和互联网思维,重新构建商业价值链就有机会获得成功。

(四) 免费商业模式

"互联网+"时代是一个信息过剩的时代,也是一个注意力稀缺的时代,怎样在无限的信息中获取有限的注意力,成为"互联网+"时代的核心命题。注意力稀缺导致众多互联网创业者们开始想尽办法去争夺注意力资源,而互联网产品最重要的就是流量,有了流量才能够以此为基础构建自己的商业模式,所以说互联网经济就是以吸引大众注意力为基础,去创造价值,然后转化成利润。

很多互联网企业是以免费的、好的产品吸引到用户的,然后将新的产品或服务推荐给不同的用户,在此基础上再构建商业模式。如360安全卫士、QQ等。互联网颠覆传统企业的常用手法就是在传统企业用来赚钱的领域免费,从而彻底把传统企业的客户群带走,继而转化成流量,然后利用延伸价值链或增值服务来实现盈利。

如果说有一种商业模式既可以统摄未来的市场,也可以挤垮当前的市场,那就是免费的模式。信息时代的精神领袖克里斯·安德森在《免费:商业的未来》中归纳基于核心服务完全免费的商业模式:一是直接交叉补贴,二是第三方市场,三是免费加收费,四是纯免费。

(五) O2O商业模式

2012年9月,腾讯CEO马化腾在互联网大会上的演讲中提到,移动互联网的地理位置信息带来了一个崭新的机遇,这个机遇就是O2O,二维码是线上和线下的关键入口,将后端蕴藏的丰富资源带到前端,O2O和二维码是移动开发者应该具备的基础能力。

O2O是online to offline的简称。O2O从狭义上来理解就是线上交易、线下体验消费的商务模式,主要包括两种场景:一是线上到线下,用户在线上购买或预订服务,再到线下商户实地享受服务,目前这种类型比较多;二是线下到线上,用户通过线下实体店体验并选好商品,然后通过线上下单来购买商品。

广义的O2O就是将互联网思维与传统产业相融合,未来O2O的发展将突破线上和线下的界限,实现线上线下、虚实之间的深度融合,其模式的核心是基于平等、开放、互动、迭代、共享等互联网思维,利用高效率、低成本的互联网信息技术,改造传统产业链中的低效率环节。

原1号店联合董事长于刚认为:O2O的核心价值是充分利用线上与线下渠道各自的优势,让顾客实现全渠道购物。线上的价值就是方便、随时随地,并且品类丰富,不受时间、空间和货架的限制。线下的价值在于商品看得见摸得着,且即时可得。从这个角度看,O2O应该把两个渠道的价值和优势无缝对接起来,让顾客觉得每个渠道都有价值。

(六) 平台商业模式

平台商业模式的核心是打造足够大的平台,产品更为多元化和多样化,更加重视用户体验和产品的闭环设计。

张瑞敏对平台型企业的理解就是利用互联网平台,企业可以放大,原因如下所示:第一,这个平台是开放的,可以整合全球的各种资源;第二,这个平台可以让所有的用户参与进来,实现企业和用户之间的零距离。在互联网时代,用户的需求变化越来越快,越来越难以捉摸,单靠企业自身所拥有的资源、人才和能力很难快速满足用户的个性化需求,这就要求打开企业的边界,建立一个更大的商业生态网络来满足用户的个性化需求。通过平台以最快的速度汇聚资源,满足用户多元化的个性化需求。所以平台模式的精髓在于打造一个多方互利共赢的生态圈。

但是对于传统企业而言,不要轻易尝试做平台,尤其是中小企业,不应该一味地追求大而全,做大平台,而是应该集中自己的优势资源,发现自身产品或服务的独特性,精准定位目标用户,发掘出用户的痛点,设计好针对用户痛点的极致产品,围绕产品打造核心用户群,并以此为据点快速打造一个品牌。

"要想赚大钱,就要颠覆已有的规则"

世界因互联网而更多彩,生活因互联网而更丰富。随着互联网的快速发展,网络病毒也日益猖獗,每个网民的网上"生活"都离不开杀毒软件。很多杀毒软件采用的推广模式是首先让消费者体验免费的杀毒软件,但免费期都是有限制的,免费期过后再使用软件就需要付费,相当于先体验后购买。可是,2008年7月17日,北京奇虎科技有限公司(以下简称奇虎360)董事长周鸿祎却宣布360将推出免费的360杀毒软件,并承诺将提供永久的免费服务。此举犹如一石激起千层浪,网民们奔走相告,纷纷下载360杀毒软件,360杀毒软件迅速"抢占"了网民的计算机桌面,360杀毒软件正式发布仅3个月就占据杀毒软件下载量的第一名。至2010年底,360杀毒软件的累计安装量超过3亿,用户覆盖中国网民的60%以上。

360杀毒软件的出现让其他杀毒软件企业陷入空前危机,在巨大的压力面前,各大杀毒软件企业针对奇虎360的免费策略,争相推出各种期限不同的免费服务。

奇虎360开启了杀毒软件免费使用的先河,甚至可以说它改写了杀毒软件行业的历史,使得免费杀毒软件成为个人用户市场的绝对主流,让网民从中获得了更多的优惠。传统的杀毒软件是靠出卖软件使用许可证赚钱的,那么奇虎360是如何在免费的前提下生存下来并实现盈利呢?

如下图所示,奇虎360的商业模式可分为四层:第一层为核心免费产品服务层,主要为360安全卫士、360杀毒、360手机卫士等奇虎360赖以起家的产品,这些产品为奇虎360带来了庞大的用户群;第二层为两大基础平台——浏览器平台与应用开放平台,奇虎360将核心产品层用户顺势导入这两大平台;第三层为细分的服务层,在两大平台基础上,奇虎360提供网址导航(hao.360.com)、网购导航(mall.360.cn)、游戏导航、应用商店等服务;第四层为最终盈利变现层,变现方式主要为广告与互联网增值服务。

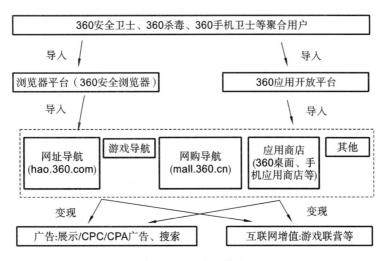

奇虎360的商业模式

> **案例分享**

大众点评的多边平台式商业模式

大众点评的核心价值主张是为消费者提供客观、准确的本地化消费信息指南，包括餐饮、休闲、娱乐等生活服务方面的信息评论和分享。大众点评是消费者在该网站发布、自主管理和交易各类生活服务相关信息的网络平台。大众点评搭建了商家、消费者、广告商、移动运营商等多方参与的交易和信息共享平台。

大众点评不断加强多方合作，陆续推出便捷用户的各种服务方式。依托庞大、翔实且即时更新的消费指南信息，大众点评不仅吸引了如新华网、千龙、21CN等网站，以及光线传媒等电视媒体与其展开内容合作，还与中国移动、中国联通、中国电信、空中网、诺基亚、掌上通等合作，推出基于短信(SMS)、WAP等无线技术平台的信息服务，为中国数亿名手机用户提供随时、随地、随身的餐馆等商户信息。在广泛的会员基础上，大众点评推出国内首家餐饮积分体系，并与中国国际航空公司、上海大众汽车俱乐部等开展合作，以贵宾卡的形式为会员提供消费、积分、礼品兑换和积分抵扣消费额等服务。此外，大众点评还在GPS领域与新科电子、MIO开展合作，所有汽车用户利用车载GPS导航系统或手机地图就可以精确定位美食目的地。

任务二　商业模式画布

扫码看课

【名人名言】

最优秀的商业模式往往是最简单的、最容易与其他企业形成差别且易于实施的商业模式。

——马云

经营中最大的问题是，保持从前的商业模式不变……一年已经太长了。

——卢·普拉特

一、认识商业模式画布

商业模式画布是一组战略管理和创业工具，能够描述、设计、质疑、发现和定位商业模式。对于企业家与创业者来说，这个由四百多位实践者共同开发的设计模板非常简单易用。

一个好的商业模式，必须能够较好地回答以下四个基本问题。

(1) 我们能为哪些客户提供产品和(或)服务？(客户细分)

(2) 我们能为客户提供什么样的产品和(或)服务？提供什么(独特的)价值？(产品或服务)

(3) 我们如何为客户提供这些产品和(或)服务？(基础设施)

(4) 我们能够从为客户创造的价值中获取多少利润？收入多少？成本多少？(金融能力)

其实，这四个问题就涵盖了一个商业体的四个主要部分：客户、产品和服务、基础设施及金融能力。一个完整的商业模式画布由九大模块构成，这九大模块可以展示出一家公司寻求利润的逻辑过程，如图7-1所示。

二、商业模式画布的九大模块

(一) 客户细分

客户细分这一模块描绘了一个企业想要获得的和期望服务的不同目标人群或机构。顾客

微课精讲

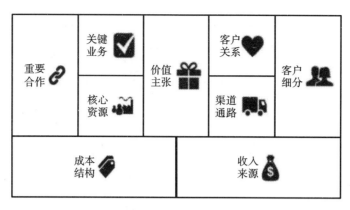

图 7-1　商业模式画布

目标群体,即企业所瞄准的使用服务或购买产品的消费者群体。这些群体具有某些共性,从而使企业能够针对这些共性创造价值。定义消费者群体的过程也称为市场细分。商业模式从为谁做开始,先要明确我们正在为谁创造价值、谁是我们最重要的客户。

(二) 价值主张

价值主张这一模块描述的是企业通过其产品和服务为某一客户群体提供的独特价值。价值主张是客户选择一家公司而放弃另一家的原因,它能够解决客户的问题或满足其需求。每一个价值主张就是一个产品和(或)服务的组合,这一组合迎合了某一客户群体的要求。从这个意义上说,价值主张就是一家公司为客户提供的利益的集合或组合。

客户定位清晰后,需要回答关于价值主张的一系列问题。我们要向客户传递怎样的价值?我们需要帮助客户解决哪一类难题?我们需要满足客户的哪些需求?面向不同的客户群体,我们应该提供什么样的产品和服务的组合?

客户在购买产品与服务的时候依赖其思维判断。客户生活在社会当中,其思维判断不但取决于其本身愿望,还受到所处环境与社会关系的影响。虽然有时客户会明确表达其需求,但有时客户需求是只可意会不可言传的,因此在构建价值主张的时候,我们可以从客户五色思维的角度来分析其需求特性,特别是其内心深处的需求特性,进而推出满足客户需求的产品或服务,如表 7-1 所示。

表 7-1　从客户五色思维导出价值主张

思维	需求特性	产品或服务的价值
生命思维	健康	有利于人的身心健康发展
	尝试	满足顾客从未感受和体验过的全新需求
	可持续	能源资源节约与环境友好
	低风险	帮助顾客抑制风险,也可以创造顾客价值
批评思维	真实	依据事实进行判断与决策
	改变	不断改善产品和服务性能
	颠覆	对旧有模式的根本改变
设计思维	新颖	形式活泼而有活力
	简单	外观与形式简单明快
	设计	产品因优秀的设计脱颖而出
	便利性	使用起来更方便,也可以创造可观的价值
	实用性	操作起来更简单

续表

思维	需求特性	产品或服务的价值
经济思维	回报	能够帮助顾客获得更高回报
	价格	以更低的价格满足顾客需求
	成本低	帮助顾客削减成本是创造价值的重要方法
	可达性	让顾客容易掌握、理解并可以用之来完成目标
美学思维	感人	能够让顾客产生感动与共鸣
	定制化	以满足顾客个体或细分群体的特定需求
	品牌	顾客通过使用和显示某一特定品牌而展示身份
	自然	产品和服务自然并让顾客感觉舒适亲切

Uber：提供最便捷的出行方式

轻轻一点，即可叫车——Uber（优步）是最便捷的出行方式。Uber并没有很直白地表达自己的价值主张，但是很巧妙地突出了乘坐传统出租车所有的缺陷，并且表明它的服务非常好，完美地传达了"简单""便捷"的理念，而这些理念正是让Uber的服务如此诱人的核心因素：只需轻轻一点，专车为你服务，你的司机知道你想去的地方的准确位置，无须现金支付。以上的每一条都与乘坐传统出租车的典型体验直接对应：不用打电话给不耐烦的调度员，不用费力向承受巨大压力的出租车司机解释你要去哪儿，也没有找零的尴尬或者担心没有带足现金。只需通过这种快捷有效的乘车方式就能到达你想去的地方。

（三）渠道通路

要将一种价值主张推向市场，找到正确的渠道组合并以客户喜欢的方式与客户建立起联系显得至关重要。

渠道通路这一模块描述的是一家企业如何同它的客户群体达成沟通并建立联系，以向对方传递自身的价值主张。

与客户的交流、分销和销售渠道构成了一个企业的客户交互体系。每一个渠道都可划分为五个相互独立的阶段。每一个渠道都覆盖了其中几个或全部五个阶段。我们可以将渠道划分为直接渠道和间接渠道，或者划分为自有渠道和合作方渠道，如表7-2所示。

表7-2 渠道通路

渠道类型			渠道阶段				
			知名度	评价	购买	传递	售后
自有渠道	直接渠道	销售人员	我们如何扩大公司产品和服务的知名度	我们如何帮助客户评价我们的价值主张	客户如何能够购买到我们的某项产品和服务	我们如何向客户传递我们的价值主张	我们如何向客户提供售后支持
		网络销售					
		自有商铺					
合作方渠道	间接渠道	合作方商铺					
		批发商					

20世纪90年代以前，我们获得客户的唯一渠道是实体渠道，我们需要到实体店铺接触销售人员。但是90年代中期开始，我们有了虚拟渠道，如网络、移动电话、云端等，面对这些渠道，我们需要考虑的是如何去销售和运输产品。

(四) 客户关系

客户关系模块描述的是一家企业针对某一个客户群体所建立的客户关系的类型,如表 7-3 所示。良好的客户关系是企业立足的根本。企业在其商业模式中必须明确如何建立诚信的客户关系的问题。

表 7-3 客户关系类型

类型	特征
个人助理	基于人与人之间的互动
专用个人助理	为单一客户安排的专门客户代表,属于层次最深、最亲密的关系类型
自助服务	为客户提供自助服务所必需的所有条件,与客户不直接接触
社区	利用用户社区与客户或潜在客户建立更为深入的联系,促进成员间互动
自动化服务	整合更加精细的自动化过程,为客户提供自助服务
共同创作	与客户一起创造价值,超越传统的客户与供应商间的关系

(五) 收入来源

收入来源这一模块代表了企业从每个客户群体中获取的现金收益(须从收益中扣除成本得到利润)。

如果说客户构成了一个商业模式的心脏,那么收入来源便是该商业模式的动脉。一家企业需要自问,每个客户群体真正愿意买单的究竟是什么? 成功地回答这一个问题可以使得企业在每一个客户群体中获得一两个收入来源。收入来源有以下几种类型,如表 7-4 所示。

表 7-4 收入来源类型

类型	特征
资产销售	被广泛使用的收入来源方式是销售实体产品的所有权,如图书、家电、汽车等
使用收费	通过特定的服务来收费,客户使用的服务越多,付费越多
订阅收费	销售重复使用的服务,如订阅服务、会员卡服务等
租赁收费	对某个特定资产在固定时间内将使用权出租给他人使用,出租方可以获得经常性的收入,租用方只需承担限定时间内的费用,无须支付购买的费用
授权收费	将受法律保护的知识产权授权给客户使用,从而换取授权费用,授权方只需出让版权,无须制造产品,在媒体行业比较普遍
经纪收费	以提供中介服务而收取佣金的方式,保证双方或多方的利益,如房屋中介
广告收费	为特定产品、服务或品牌提供广告宣传服务,包括传统的媒体行业和会展行业,也包括以软件和服务为主的其他行业

(六) 核心资源

核心资源也称为关键资源,这个模块描述的是保证一个商业模式顺利运行所需要的最重要的资产。核心资源决定了我们能够做什么,哪些可以做,哪些不可以做。每一种商业模式都需要一些核心资源。这些资源使企业得以创造并提供价值主张,获得市场,保持与某个客户群体的客户关系并获得收益。不同类型的商业模式需要不同的核心资源。例如,一个微芯片制造商需要的是资本密集型的生产设备,而做微芯片的设计则更聚焦于人力资源。核心资源可包括实物资源、金融资源、知识性资源及人力资源。核心资源可以是自有的,也可以通过租赁获得,或者从重要合作伙伴处获得。

(七) 关键业务

关键业务这个模块描述的是为保障其商业模式正常运行所需做的最重要的事情。每一个商业模式都有着一系列的关键业务。这些业务是一个企业成功运营所必须采取的最重要的行动。同核心资源一样,它们是企业为创造和提供价值主张,获得市场,维系客户关系以及获得收益所必需的。并且,同核心资源一样,关键业务也因不同的商业模式类型而异,如表 7-5 所示。

表 7-5　关键业务的类型

类型	特征
问题解决	为解决客户问题,提供新的解决方案,其商业模式需要知识管理和持续培训等业务
制造产品	制造产品是企业商业模式的核心,此类业务涉及生产一定数量或满足一定质量的产品,与设计、制造有关
平台(网络)	以平台为核心资源的商业模式,关键业务都与平台管理、服务提供和平台推广有关

(八) 重要合作

重要合作这个模块描述的是保证一个商业模式顺利运行所需要的供应商和合作伙伴网络。有很多原因使得一家企业需要构建重要合作,而重要合作在许多商业模式中逐渐承担起基石的作用。企业通过建立联盟来优化自身的商业模式,以降低风险或者获得资源。我们将重要合作分为以下四种不同的类型,如表 7-6 所示。

表 7-6　重要合作的类型

类型	特征
非竞争者之间的战略联盟	关联度很大的不同行业企业进行合作
竞争者之间的战略联盟	为对抗更强大的对手,两家同行业企业联合
为新业务建立合资公司	需要借助其他企业进入新领域
确保可靠供应的购买方与供应商关系	稳定可靠的供应商

(九) 成本结构

成本结构描述的是运行一个商业模式所发生的最重要的成本总和。创造和传递价值、维护客户关系、创造收益都会产生成本。在确定了核心资源、关键业务及重要合作的情况下,成本核算就会变得相对容易,尽管有些商业模式相对于其他商业模式而言更加成本导向化。例如,所谓的廉价航空就是以低成本为核心建立了整个商业模式。

诚然,成本最小化是每一个商业模式的诉求。但低成本结构在某些商业模式中会显得尤为重要。因此,可以将商业模式的成本结构宽泛地分为两个等级——成本导向型和价值导向型。

1. 成本导向型

成本导向型的商业模式聚焦于最大限度地将成本最小化。这种方式的目标在于创造并维持极精简的成本结构,采取的是低价的价值主张、自动化生产最大化及广泛的业务外包。例如,廉价航空,如西南航空、易捷航空;经济型酒店,如宜家连锁酒店、七天连锁酒店,都是成本导向型商业模式的典型代表。

2. 价值导向型

有些企业在商业模式设计中,不关注成本,而更多地关注价值创造。通常更高端的价值主张以及高度的个性化服务是价值导向型商业模式的特点。例如,海底捞倡导为客户提供极致服务,豪华酒店的奢华的设施及专属的服务,都属于此范畴。

唯品会:传统零售业+信息技术服务业+物流业

从业态分析的角度来看唯品会的崛起,我们或许更能找出这繁华商业巨鳄背后的故事。业态是指针对特定消费者的特定需要,按照一定的战略目标,有选择地运用商品经营结构、店铺位置、店铺规模、店铺形态、价格政策、销售方式、销售服务等经营手段,提供销售和服务的类型化经营形态。

唯品会是由零售业（奢侈品销售）融合信息技术服务业（电子商务平台）而成。相比奢侈品销售，也许用"outlets"形容会更加恰当。唯品会就相当于一个线上的奥特莱斯。利用网络技术的方便，唯品会成功落实了"名牌折扣＋限时抢购＋正品保险"三大法宝。因为唯品会本身是一个销售平台，略去了很多中间商，直接向品牌商拿货，企业对库存的需求也相当高。据悉，唯品会获得的风险投资资金在未来最大的投入还是在仓储技术和服务人员等方面，包括供应链、物流、后台系统等，此外，华北的物流中心也在规划中。

就这样，利用信息技术将奥特莱斯搬到互联网上，又混合了现代物流业，唯品会自身的业态融合为它在商海中开拓了一片新的领域。通过整合奢侈品零售以及最新颖的电子商务，唯品会独家打造的"正品折扣＋限时限购"的商业模式使它在华南地区占据了一定的市场，也成了业内广为流传的成功典型案例。唯品会的商业模式要素如下图所示。

合作伙伴	关键业务	价值主张	客户关系	客户细分
强大的供应商网络联合太平洋保险，推出了正品担保服务	奢侈品电子交易 自建仓库 售后服务	"消费者满意"是唯品会最大的追求目标，因此唯品会坚持以安全诚信的交易环境和服务平台，为会员提供优质、高效、愉悦的售卖服务，以提升客户满意度为己任，为消费者提供畅快、安全、放心、便捷的消费流程体验和服务	购物体验无条件退货 CSC呼叫系统	奢侈品消费者 高端产品消费者 二三线品牌偏好者
	核心资源 折扣商品 服务规划 仓库网络		**分销渠道** 电子交易平台 仓储物流	
成本结构 进货费用 物流费用 库存管理			**收益来源** 通过线上电子交易，直接获取销售与进货之间的毛利润	

唯品会的商业模式要素

任务三　商业模式创新

扫码看课

【名人名言】

这个世界并不在乎你的自尊，只在乎你做出来的成绩，然后再去强调你的感受。

——比尔·盖茨

要想创造持续的价值增长，必须经常（也许是5年）创新企业商业模式设计。

——亚德里安·斯莱沃斯基

一、商业模式创新的概念

商业模式创新实质上是一种高层次的企业创新行为，它与传统意义上的产品创新、技术创新、制度创新和经营创新有很大不同。商业模式创新包括了企业从内部到外部的资源、能力、价值等，涉及企业运作的方方面面。

商业模式创新的途径是对企业可利用资源的组合方式进行优化，表现为企业为改善其价值创造和价值获取能力而进行的价值链的优化和重组。

值得注意的是,我们这里强调的商业模式是一个商业系统,而不仅仅是产品或技术的某一个单点。如果说中国企业以前习惯了依靠产品创新和技术创新来制胜市场的话,商业模式要求的则不仅仅是产品和技术的创新,更是强调企业的整个商业系统的创新。

二、商业模式创新的方法

(一)价值活动

1. 价值链上的重新定位

通过专注于价值链上的某些活动(通常是高利润活动),而将其余活动外包出去,从而实现商业模式创新。一般认为,将非核心环节的业务外包给其他企业,有利于降低经营的不确定性风险和生产成本,提高质量,有利于发挥各价值模块的核心优势。

2. 价值链重组

价值链重组是指企业通过对产业价值链进行创造性的重新排列组合,进而实现商业模式创新。关键思想就是围绕顾客需求确定重要部分,并以之为中心,再组合调整非重要部分来适应这个中心。

3. 构造独特的价值体系

构造独特的价值体系是指企业通过构建和整合多个价值优势,形成企业所独有的价值体系,从而实现商业模式创新。

"耐克"的成功奥秘

耐克公司是美国著名的运动鞋公司,其是1964年由美国俄勒冈大学的长跑运动员费尔和他的教练波曼合伙组建的,两人初始投资是各300美元,委托日本的一家鞋厂按波曼的设计试制了300双球鞋。最初的球鞋储存在费尔父亲家的地下室里,每逢比赛,由费尔和波曼带到田径场去推销。

1972年奥运会田径预赛在美国俄勒冈州举行,费尔和波曼说服部分马拉松运动员穿耐克鞋参赛。结果有四名进入预赛前七名,费尔和波曼趁机大做广告,耐克运动鞋从此声名大振,不断发展壮大。耐克公司1994年的销售额达38亿美元,产品销往81个国家。但特别值得注意的是,从耐克的最初发迹到以后的成长发展,耐克公司本身并不制造球鞋,97%以上的耐克球鞋的生产采取第三世界国家合同承包、加工返销形式,其中2/3是在韩国生产的,然后由耐克公司收购,在发达国家独家销售。

耐克公司赖以成长壮大的秘密不在制造环节,而在其对产品设计和广告营销环节的控制,这用"价值链"的原理很容易解释。因为在运动鞋行业,其制造环节规模经济效益有限,生产工艺成熟,而其研究开发和广告推销环节固定成本高,产品的广告边际成本低,经济规模效应高,是应该关键控制的战略环节。耐克球鞋在市场上主要靠其"最佳设计"和"高档名牌"为号召,公司不惜重金聘请迈克尔·乔丹等顶级明星在美国电视节目收视率最高的黄金时间做广告,成功地塑造了耐克球鞋高档名牌形象。耐克这种"抓设计、营销、外包生产制造"的价值链战略是其成功的奥秘所在。

(二)价值曲线

这种模式创新策略聚焦于企业所提供的顾客价值。对提供服务而非实体产品的企业来说,此策略尤为重要。企业通过创造独特的价值曲线实现服务创新,在为顾客提供非凡的价值感受的同时获得自身的成功。例如,太阳马戏团虽然没有动物,但融合戏剧、表演多元、舞美华丽,重新定义了马戏团的艺术形态,成为世界上最成功、最具影响力的马戏团之一。

(三)价值网络

1. 重构供应链结构

这种创新能围绕顾客需求,简化供应链环节,改善企业与供应链上各成员之间的关系,建立关键环节的联盟合作关系,提高其他环节的灵活应变性。

2. 形成以顾客价值为中心的价值网络

例如,苹果公司开创了一个全新的商业模式——将硬件、软件和服务融为一体。向下掌控用户,向上掌控第三方开发商和个人开发者,并与信用卡公司合作,打造了一个整体的商业生态系统。"终端+应用"的商业模式让体验成为顾客购买的一部分,苹果公司从中获取了更大的市场份额和利润。

(四)资源能力

1. 围绕新资源

新资源为公司创造新的顾客价值提供了潜力,商业模式的意义在于将新资源的潜力释放出来。

2. 利用现有资源

一些企业可以围绕自身独特的技能、优势,挖掘现有的潜能,建立新的商业模式,以实现利润增长。例如,必胜客开发的必胜客宅急送业务就是这方面的典型案例,这一模式整合了消费者的外卖需求,在满足顾客需求的同时,必胜客也实现了营业收入的增加。

(五)收入模式

收入模式,即企业的盈利模式。企业的盈利方式通常有很多种,可以通过直接出售产品盈利,也可以通过出售服务盈利,还可以通过资本市场盈利等。如肯德基除了销售汉堡包、炸鸡、可乐、薯条等西式快餐外,还提供米饭等中式快餐。

聚美优品的创业

创业第一步,陈欧十几岁时留学新加坡,26岁获得美国斯坦福大学MBA学位。2009年7月,在从斯坦福商学院毕业的第三天,他就回到了国内,希望在自家门口创业。应该说,他的第一次创业就颇具"海归"气质。在美国求学期间,陈欧曾目睹一家小游戏广告公司在很短时间里创造2亿美元的惊人业绩;回国后,他选择了这种商业模式创业。第一笔资金来自新东方徐小平的18万美元。但很快,这家游戏广告公司陷入了窘境。在美国,一个有效的点击可以卖到几十美元,而国内几乎是白菜价,连几毛钱都卖不到。最困难时,他的公司只剩下了几个人。他不得不调整公司的业务方向。

彼时,"百团大战"狼烟四起。陈欧很快投入了这场混战,并把目光锁定在当时尚属冷门的垂直领域——化妆品的团购上。"做游戏广告时,我们和一些化妆品公司有过合作。"陈欧解释道,化妆品的平均利润在20%~30%,属于高利润的行业;而且传统渠道成本高,这也是造成化妆品价格虚高的主要原因。"有利润空间,企业愿意做,有价格优势,用户也愿意买。"

2010年3月,陈欧创立团美网。与团购市场上踌躇满志的创业者不同,经历过一次失败之后的陈欧心里也没底,不确定团购这个模式在美妆领域能否做得通,比如那些单价很高的大品牌化妆品是不是真的能卖出去。在成立之初,团美网主要选择一些像化妆棉这样,单价较低又不涉及真假问题的美妆周边产品。陈欧和团队在这段时间主要是在验证商业模式,比如统计100个流量过来多少会转化为购买。

第一次尝试大品牌化妆品团购,陈欧选择了倩碧的黄油,直接从专柜买货,五折出售。那一单他赔了很多钱,甚至自己贴差价,但好消息是他知道单价很高的商品也是可以团购出去的。陈欧说:"消费者有这个需求,我们要做的就是把阻挡他们购买的顾虑因素都消除。"一个多月的试运营后,他们上次创业的天使投资人徐小平又给了他们200万元的投资,陈欧开始全力投入。

化妆品的特点是毛利高、货源杂、高仿假货多。创业不久的公司很难跟大品牌直接建立合作,只能先通过代理等渠道扫货,但陈欧非常明白要想让公司获得更好的发展,一定要能给消费者100%的正品保证。

一方面陈欧组织起十几人的团队,一瓶一瓶验货,另一方面他向用户承诺30天无条件退款,到2011年6月又推出拆封30天无条件退货——只要消费者有疑虑,即使已经拆封试用的化妆品也可以由基层客服直接为消费者办理退货,直到现在也没有第二家公司跟进这项服务。

不过到目前为止,他们的退货率还保持在1%左右。"你要相信绝大多数人是有购物需求的用户,而个别不正常的退货则是提供好服务所必须付出的成本。"陈欧说。早期,陈欧也曾遇到过提供假货的供应商,他的态度是"杀无赦"。而且随着网站规模的扩大,一天之内突破万件的销售量让他们获得更多供应商的青睐,现在即使团购价1249元的蓓丽鱼子面霜在聚美优品开团5小时后也可以卖出100多份。聚美优品可以优先选择信誉好的供应商长期合作,比如高丝就是由厂家总代安排合作,而国内的化妆品牌则争取建立直接的合作。不过供货商问题仍然是陈欧要面对的最大难题,现在也经常会有商品在凌晨就卖断货。"我们会优先考虑货源最靠谱的供应商,然后才是价格。我工作的第一重点是供应商,第二重点还是供应商,希望建立起对货源的良好控制。"陈欧说。

2010年9月,陈欧将网站改名为"聚美优品",聚美方面对此的解释,一则是团美此前的域名有点问题,".com的域名买不到",但更重要的是表明其"不是团购"的立场。

2011年6月,聚美优品推出聚美商城,商城与品牌商直接合作,品类更多、不限时,全部以8至9折出售。现在,聚美优品正在谋划更多的品类扩张,已经开始出现鞋类限时团购。陈欧希望不久后能建立起化妆品、鞋类等多个频道,"跟女人和美丽相关的产品都可以卖"。

不过一旦弱化了团购限时特卖的特色,变身一家标准电子商务网站,聚美优品就要面对老牌化妆品电商的正面竞争,虽然它在一年之内获得10倍月流水的增长,但聚美优品在产品品类和渠道控制力上与传统化妆品电子商务网站都有一定的差距。

"我们的商城频道上线,这是我们从团购转型化妆品B2C的标志。"陈欧说,聚美商城主要提供在超市类售卖的精品化妆品,和团购品类不冲突。他打了一个比方,如果说限时特卖区是机场免税店,那么聚美商城则是家乐福化妆品专柜。

创业之前,陈欧的创业团队对于选择创业项目,曾经存在争议,不过最终选择了团购,创办了团美网(聚美优品前身)。如今聚美优品已经不再将视野局限在团购上,而是瞄准了B2C。

对于这种转型,陈欧认为是自然的过程。"其实第一天起我就想做B2C,因为团购是商品的推荐平台,它的问题在于不能把握后面的供应链。把信息提供了,但是信息是否靠谱不能保证。我们一直很注意控制自己的供应链,所以,与其说是转型B2C,不如说我们一直在B2C的道路上不断深化,我们的供应链越来越强,越来越多品牌与我们合作,我们也能越来越多地、越来越好地给消费者推荐一些优质产品。"

为了提升用户体验,陈欧要求聚美的员工一定对用户所有意见负责,跟用户去沟通,不管是客服还是送货员都要达到行业一流水平。同时聚美还花大力气建设供应链。如今的聚美优品,已经成为中国正品化妆品的最大的团购市场,而聚美优品线下店上线却成为瞩目的焦点。北京各大地铁站,广告语都是"对不起,我知道,你在等"。

那究竟聚美优品的巨大成功来源于哪里呢?它与其他的化妆品团购又有什么不同呢?以下我们来做一个分析。

1. 有雄厚的资金作为支撑。聚美优品前身是团美网,是第一家也是中国最大的化妆品限时特卖商城。聚美优品拥有超过3000平方米的现代化库房、1800平方米的办公室和专业客服中心。资金对一个集团的发展运行影响极大,雄厚的资金作为企业的支撑,能使企业快速发展,而彼时大多的化妆品团购网还没有聚美这么大的资金作为支撑,无法像聚美那样迅速发展。

2. 有坚固的聚美铁三角成员。聚美优品CEO陈欧是美国顶级大学斯坦福大学历史上最年轻的中国MBA毕业生。大学期间成功创办全球领先的在线游戏平台Garena,二次创业创立化妆品网购平台聚美优品。联合创始人,产品副总裁戴雨森毕业于清华大学工业工程系,曾在Google、百度、Oracle等企业从事用户体验设计工作,对互联网产品设计、用户体验规划有深刻研究和丰富经验。研发副总裁刘辉是聚美铁三角成员之一。2005年曾参与创建Garena,精通大型WEB系统及数据库等的分布式架构,精通WEB编程语言如PHP、JavaScript的开发框架设计。一个集团之中的核心团队对集团来说是具有极为重要的领导作用的,聚美的铁三角成员具有丰富的经验,对聚美的发展起到了不可或缺的作用。

3. 选择了一个好的领域。美妆牵动女性与时尚,是一个千亿级的市场,它也从最初每日一件限时折扣团购模式到如今每日多件产品限时抢购,在品类管理上主要以推荐明星产品搭配其他产品进行销售。聚美优品的化妆品团购模式,不是简单的团购信息提供者,而像是一个销售化妆品的B2C平台,本质上就是一个垂直行业的B2C网站。但聚美优品也与大多数化妆品B2C模式不同,聚美优品主要卖最畅销的20%那部分化妆品并进行"每日多件"的品类管理。此外,垂直B2C存在市场空当,而淘宝、京东等大型电商还没有调动资源规模性投入,导致时间窗口长达2年以上。

4. 聚美优品市场宣传推广做得好,从上线1周年开始的大规模宣传,采取双代言人形式和我为自己代言体(我是陈欧,聚美优品创始人。蜗居,裸婚,都让我们撞上了……我是陈欧,我为自己代言),以及最近的陈欧体(你只闻到我的香水,却没看到我的汗水……),很励志很有煽动性,品牌调性与用户高度吻合,掀起了凡客体后电商在年轻群体中的又一轮市场风潮。而京东、亚马逊等大型的电商虽每年投入广告的资金颇为巨大,但却不能像聚美的广告词那样具有煽动性,让年轻一代以高度的热忱追随。

5. 极为全面的保障措施,确保消费者的无风险购物,聚美优品致力于创造简单、有趣、值得信赖的化妆品购物体验。

(1) 正品保证,货物都是与官方的一些品牌一起合作。从控制进货渠道,与供应商和代理商的紧密合作,物流输送,到售后服务,确保用户的体验。

(2) 专业的验货过程,保证产品质量。用户能一单购买当天多个团购产品;同时购买2件团购产品的用户可免邮。

(3) 30天拆封无条件退货是行业内最高标准退货政策。收货之日起30天内可以无任何条件退回货物并获得全额退款。退货运费由聚美全额承担。商品质量出现问题,在收货之日起90天内,由聚美优品与中华财险共同承担全额赔付。

(4) 口碑中心。只有在聚美优品购买过该美妆的用户才能发表口碑报告。口碑中心的评论均来自真实的购买者和体验者,保证口碑报告的真实公平,杜绝品牌"托儿"的存在。为聚美用户在选择购买化妆品时提供可靠依据。

(5) 客服团队的建设,近百万客服贴心服务。聚美的全面质量、售后服务等保障措施,赢得了广大消费者的信赖与支持。

6. 自营物流:聚美优品不仅自己拥有强大的物流管理信息系统,而且拥有自己的配送车辆和配送人员。通过信息的即时传递和对配送人员的严格管控与激励,企业可以随时掌控发出货物的具体位置,并能准确把握货物运达的具体时间,不仅极大地提升了配送的效率,而且极大地提高了顾客的满意率。目前聚美已经建成领先对手的优越仓储、物流和客服体系。同时在上海、北京、成都已建立仓储物流,最快2小时,最慢12小时,平均6小时发货直达全国。

【思考讨论】

请分组并围绕某些行业(例如电子商务、餐饮、生态旅游、教育培训等)展开讨论,思考并回答下列问题。

(1) 选择几个行业并分析这些行业的常见商业模式。

(2) 找出这些行业商业模式的差异。

【课外修炼】

结合本章内容,找一家你身边的创业企业进行商业模式相关内容的访谈,要求如下。

（1）认真准备和设计商业模式画布，访谈问题可以来自本章的主要知识点，分析该企业商业模式的9大要素及相互关系。

（2）重点关注该企业的商业模式的核心价值主张。

（3）搜集商业模式方面的执行情况，做好记录。

共享单车的出现

共享单车是在我国移动互联网大发展的背景下出现的。2016年我国手机网民数达到6.8亿，智能手机保有量突破10亿。同时，移动支付已经成为人们的主要支付方式，2016年手机网络支付占比突破70%，这些都是共享单车快速发展的基础。除了最早入局的ofo和摩拜单车，整个2016年至少有25个新企业进入共享单车领域。至2016年底，中国共享单车用户数量已达到1886万；2017年用户规模继续保持大幅增长，至2017年5月，共享单车月活跃用户数接近7000万。

在共享单车快速发展的过程中，风险投资起到了巨大的推动作用。ofo于2015年3月收到第一笔数百万元的天使投资，2016年起开始扩大融资规模，当年9月收到滴滴公司数千万美元投资引发了市场狂热。当ofo一个月以后再次进行融资时，参与投资的公司都是中国知名的企业或风险投资机构，融资额更是达到了1.3亿美元，估值超过10亿美元。摩拜单车与ofo的融资历程类似，不到1年半的时间内融资6次，金额从最初的数百万美元，一路攀升至2.15亿美元，估值近100亿美元。

共享单车是一种商业模式上的创新，在日渐拥挤的大城市，短距出行一直是巨大难题，公交、地铁、出租车、私家车都无法解决。共享单车的出现将移动互联网和自行车结合了起来，由企业投放车辆，用户只需打开手机应用就能查看附近的车辆，看到有合适的还可以提前预约，不用停车桩，不用办卡，二维码一扫就能开锁，使用完毕停在任意合法非机动车停车点即可，用车成本低到可以忽略，简单方便易用，几乎彻底、完美地解决了城市最后一公里的困扰。共享单车与普通自行车相比，也有了较大的创新。部分共享单车采用了GPS智能锁，用户可以通过手机预约用车，查询骑行轨迹和消耗的卡路里等信息。为了降低损耗和维修成本，有些单车使用了封闭式轴传动取代了传统的链条传动，杜绝了灰尘，降低了噪声，避免了掉链子和意外卷进衣服的尴尬。同样出于降低维修成本的目的，有些企业采用实心内胎加专业凯夫拉防爆层的设计，在免维护的基础上有效降低了骑行过程中的颠簸感。经过这些创新之后，原本已经几十年甚至上百年没有太大变化的自行车，完成了科技创新的升级改造。

共享单车，跟打车软件相比，在于它相对来说更创造了一个全新的市场。原来各地市政府也在试图解决最后一公里出行的问题。像上海或者北京这样的城市，现在已经无路可建了。其他大城市，像武汉、深圳，在疯狂地修桥建路，五年之后你也会发现无路可建。这种情况下就要寄希望于公共交通，公共交通就要解决最后一公里出行方便的问题，所以人们想到了自行车是非常自然的，但将互联网技术、移动支付技术等和自行车结合起来，就是一种创新。

共享单车的野蛮生长

在共享经济背景下，共享单车迅速崛起，在过去两年巨头豪赌，腾讯、阿里和滴滴结合自身战略，不断投入巨额资本抢夺资源，整个行业为之疯狂，共享单车被视为互联网运营新风口，也被誉为中国新四大发明之一，巨头加持下，也受到资本大佬追捧，使得摩拜和ofo得到迅猛发展，估值一轮高过一轮，飙涨二三十亿美元，而永安行更是登陆国内资本市场。

但一时间千万人向ofo挤兑押金，让ofo再次处在风口浪尖，也让押金监管再次成为争议话题。在押金管理上面临诸多困境，导致企业挪用，当面临挤兑后，能迅速击垮一家企业，同样，押金不能被挪用进行企业经营周转，用户申请退还押金按原路退还。在ofo这里则成为解不开的谜底，按照千万人推算，押金超过10

亿元,这将是 ofo 的致命一击。

在共享单车经历了野蛮生长后,众多玩家"死"去,共享单车开始进入精细化运营时期,疯狂烧钱时代已过去。2018年,摩拜卖身美团,但苦苦支撑的 ofo 迎来至暗时刻,让两个昔日风光无限的年轻人的命运截然相反。2018 年 12 月胡玮炜宣布辞去摩拜 CEO,在大多人看来,她成了人生赢家,此前有消息指出,摩拜卖身给美团后,这个美女创始人套现 15亿。而 ofo 在多次资金困境中,戴威(ofo 创始人)强调跪着

也要活下去,可如今千万人退押金潮,最终戴威悲壮收场,令人惋惜。

在摩拜和 ofo 两虎相争之际,哈啰单车是一家不起眼的参与者,在三四线等城市积极发展。当其与永安行旗下永安行低碳合并后,借助上市公司永安行的光环,哈啰单车迅速爆红,且永安行背后有蚂蚁金服资本支持,最后合并后得到蚂蚁金服巨额资金扶持,让名不见经传的哈啰单车以一匹黑马形势崛起。2018 年 12月,针对嘉里大通物流有限公司上海分公司起诉 ofo 运营主体东峡大通(北京)管理咨询有限公司拖欠服务费一案,北京市海淀区人民法院做出判决,判令东峡大通支付服务费 8111896.38 元。2019 年 2 月 21 日,法院出具的民事裁定书显示,ofo 运营主体东峡大通(北京)管理咨询有限公司共计 8082.75 万元的银行存款和相应财产被冻结。

共享单车的未来

共享单车野蛮生长已成过去,"活下来"的玩家延伸行业边界,以智慧出行掀起新一轮出行浪潮,依托 App 所积累的用户优势,向共享汽车、网约车和出租车业务延伸,在共享汽车方向,依托庞大用户资源,和产业链进行合作,形成新能源电动汽车生产厂家、车联网技术提供商、智慧社区运营商以及公共停车场等多方产业链协同,并基于人工智能技术实现精准共享新能源电动汽车投放。

此前,永安行发布公告,携手北汽新能源,将试水共享电动汽车业务,双方将联合开发为永安行定制的基于互联网、多媒体信息技术的新一代纯电动汽车。双方将积极在新能源汽车电池及控制系统、多媒体系统、动力电池梯级利用、金融服务、租赁运营等多方面开展深度合作,共同推进智慧交通业务。

在此之前,哈啰单车凭借注册用户超过 2 亿,向智能出行升级,由单一的共享单车向共享汽车,甚至网约车等延伸,全国 60 多个城市同步接入首汽约车网约车业务。此前,哈啰出行还接入嘀嗒出行,全国 81 个城市同步上线嘀嗒出租车业务。

在未来,随着智能汽车的发展,共享汽车和无人驾驶融合,将带来全新的出行经济,因"出行"形式逐渐向按需转变,将催生全新的"乘客经济"(这一词由英特尔创造),Strategy Analytics 预测,到 2050 年"乘客经济"将高达 7 万亿美元。

在产业链共同推动下,不仅让市民拥有便利出行工具,也充分释放车辆使用率,真正做到环保出行,同时,也将改变人们拥有车辆的形式,人们无须购买私人汽车,拥有车辆的形式逐渐朝按需转变,势必掀起新一轮智能出行浪潮,从根本上改变整个出行市场的局面。

思考与讨论:

1. 试结合案例说明共享单车的商业模式。
2. 进一步搜寻资料,试分析共享单车的未来发展。

模块八
创业计划

CHUANGYE
JIHUA

知识目标:
1. 了解创业计划的概念及作用,熟悉创业计划书的基本格式和撰写要求。
2. 了解撰写创业计划书应具备的条件。
3. 熟悉创业计划书的撰写重点及撰写步骤。
4. 掌握创业计划书的撰写原则和展示技巧。

能力目标:
1. 能够按照创业计划书的内容,撰写出完整的计划。
2. 能够对创业项目进行可行性分析。
3. 能够有技巧地展示创业计划并掌握会谈技巧。

独立思考

凡事预则立,不预则废。大学生创业不能仅凭一股激情,通过撰写创业计划书可以理清思路,规划未来。

请同学们想一下,你有过创业的想法吗?你思考过怎样写出一份有分量的创业计划书吗?创业计划展示应注意的问题你是否涉及?你是否自信且成功地展示了一份创业计划?

一份创业计划书成就的创业梦

2015年的任书豪33岁,他曾这样说:"创业要创新,要打持久战。"任书豪名片上的身份是河北东方凯誉通信技术有限公司董事长。他的"持久战"始于2003年,当时他还是石家庄经济学院一名大学二年级学生。在同龄人中总是显得"不安分"的他,如愿成为校学生会对外联络部的成员。

"那次,我代表学生会到河北网通石家庄分公司拉赞助,恰好碰上了西门子(中国)的销售代表,正在向网通公司推销一种通信智能网设备。"任书豪回忆当年创业的缘起说,当时,网通的工作人员没有对这种设备表现出多大的兴趣,"旁听"的他却被这种设备所具有的神奇功能"瞬间击中"。

当时,省会大学生还不知道通信智能网为何物,任书豪凭直觉判断:该设备如果引入大学,必然会是校园通信和各种支付活动的一场"革命"。这次巧遇,促成了西门子(中国)公司将设备以免费试用的方式首先在石家庄经济学院安装运营。没过多久,这款能通过手机卡完成多个项目统一支付的"精灵E线"获得了超出预想的成功,任书豪争取到了网通"精灵E线"在省会高校的推广代理权。2004年8月,任书豪所带领的团队以他们的亲身经历为蓝本制作了创业计划书,一举夺得全国大学生"挑战杯"大赛铜奖。以此为起点,他们注册了东方凯誉公司,"我们的业务当年就覆盖省会十几所高校,公司的年收入已超300万。""从那之后的10年里,我做了很多事,但所有事都没有偏离以通信为基础的增值服务这个轨道。"任书豪说。

创业梦是美好的,而创业后如何拓展,为社会创造更多的财富?这个更大的梦想已经成为任书豪和他带领的年轻团队"穿云破雾"的原动力。

任务一　创业计划概述

扫码看课

【名人名言】

用百折不回的毅力,有计划地克服所有的困难。

——毛泽东

至诚可以前知,预测未来才能做好计划。

——曾仕强

做出规划。今天所做的事情是为了我们有更好的明天。未来属于那些在今天做出艰难决策的人们。

——伊顿公司

创业计划是创业者首先应该做的。创业计划是创业者的创业想法、路径、目标的细化。对于创业者而言,创业计划会使其最初的创业想法系统化,使其对企业的发展有更加明确的预期。对于合作者而言,创业计划使其更加明确企业的远景及实现路径,能够增强合作的信心。对于投资者来说,可以因此对自己投资的可能回报率有较为明确的预期。虽然有了计划并不一定能保证成功,但是它可以提高创业的成功率。计划对于新创企业来说,好比建筑效果图,可能在施工的过程中会有所改变,但可以直观地反映实施后的效果,对于建筑施工图的绘制起着决定性的作用。

一、创业计划的概念及作用

(一)创业计划的概念

微课精讲

创业计划是用来清晰完整地阐述创业的目的、基本设想、发展前景、团队组成、实施路径等方面情况的总体规划,即创业者关于创业设想的书面概述,包括市场机会、营运战略、财务和人力资源战略,特别是其团队管理能力和技巧。计划需要详细地分析机会的价值、要求、风险和潜在收益,以及该如何把握市场机会。创业者要能够通过把各种调查研究、周密的思考和创造性的问题融会成一份完整的创业计划,来指导创业的过程并向投资者和债权人展示创业成功的潜力和策略。

(二)创业计划的作用

如果创业计划作为内部管理资料,那么需准备一份以市场营销和财务报表为重点的短期创业计划,以防范初创管理常出现的"走哪算哪"的现象。如果创业者为寻求融资资金或扩张资本,那么制订一份完整的创业计划就十分必要了。在创业准备阶段,规划设计好一份创业计划的重要功能主要表现在以下两个方面。

1. 创业计划是指导新创企业走向成功的路标

(1)有助于明确创业目标,作为企业行动方向。在创业融资之前,创业计划首先应该是给创业者自己看的。办企业不是"过家家",创业者应该以认真的态度对自己所有的资源、已知的市场情况和初步的竞争策略做尽可能详尽的分析,并提出一个初步的行动计划,通过创业计划做到心中有数,规划自己的创业蓝图,使创业者对自己的创业目标更加明晰。

(2)有助于分析创业的可行性。制订一份正式的创业计划,是创业资金准备和风险分析的必要手段。对初创的风险企业来说,创业计划的作用尤为重要,一个酝酿中的项目,往往很模糊,通过撰写创业计划,把正反理由都书写下来,然后再逐条推敲,创业者就能对这一项目有更加清晰的认识,有助于分析创业的可行性。

(3)有助于指导新创企业的经营管理。创业计划涉及创业资金的筹措、战略与目标、财务计划、生产与营销计划、风险评估等企业经营管理的各个方面,可使创业者周密安排创业活动,有利于新创企业的经营管理。创业计划使目标得以量化,为创业者预测未来结果提供了可度量的标准。

(4)有助于吸引新的团队成员加入。创业计划通过描绘新创企业的发展前景和成长潜力,使管理层和员工对企业及个人的未来充满信心,并明确要从事什么项目和活动,从而使大家了解将要充当什么角色,完成什么工作,以及自己是否胜任这些工作。因此,创业计划对于创业者吸引所需要的人力资源,凝聚人心,具有重要作用。

2. 创业计划是与利益相关者沟通的桥梁和媒介

(1)有助于让利益相关者全面理解新创企业。创业计划作为一份全方位的项目计划,它是对即将开展的创业项目进行可行性分析的过程,也是在向风险投资家、银行、客户和供应商宣传拟建的企业及其经营方式,包括企业的产品、营销、市场及人员、制度、管理等各个方面,在一定程度上也是拟建企业对外进行宣传和包装的文件。此外,好的计划还可能有机会取得政府的扶持。

(2) 有助于让投资者产生兴趣和信心。一份完美的创业计划不但会增强创业者自己的信心,也会增强风险投资家、合作伙伴、员工、供应商、分销商对创业者的信心。而这些信心正是企业走向创业成功的基础。

(3) 有助于让外部读者评阅指导。创业计划涉及企业的诸多方面,难免有不妥或遗漏之处,作为企业自我推销的文件,在供外部读者评估审阅时,有机会得到他人的指导,使计划更加切实可行。

二、创业计划的基本内容

创业计划(书)的内容和形式因具体创业环境、创业者及创业机会的不同而千变万化,应不拘一格。但创业的一些基本要素是相似的,了解和掌握这些基本要素会有助于创业者更好地编制计划。制订完善的创业计划,要求创业者明确创业的关键问题。撰写创业计划的方法众多,有诸多的结构和模板可以参考。在创意真正转变为创业的过程中,通过提出必须面对和解决的问题,关注创业的关键成功要素,保证后期的成功创业。虽然,创业计划没有严格一致的格式与体例,但通常情况下它应该包含以下内容。

(一) 执行摘要

执行摘要是对创业的所有要点进行总结,比如经营模式、所有者和主要员工、目标市场、财务要点等。从财务分析来说,它包括了销售计划、资金需求、资金用途、何时及如何偿还借款等。为了引起读者的注意,创业者应以简洁的方式把重点放在债权人和投资者感兴趣的创业基本要素中。切记,应该尽量简洁——最多两页,只要把要点陈述清楚即可。一份精心准备、条理清晰的摘要有助于给创业者和企业建立良好的外在形象,从而取得财务支持。

执行摘要的具体内容如下。

1. 商机

主要概述存在什么样的商机,为什么对此商机有兴趣,以及计划开发此商机的相关战略。要重点阐述主要观点或利益,简单描述关键事件、条件、竞争者的弱点、产业趋势及其他可以定义商机的证据和推断。

2. 企业描述

对企业的历史、起源及组织形式做出介绍,并重点说明企业未来的主要目标(包括长期和短期),企业所提供产品和服务的知识产权及可行性,这些产品和服务所针对的市场以及当前的销售额,企业当前的资金投入和准备进军的市场领域及管理团队与资源。

3. 竞争优势

明确指出与企业竞争的同类产品和服务,分析竞争态势和确认竞争者信息,包括竞争者的身份、来源和所占市场份额,他们的优点和弱点,最近的市场变化趋势等;同时指明企业的创新产品所带来的竞争优势,供货周期的优势或市场入侵者会遇到的壁垒,竞争者的缺陷,产业发展的有关条件。

4. 目标市场和预测

解释产业市场、主要客户群体、产品定位以及如何接触这些目标群体的计划。主要包括市场趋势、目标顾客特征、市场研究或统计、市场对产品和服务的接受模式和程度,要让投资者确信这个市场是巨大且不断增长的。

5. 创业团队

概述创业者及团队每个成员的相关知识、经验、专长和技能,注明先前获得的经验、成绩。特别要说明创业者或团队成员曾经负责过的部门、项目或企业的规模。

6. 盈利能力和收益潜力

概述企业的毛利和经营利润、期望盈利率和盈利的持续时间;实现盈亏平衡点和正现金流产生的大致时间表;关键财务开支预测、预期投资回报等。

7. 企业需求描述

简要说明企业所需的债务融资额。如果新创企业有强大的发展战略,并希望在 5 年内进行首次公开上市,那么执行摘要应包括一个退出战略。如果新创企业最初没有这种想法,则创业者应在执行摘要中避免讨论类似关于退出战略的问题。

(二) 企业描述

创业计划的主体部分是从企业描述开始的。企业描述主要介绍当前企业创建的进展程度。创业者需要提供简单的有关企业的信息,比如:什么时候及为什么成立企业,其发展的过程、远景怎样,财务和经营历史状况如何,以及新产品研发、专利申请和获得市场份额等的情况。

(三) 产品(服务)

列举企业当前所提供的产品和服务类型,以及将来的产品和服务计划,陈述产品和服务的独到之处,产品介绍通常应包括以下内容:产品的基本情况,产品的市场竞争力,产品的研究和开发过程,发展新产品的计划和成本分析,产品的市场前景预测,产品的品牌和专利。产品(服务)介绍是创业计划必不可少的一项内容。在产品(服务)介绍部分,创业者要对产品(服务)做出详细的说明,说明要准确,也要通俗易懂。通常,产品介绍要附上产品原型、照片及其他介绍。

(四) 市场与竞争

编制营销战略前要进行有效的市场分析。市场分析包括行业竞争情况分析、自身竞争实力,即市场规模和趋势、企业地址、市场营销组合和预算等。

对提出的产品和服务,应确认是否存在真正的市场。创业者需要描述目标市场和市场特征:谁买,哪里买,多少人买,为什么买,什么时候买,如何满足需求,和竞争对手不同的地方是什么。一个成功的创业者需要具备这样的能力——吸引那些有购买意愿而且确实有消费能力的真正的客户前来购买产品和服务。创业者所犯的最严重的营销错误就是不确定目标市场定位,试图将其产品卖给所有人。

给未来的投资者展示客户对其产品和服务感兴趣,需要提供测试市场的方案并取得书面评估证明。创业者必须用其市场研究得到的事实数据来证明所提出的市场规模和增长率等。

在创业计划中,风险企业家应细致分析竞争对手的情况。谁是主要的竞争对手?其市场份额、产品或服务、战略、优势和劣势及企业形象等信息数据应在这部分进行分析和描述。应明确与竞争对手相比,在对客户有价值的产品或服务及企业模式等方面,哪些是企业的竞争优势所在。创业者应该把企业战略的重点放在客户的需求而不是竞争对手上。

(五) 营销

营销是企业经营中最富挑战性的环节,影响营销策略的主要因素:消费者的特点、产品的特性、企业自身的状况、市场环境方面的因素、营销成本和效益因素。营销策略应包括以下内容:市场机构和营销渠道的选择;营销队伍和管理;促销计划和广告策略;价格决策。

对新创企业来说,由于产品和企业的知名度低,很难进入其他企业已经稳定的销售市场中去。因此,企业不得不暂时采取高成本低效益的营销战略,如上门推销、大打商品广告、向批发商和零售商让利,或交给任何愿意经销的企业销售。

(六) 运营

在寻求资金的过程中,为了增大企业在投资前的评估价值,风险企业家应尽量使运营计划更加详细、可靠。创业者应该构建企业组织结构,用来确定企业的主要岗位并挑选合适的员工。选择合适人选组建管理团队无疑是困难的,而留住这些人才来一起创建并发展企业则更为困难。因此,创业计划应简要描述如何采取措施来鼓励企业的重要管理人员留在企业。通常,企业会采取雇用合同、股权分配和津贴等方式来留住和激励这样的员工。在创业计划中描述企业的股权分配方案、租赁、合约和其他与企业相关的协议是有益的。

(七)团队及组织结构

创业团队人员包括核心董事会成员、管理人员和重要的股东。创业成功的最重要的因素就是管理团队的素质,比如能力和经验。创业计划应该表述管理高层的可证明的技能和优势,说明该怎样留住重要员工:股权激励或是其他一些激励手段能够降低员工流失率。由行业内的专家组成的董事会有助于增强管理团队的素质。

此部分要重点解答:创业者和早期关键雇员的背景和角色是什么?创业团队的热情和技能怎样及该创业团队为何致力于创业机遇?组建创业团队必须雇用哪些关键人员?每个职能部门预期会需要多少人员?这家公司是否具有顾问人员或董事会成员以促进创业过程?

此外,还应对公司结构做简要介绍,具体包括以下方面:公司的组织机构图;各部门的功能与责任;各部门的负责人及主要成员;公司的报酬体系;公司的股东名单,包括认股权、比例和特权;公司的董事会成员;各位董事的背景资料。

(八)财务预测

创业者需要提供未来一到三年的企业经营的财务预算报表(包括损益表、资产负债表、现金流量表)。这些基本的财务预算报表对创业者来说是十分重要的,而财务预算的制订有助于财务报表的准备。创业者应该制订的几个关键预算:经营预算、现金流量预算和资本预算。经营预算一般先是进行销售预测,然后评估经营费用。现金流量预算提供了特定时期的现金流入和现金流出的总体情况。财务预算报表是用来规划企业未来特定时期内的财务状况(如预算损益表)或未来某一时间的经营状况信息(如预算资产负债表)的,经营预算和现金流量预算经常被用来制订这些财务预算报表;而资本预算是用来帮助创业者做投资决策用的。三个常见的资本预算的方法包括投资回收期法、净现值法和内部回报率法。

财务预测和现金流分析一样重要。因为投资者关注的就是现金回报率和回报时间。根据企业三年或五年的财务预测,投资者可以通过自己的分析研究,来决定投资与否。因此应该对新创企业的财务进行科学、合理、有说服力的预测——切记不要夸大其词,那样会让投资者对你的诚信产生怀疑,进而对你产生在圈钱的误解,也不可以太过保守,因为回报率太低是没有办法吸引投资者的。

一份好的财务规划对评估风险企业所需的资金数量,提高风险企业取得资金的可能性是十分关键的。如果财务规划准备得不好,会给投资者留下企业管理人员缺乏经验的印象,降低企业的评估价值,同时也会增加企业的经营风险。

(九)附录

这部分应附上关键人员的履历、职位,组织机构图表,预期市场信息,财务报表,以及创业计划中陈述的其他数据资源等。

三、创业计划书的基本格式

创业计划书的格式,即创业计划书的呈现样式,有 Word、PDF、PPT、思维导图等形式,其框架内容大抵如上所述。下面以适用于服务型企业的创业计划书为例,罗列其框架格式。

【小贴士】

创业计划书(示例)——适用于服务型企业

一、执行总结(对创业计划书进行概括性描述,起摘要作用)

1. 公司概述
2. 市场机会和竞争优势
3. 产品(服务)的前景
4. 公司所处的环境及创立背景

5. 创业立项的重要性及必要性分析
6. 公司经营业务及内容
7. 公司设立程序及其日程表

二、产品服务介绍
1. 产品服务描述(特征、主要客户对象等)
2. 产品服务优势

三、市场调查和分析
1. 市场容量估算
2. 预计市场份额
3. 市场组织结构

四、公司战略
1. SWOT 分析报告
2. 公司总体战略
3. 公司发展战略

五、营销战略
1. 目标市场
2. 产品和服务
3. 价格的确定
4. 分销渠道
5. 权利和公共关系
6. 政策

六、产品制作管理
1. 工作流程图及生产工艺流程图
2. 生产设备及要求
3. 质量管理措施及方法

七、管理体系
1. 公司性质及组织形式
2. 部门职能
3. 管理理念及公司文化
4. 团队成员任职及责任

八、投资分析
1. 股本结构与规模
2. 资金来源与运用
3. 投资收益与风险分析(对报酬率、回收净值、回收期等的计算)
4. 可以引入的其他资本

九、财务分析
1. 财务预算的编制依据分析
2. 未来3年的预计会计报表及附表
3. 财务数据分析(主要财务指标分析、敏感分析和盈亏平衡分析等)

十、机遇与风险
1. 机遇分析
2. 外部风险分析

3. 内部风险分析
4. 解决方案和应对措施

十一、风险资本的撤出

1. 撤出方式
2. 撤出时间

十二、附录(补充材料)

任务二　撰写创业计划书与创业计划的展示

扫码看课

【名人名言】

随时留意身边有无生意可做,才会抓住时机把握升浪起点。着手越快越好。遇到不寻常的事发生时立即想到赚钱,这是生意人应该具备的素质。

——李嘉诚

一流高手是眼睛里面没有对手,所以我经常说我没有对手,原因是我心中没有对手。心中有敌,天下皆为你敌人;心中无敌,无敌于天下。

——马云

企业发展就是要发展一批狼。狼有三大特性:一是敏锐的嗅觉;二是不屈不挠、奋不顾身的进攻精神;三是群体奋斗的意识。

——任正非

"写作使人精确",撰写一份创业计划书能迫使创业者进行冷静、系统、缜密的思考。有些创意可能听起来很棒、很诱人,但是,当你把所有的细节和数据写下来的时候,自己就崩溃了,发觉创业活动与创业者的个人目标和期望并不一致。那么,此时做出放弃创办新企业的决定,应被看作一种明智的选择。正如瑞士军事理论家菲米尼所说:"一次良好的撤退,应和一次伟大的胜利一样受到奖赏。"

一、撰写创业计划书应具备的条件

一个计划既经设定,便会成为人们行动的指南,人们要循着它的方向去做。因此,一个看上去似乎十全十美但却无法实现的计划,就好像是画在墙上的饼,好看却没有办法吃。

要制订既容易实行,效果又好的计划,需要具备哪些条件呢?

第一,要具体。必须明确地表示具体的行动、目的和方针,可以稍具抽象性,但行动却应明白地指出,让负责实行这一计划的人了解自己该如何去做。

第二,要有限期。目标就像是一只无形的手,在远方召唤着我们,所以拟定一个计划时,必须顾及时间的设定。

第三,要具备经济性。在费用、人员、资料等方面都有必要精打细算。

第四,要简洁。如果计划过于繁杂,实行时,往往会缺乏弹性。

第五,要有弹性。为了应付条件的变化及偶然因素出现,拟定计划时必须考虑到修改,甚至变更部分计划的可能性。

第六,要有优先顺序。对于所实施的项目,要根据它们的重要性,决定先后次序。

第七,要反馈,对于计划必须及时进行总结与反馈,这样才能检验计划的实施程度如何并及时调整计划的可行性。

二、创业构想的研讨与可行性分析

创业计划书的编写涉及的内容较多,因而制订创业计划前必须进行周密安排。主要有如下一些准备工作:确定创业计划的目的与宗旨;组成创业计划工作小组;制订创业计划书编写计划;确定创业计划的种类与总体框架;制定创业计划书编写的日程安排与人员分工。

以创业计划总体框架为指导,针对创业目的与宗旨,广泛搜寻内部与外部资料,包括新创企业所在行业的发展趋势、产品市场信息、产品测试、实验资料、竞争对手信息、同类企业组织机构状况、同类企业财务报表等。资料调查可以分为实地调查与收集二手资料两种方法。实地调查可以得到创业所需的一手真实资料,但时间及费用耗费较大;收集二手资料较容易,但可靠性较差。创业者可根据需要灵活采用资料调查方法。通过分析新创企业的当前现状、预期需求及结果预计,展示新创企业的清晰面貌——企业经营内容、发展方向、预期目标如何实现。

(一)探讨创业的目标与方向

撰写创业计划书的筹备之初,需要先探讨和评价新创企业或创业者的目标,据此来设立符合新创企业或创业者实际需要的翔实而周密的创业计划。这一阶段,创业者要重点思考以下两方面的问题。

一是创办企业的原因。创办企业的一些常见的原因:拥有自己的企业;渴望职业、财政独立;实现自我愿望;充分展示自我的技能;奉献社会,等等。

二是哪些商务领域适合自己创业。为此需要思考这些问题:自己对哪些行业感兴趣?企业将销售什么产品或服务?企业的生意是否现实,它是否满足或适应了某种需要?企业的竞争对手是谁?与现有的公司相比,本企业的优势是什么?企业能够提供高品质的服务吗?自己(创业团队)有能力驾驭企业的运营和管理吗?

(二)检验创意的市场潜力

创业"金点子"不在于其是否新颖,也不必在意是否自己独创,关键在于创意本身必须具有市场发展潜力,以下是检验这方面的有用问题。

(1)构想是否能满足目标市场所需?这种需求是否未来亦有持续的市场?

(2)产品的销量是否足以维持日常企业运营成本(特别是创业初期)?目前市场的发展空间怎样?竞争对手发展到何种阶段?

(3)自己具备对构想的现实转化实力吗?是否有相关的技术配合?产品或服务的成本是否在消费者可接受范围之内?

(4)创业者是否具备驾驭转化构想所需的知识、技术及能力?此构想是否有人尝试过?其结果如何?为什么?

(三)分析创业可能遇到的问题和困难

俗话说:"凡事预则立,不预则废",创业之初,亦同此理。事先预想到创业过程可能遇到的各种问题和困难,并事先考虑一些解决之道或应对之法,将为今后的创业之路扫清诸多障碍,因此,创业之初,对于创业者,最好的方法是要先学会换位思考,站在投资人的角度认真思考以下问题。

(1)市场机遇与开发策略:国家、社会、市场现存哪些问题?我们准备以什么产品或服务来解决这些问题?我们的产品或服务可能的潜在销售额有多大?如何实现这些销售额?我们的目标顾客何在?

(2)产品与服务构思:我们的产品或服务是否能够满足顾客的真实需要,帮助他们解决面临的实际问题?我们将来如何销售自己的产品或服务?我们的收入来自何处?要撰写我们构思的产品或服务简介,以便向潜在顾客展示。

(3)竞争优势:我们的竞争对手是谁?在哪里?我们的产品或服务与竞争对手相比,在使用价值、生产成本、外观设计、环境和谐、上市时间、战略联盟、技术创新、同类兼容等方面有何长处?

（4）创业管理团队：如果团队已组建好，应详细说明团队的组织架构、分工及各人在其中承担何种角色，特别应该强调各人具备的相关从业经验、特长等背景。如果创业团队尚未组织好，可以强调核心团队成员所需的知识和技能。

在仔细思考以上问题之后，接下来需要认真思考和回答下述问题：所说的业务是否具有高速增长的潜力？所说的业务能否抵御竞争对手的竞争？所说的业务需要多少前期投资？所说的业务需要多长时间才能推向市场？所说的业务是否具有成为该市场领先者的潜力？所说的业务的创意在目前阶段开发得如何？经营这项业务的团队成员的素质水平与技能是否互补？凭什么说这项业务在今后五年能够茁壮成长？

三、创业计划书的撰写

（一）创业计划书的撰写重点

创业计划书是对整个创业团队构思的凝练，对于没有写作经验的创业团队而言，虽然直接套用现成的创业计划书模板是一种比较快捷的方式，但是通常此类计划书都是有其形而无其质，很多内容容易陷入空泛。究其因，在于负责撰写的创业成员，并未深刻理解创业的实质和读者所需，只是把它作为一般意义上的文字材料来组织，运用惯有的写作手法行文。这种为写作而写作的创业计划书，既不能给投资者以充分的信息，又不能让投资者产生兴趣，其最终结果只能是被扔进垃圾箱里。为了确保创业计划书更加具备说服力，应该紧密围绕以下几个重点来撰写：①关注产品；②敢于竞争；③了解市场；④表明行动的方针；⑤展示管理队伍；⑥出色的计划摘要。

（二）创业计划书的撰写步骤

1. 明确创业计划书的形式

不同的阅读者对创业计划书有不同的兴趣和侧重点，因此，创业者撰写创业计划书的第一步就是确定读者是谁，他们想要的是什么，哪些问题必须有针对性地呈现给他们，进而明确创业计划书的形式。

2. 确定创业计划书大纲

拟定创业执行纲要，主要是创业的各个项目的概要。大纲应该确定创业计划的目标和战略，制订创业计划书的编写计划，确定创业计划书的总体框架和主要内容。

3. 收集创业计划书所需要的信息

根据创业计划书大纲，创业者需要收集撰写计划书要用而目前尚不清楚的信息。创业计划书的内容涉及面很广，因此需要收集的信息也非常多。具体来说，创业者需要收集行业信息、生产与技术信息、市场信息、财务信息等。信息的收集是一个十分重要的过程，信息的质量直接关系到创业计划书的质量。创业者可以通过现有资料的检索、实地调查、互联网查找等方式来收集信息。

4. 起草创业计划书

草拟初步创业计划。依据创业执行纲要，对新创企业的市场竞争及销售、组织与管理、技术与工艺、财务计划、融资方案、风险分析等内容进行全面编写，形成较为完整的创业计划书初稿。

5. 修改并完善创业计划书

创业计划书的初稿完成以后，创业者必须从目标读者的角度来检查创业计划书的客观性、实践性、条理性和创新性，看其是否能够打动目标读者。创业计划小组在这一阶段对创业计划进行广泛调查并征求多方意见，进而提出一份较为满意的创业计划方案。

6. 创业计划书定稿

进行定稿，并印制成正式创业计划文本。因为创业计划书编写的目的是为创业融资、宣传提供依据，同时作为创业实施的规划方案。因此，创业计划书的编写除尽可能地展现创业项目的前景及收益水平外，还要展现出创业项目的可实现性。

（三）创业计划书编制的注意事项

（1）创业计划书要重点突出、注重时效。

（2）产品服务描述使用专业语言；财务分析要形象直观，尽可能地采用图表描述；战略、市场分析、营销策略、创业团队要使用管理学术语，尽可能地做到规范、科学。

（3）创业计划书内容多，涉及面广，因此要求创业小组分工完成，但应由组长统一协调定稿，以免出现创业计划书零散、不连贯、文风相异等问题。

（4）创业计划书要详略得当、突出优势，机密部分应略为简洁，以防泄密。

【小贴士】

撰写创业计划书常见的错误

1．低估竞争，高估市场回报。

2．不陈述预测报表的建立依据。

3．混淆利润和现金流。

4．不陈述最好、最坏和最可能发生的状况。

5．产品或服务对客户带来的影响，如提高顾客收益、降低客户成本、减少客户的流动资本和成本支出，不加以量化。

6．仅分析整体市场，忽略细分市场。

7．不讨论战略伙伴。

8．不理解市场进入壁垒和夺取客户所需要的成本。

9．对产品和服务、渠道选择、销售人员和销售模式的定位不清晰。

10．不讨论运营效率，不分析产能。

（四）创业计划书的撰写原则

一份好的创业计划书往往能够吸引潜在投资者的特别关注。如果计划不完善或漏洞百出，就好比发现饭里有一只虫子，很容易使人倒胃口。如果创业计划书语言流畅、充满激情，有严密的调查数据支撑，少见外行话，那么阅读者很容易把这些优点和创业者本人的能力联系起来。因此，创业者在撰写创业计划书时，一定要遵循以下原则。

微课精讲

1．真实性原则

创业计划书中的内容务必真实，不能有虚假成分。

2．简洁性原则

创业计划书中应避免一些与主题无关的内容，要开门见山地直接切入主题。语言应简洁、精炼。

3．完整性原则

创业计划书已成为一种国际惯例，结构是固定的。因此，结构应完整、清楚，内容应全面。

4．一致性原则

创业计划书的前后基本假设或预测要相互呼应、一致，也就是说前后逻辑要合理。例如，财务预测必须根据市场分析与技术分析所得结果进行各种报表的规划。

5．保密性原则

创业计划书中涉及的核心机密可适当进行规避。

【小贴士】

依据创业计划书的内容与分析指标设立相应评价指标权重值，如下表所示。

创业计划书评价指标权重值

评价指标	创意可行性	创业计划	总计
执行概要	2.00%	2.00%	4.00%
产品(服务)	7.50%	5.00%	12.50%
竞争	5.00%	2.50%	7.50%
市场	10.00%	5.00%	15.00%
营销	8.00%	2.00%	10.00%
经营	2.50%	2.50%	5.00%
组织	10.00%	5.00%	15.00%
财务	8.00%	5.00%	13.00%
总体评估	12.00%	6.00%	18.00%
总体评价	65%	35%	100%

总的来讲,有经验的投资者、潜在的商业伙伴和关键职位应聘者,不是靠臆测或憧憬来做判断,而是用事实数据评价企业的前途。最吸引他们注意力的是可行性评估结论,以及对独特商业模式所产生竞争优势的描述。如果商业模式仅仅建立在预测未来前景的基础上,显然,这样的计划很难让他们心潮澎湃,心甘情愿进行投资或加盟。此外,创业计划书的排版和装订也要尽量专业,切忌粗制滥造,更不能出现低级错误。

四、创业计划的展示

创业计划的展示虽然是短暂的,但却是决定性的。如果你的创业计划非常好,即便你的展示平淡无奇,甚至有些差错,也足以吸引风险资本家拿出大把的钞票。但是,绝大多数创业计划并不能达到这样的高度。更何况风险资本家投资的时候,除了考虑创业项目本身的优劣外,更重要的是基于创业者的能力和个人魅力,而展示创业计划正是创业者展示自己能力的难得机会。很难想象,风险资本家会把巨额的资金投给一个说话结巴,连自己的创意都讲不清楚的人。

(一)创业计划展示的要点

进行创业计划展示的一个重要指导思想,就是不仅要向你的观众传达信息,而且要感染和鼓舞他们。但是,在通常情况下,创业计划展示的时间比较短暂,一般不超过 15 分钟。很显然,在如此短暂的时间内,不可能把创业计划的全部内容都展示给观众。所以,你必须把重点放在观众认为最重要的部分。有专家在对创业计划展示正反两方面经验进行深入分析的基础上,给出了创业计划展示的要点,具体内容如下。

(1)标题。包括公司名称和公司图标;创建者姓名;创始人联系方式;致谢人;日期。

(2)概述。包括产品或服务的简要介绍;目标顾客;演讲要点的简单介绍;这项商业活动带来的潜在收益(商业的、社会的及财务的)的简要介绍。

(3)问题。简述企业要解决的问题和问题的严重性;通过调查研究证实问题;分析以下内容:问题在哪里?为什么顾客对现有结果不满意?未来的出路是什么?潜在顾客的需求是什么?简述企业要怎样满足需求,专家的观点。

(4)解决办法。简述企业要解决的问题和要满足的需求;展示你的解决方案与其他解决方案相比的独特之处;展示你的解决方案能在多大程度上改变顾客的生活,是更富足、更搞笑还是更实用;说明为了防止他人短期内抄袭你的方案设置了什么障碍。

(5)机会和目标市场。阐明目标市场,用调研数据来表示市场潜力和趋势;描述保持目标市场广阔前景的商业和环境趋势;用图表展示目标市场的规模、预期销售额(最少 3 年)和预期市场份额;说明达到你的销售额的方法;准备好解答对于数据的疑问。

(6)竞争。说明产品或服务的差异化,说明竞争优势和策略。详述你的直接、间接、未来的竞争者;展示你的竞争者分析方格;通过竞争者分析方格说明你与竞争对手相比的竞争优势;说明为什么你的竞争优势是持久的;如果你的退出战略被某个实力更强的竞争对手收购,不妨在这里提出这种可能性。

(7)市场和销售。描述你的总体市场计划;描述你的营销策略和定价策略;讨论营销流程;描述你调查的购买意愿表结果,产品需求的初步调研结果,说明行业内消费者(厂商)的购买动机;说明怎样引起消费者对你的产品或服务的注意;说明产品怎样最终抵达消费者;说明是自己培育销售力量还是与中间商合作。

(8)管理团队。介绍你现有的管理团队;介绍他们的背景、专长,以及对这份事业的成功发挥了怎样的作用;介绍团队如何展开合作;说明管理团队现存的缺陷,以及你打算如何弥补;简要地介绍你的董事会或顾问委员会成员。

(9)财务规划。简要讨论财务情况,介绍未来3~5年内总体的收入规划及现金流规划;介绍需要多少资金,你想要融资的渠道及资金使用方式。强调企业何时获利,何时达到盈亏平衡。

(10)总结。总结介绍企业最大的优势及创业团队最大的优势;介绍企业的退出战略。

(二)创业计划展示应注意的问题

(1)做好充分准备。展示者一定要有备而战,备战中不但要对展示的内容、方式和应该注意的问题有所准备,而且要事先推测对方可能会提出哪些问题,以及如何回答这些问题。展示的准备要由集体完成,每次展示后也要进行集体讨论,以便及时总结经验教训。

(2)展示时不要只顾自说自话。要创造机会让到场的投资者也参与发言或演示,实现相互之间的交流和互动。展示应保持条理清晰的风格,突出市场前景,刺激投资者的兴奋点。为此,在展示开始时就应声明在展示过程中允许提问。

(3)不要过分强调技术因素或故意使技术环节复杂化。关于技术问题,可以准备一份专门介绍的活页,在需要的时候可以适时插入。技术类图表的出发点应该是为支持市场与产品定位预测服务,如果没有特殊要求,不必画蛇添足地多做解释。

(4)分别做两份完整的计算表,一份面向技术背景有限的私人投资部门,另一份则面向熟知专业技术的精明投资者。演示应针对投资者的技术基础和专业背景。比如说,如果投资者的背景是财会专业,则有侧重地应用账务举例。

(5)如有必要,在演示前应先签一份保密协议。通常,第一次演示不要披露太多的专业信息。所以非不得已不要强求对方签订这种协议,不要在与项目无关紧要的地方滋生不必要的矛盾。

(6)实际执行演示的人员应具备突出的沟通表达能力。演示者不一定是经理,这样安排的效果可能更好。因为此时经理可以观察听众们的反应,并在适当的时机,给一些强调或补充性说明,增加内容的可信性。

(三)创业计划的推介技巧

合理有效的创业计划推介,能使创业者少走弯路,节省时间和精力,并且有效实现预期目标。进行创业计划的推介,必须要有好的方法,优秀的推介方法能让局外人了解企业的形象和创业者的魅力,使创业者受益。第一,把空想变成现实。由于缺少经验,创业者难免对前景盲目乐观。在这种情况下推介方法可以帮助创业者认准方向,减少企业投资风险。第二,获取所需要的帮助。创业者为了实现自己的理想,需要各方面的支持,而行之有效的推介方法就是成功地把企业想法推介出去,增强原有投资者的信心,使创业计划有用武之地。

推介的基本技巧如下。

1. 推介内容准备

创业者要认真准备推介内容。要针对不同的推介对象,准备他们比较关注的内容。创业者在做创业计划推介准备时,要注意训练自己言简意赅的表达能力,训练自己用一分钟来表达、阐述新创企业的性质与职能。

2. 演示创业计划

企业的目标市场、竞争等各方面的情况创业者可能已经在平时做了很多的功课,但是如何利用好手中的幻灯片,并且能够把投资者感兴趣的内容讲出来,是创业者在推介项目时最关心的。幻灯片并不是要代替创业者向人们展示创业计划,创业者和创业团队才是关键。幻灯片的作用只是提供一个总体的框架,强调创业者发言内容的重点。因此幻灯片应该简明扼要,只包含主要标题和一些解释性语句。

3. 路演答辩技巧

演讲的第一条注意事项就是严格控制时间。如果是半小时的发言时间,最后5分钟用来提问,那么就必须在25分钟之内结束演讲,不能超时。演讲时着装要得体,如果不确定自己到底该选择怎样的衣服,可以打电话咨询一下着装事宜,尽可能多地了解演讲场地的情况,尽量避免因不熟悉场地或紧张而引起项目介绍找不到重点、材料和演示工具准备不足、时间把握不好等问题。在演讲前,最好多带几份创业计划书备用,因为也许有听众是初次听计划,他很感兴趣,那么势必要看整份的创业计划书。

4. 个人状态及演说技巧

在向投资者推介自己的创业项目时,要表现出自信积极的个人心态,展现出对自己项目的信心,以及愿意为项目付出巨大努力的准备,在个人演讲时要精准地把控语速和时间,争取在最短的时间内讲出最有价值的内容。最后,演讲的内容要准确,特别是其中的一些分析性内容。回答投资者的问题要记着"四不要":不要啰里啰唆;不要软弱回避;不要针锋相对;不要语无伦次,前后不搭。

5. 反复练习

反复演练,控制时间。激情、气场、语速、语调、手势动作等演讲基础技巧要勤练习,把演讲内容烂熟于心。在创业团队面前进行试讲,让他们帮忙计时,反馈演讲效果并及时改进。

6. 注意语言模式

大部分人不是天生的演讲家,可是控制语速能让创业者讲解得更清晰。控制语速可以减少犯错误,少用形容词,用故事叙述。不要把问题说得太抽象,用翔实的数据、具体的事例和故事进行讲述,展示清晰的故事叙述能力。

推介的进阶技巧如下。

1. 形成良好的第一印象

与投资者首次会谈通常需要1~5小时,具体时间长短依讨论问题的深度、广度而异。平均看来,会谈的时间大约为2小时。在会谈过程中,对方将以企业家的标准分析你的个性,考核你的能力。大多数投资者认为,创业者给他们的第一印象具有决定性意义,如果第一印象不好,双方的接触很可能就此终止。那么,怎样才能给对方留下良好的第一印象呢?得体的穿着,礼貌的行为,诚恳的态度是最基本的要求。

2. 会谈要围绕创业计划书进行

会谈要始终围绕创业计划书进行,不要漫无目的地夸夸其谈。运用数据,明确告诉投资者企业的目标用户是谁,项目将会怎么做,为什么在同行业中比其他创业者更优秀,同时再给投资者提供一份详细准确的财务预测。虽然说数据略显枯燥,但是大家要记住:数据才是最准确、最吸引人的描述。某些创业者认为自己应向对方出示大量资料和图表,而不认真考虑这些资料的必要性,甚至对所带的资料缺乏深入的了解,以致当投资者问起时不能给予满意的回答。所以,一些资深投资者建议,会谈前一定要围绕创业计划书涉及的内容进行认真准备,会谈要始终围绕创业计划书进行,如果你有产品模型或样品,一般可以随身带去,多余的东西最好不带,否则很可能会给自己带来意想不到的麻烦。

3. 不要过分自夸

投资者首先需要创业者有聆听能力。许多创业者认为,会谈的机会非常难得,应该在有限的时间内,尽可能通过自己的表达打动投资者。基于这种考虑,创业者为了赢得投资者们的兴趣,往往会特别健谈,甚至会不由自主地夸大自己的项目优势。如果创业者认为自己的项目不可一世,听不进别人的意见,在推介自己的计划书和项目时只顾自己而不顾投资者的感受,这样创业者和创业者的项目都很难受到投资者的青睐。在这种时候,创业者一定要注意"言多必失",一定要尽量避免提及自己在将来的宏大计划,更不要提及在创业计划书中并没有说明的那些新产品。同时,创业者需要诚实地回答投资者的问题,不要偷奸耍滑,让投资者觉得创业者是可以信任的。应该知道:"过分地自夸只会让人感觉你是一个梦想家或是一个眼高手低的人",这是一位风险投资家对创业者的忠告。

4. 展示你的热忱和激情

创业是一件非常艰苦的事情,只有充满热忱和激情的人,才能取得创业成功。事实上,投资者在考察创业者时,除了希望对方专业、智慧,具有完成创业项目的知识和能力外,他还希望对方具有坚定的信念和乐观的精神,并且对自己的事业具有火一样的热情。所以,提醒创业者不要过分自夸,并不是要其沉默、低调,而是要实事求是地展现自己和自己的创业项目。同时还要注意,在会谈过程中,创业者就像是一个推销员,在向投资者推销创业项目时,也是在推销自己。而一个对自己的创业项目都没有热忱和激情的人,投资者怎么可能为你投资呢?

5. 捕捉投资者的兴趣

在推介创业计划之前,创业团队应该了解投资者的喜好,尽量多地搜集内部信息。比如,他们有自己的公众号吗?有博客吗?他们是关注长远目标还是关注当前的财务状况?他们关注创业者的什么特质等。再比如,有资料显示,关注IT的投资者一般喜欢新产品和新服务。因此,我们要尽量了解投资者的兴趣,如果能在推介时利用好这些,可以给投资者留下深刻印象。如果创业团队在推介前无法得到这些信息,那么在推介的过程中注意观察,并及时做出调整。

6. 表现出真实的自己

在双方会谈过程中,还要注意你表现的是你自己,不要企图把自己伪装成另外一个成就很大的企业家。会谈之间要谈吐自如,要把注意力放在准确理解和回答对方提出的问题上。作为一个寻求帮助的人,不要试图把自己表现得很强大。真正的自信者,应该能够客观地看待自己的优势,坦然地面对自己的不足。要尽可能真诚地表达自己的想法,要实事求是地评价自己的项目和能力。要知道,你不可能吸引所有投资者,你要寻找的是真正懂你、信任你,真正看好你的创业项目,并确实有能力帮助你的人。如果你遇到的不是这种人,千万不要为了迎合他的要求而改变自己。

7. 准备回答最刁钻的问题

在推介创业计划时,精明的投资者往往会提出各种比较刁钻的问题。在推介之前,创业团队最好就可能被问的问题提前做准备,尽量避免措手不及。但是如果投资者提出的问题真的是创业团队没有想到或没有妥善解决的问题,不要担心,只要记住一点:诚实回答。诚实是企业家重要的品质之一,如果搪塞、糊弄则可能会让之前留下的良好印象大打折扣。

【思考讨论】

请分组并围绕"创业计划及创业计划书的撰写与展示"展开讨论,思考并回答下列问题。

(1) 创业计划书有什么作用?
(2) 创业计划书应包含哪些内容?
(3) 撰写创业计划书要经过哪些步骤?
(4) 撰写创业计划书应遵循哪些原则?
(5) 分析创业可能遇到的问题和困难。
(6) 如何理解展示创业计划的要点?
(7) 进行创业计划展示时应注意哪些问题?
(8) 创业计划的推介技巧有哪些?

【课外修炼】

创业计划是创业的动力。好计划是很容易获得的,但仅仅有设想与将其付诸实践完全是两码事,那么,如何找到最适合你的计划呢？请完成以下练习。

(1) 用 50 个左右的字将你的想法写出来。

(2) 在实施这个想法前,列出所有你要回答的关于这个行业的问题。

(3) 尽可能具体地找出这个想法的来源。

(4) 找出 3 种方法来证明你的这个想法比现在应用的具有一定的优越性。

(5) 找出你的想法可以应用的另外 3 个例子,如果找不出来,请说明其困难及克服方法。

(6) 今后的 5 年内你是否打算致力于该计划的实行？为什么？

(7) 你的这个想法产生多长时间了？如果少于 3 个月,解释一下为什么你不给它更长的时间。

(8) 粗略地估计一下,该项设想在 3 年内能达到的销售水平和实现的利润是多少？通过这些估计判断一下,如果你开始实施它,将会遇到的风险有多大。

(9) 你是执行这个计划的最佳人选吗？如果是,找出 3 个理由并加以证明。

(10) 你的计划是关于一种产品还是一个企业的？如果它是关于一种产品的,解释一下这种产品如何导致一个企业的诞生。

如果你已经通过了前面的检验,再用下面一些附加检验来验证一下。

(1) 这个计划将如何帮助你实现你的奋斗目标？

(2) 今后 5 年内,你自己的两个重要目标是什么？

(3) 列出 3 个你在实现市场占有率中的限定条件(如工作经验、受教育程度、开拓性研究、商誉等)。

(4) 用 50 个左右的字描绘出你的市场占有率。

(5) 列出并描绘一下在实施这个计划时,你可能遇到的两个棘手的问题。

(6) 解释一下你将如何克服那些困难。

"即食泡菜"项目创业计划书

1. 项目背景

泡菜属乳酸菌发酵食品,在我国历史悠久。泡菜制作一般采用高盐分、长时间腌制工艺,其原理:蔬菜在 5%～10% 的高浓度食盐溶液中,借助于天然附着在蔬菜表面的有益微生物(主要是乳酸菌),利用蔬菜泡制切割处理时涌出的汁液,进行缓慢的发酵产酸,降低 pH 值,同时利用食盐的高渗透压,共同抑制其他有害微生物的生长,经 15～30 天发酵,获得泡菜成品。

国内泡菜企业多采用自然发酵工艺,该工艺的弊端有以下几点。

(1) 发酵周期相对较长,生产力低下。

(2) 受卫生条件、生产季节和用盐量影响,发酵易失败。

(3) 发酵质量不稳定,不利于工厂化、规模化及标准化生产。

(4) 沿用老泡渍盐水的传统工艺,难以实现大规模的工业化生产。

(5) 异地生产,难以保证产品的一致性。

(6) 亚硝酸盐、食盐含量高,食用安全性差。

目前市场上不少的泡菜已走了样。很多泡菜实际上不是采用传统的制作方式炮制的,而是在盆或池子里用盐,甚至是工业盐炮制,这岂不成了"盐制菜"？餐厅或家庭在使用之前就必须要用水脱盐。这样必然会导致营养流失。有些企业在后期采用柠檬酸等调味,泡菜吃起来就不鲜了。目前市场上的泡菜品种较为单一,用的蔬菜也较单一,又因为炮制的时间长,不易保存。

即食泡菜的研发正是在这种背景下应运而生的。用特制的容器腌制泡菜,更重要的就是利用乳酸菌发酵,这对人体健康有益。另外,发酵过程中还会产生醇、酯等物质,吃起来很香,这就是所谓的风味。还有一种制作时间更短,几小时即成的即食泡菜,味道也挺好。因其简单、经济,正适合我们作为早餐佐粥、午餐开胃的小菜。即食泡菜成为日常餐饮多变的料理和宵夜清爽口味的佳肴,同时也是各餐厅、酒楼为顾客提供下饭的配菜。

2. 指导思想

将泡菜提升为卫生、方便、美味、快捷,人见人爱的食品。这将给市场带来新的亮点和卖点。因为它不是所谓超前的产品,而是以它古老的传统和习俗、风味而更贴近消费者。一旦进入市场更易于被人们接受,这将使泡菜具有旺盛不衰的生命力。

经过多年研发,不断求索,利用现代食品工程高新技术终于研发出最新型的科技产品——即食泡菜。它继承百年的传统泡菜工艺和配方,用专门设计的泡菜机械设备制成,不仅取代了一些极其烦琐的程序,而且可以随意地按照泡菜时间的先后顺序生产所需品种,无须借助其他捞取工具,避免了污染,从而延长了保存的时间。更为特别的是,由于其快速的炮制方法和传统工艺秘方,即食泡菜具有消食健胃、降压、活血、美容、防癌的功效。因此,产品一经上市定会受到消费者的青睐,特别是中老年人和工作繁忙的人士更会百吃不厌。如今,即食泡菜已不是单纯的节令食品,而成为一年四季随时可吃的佳肴,确实是中小投资者小本创业的好项目。

小泡菜写出大文章。依靠泡菜发财的人真是不少,比如天津商学院一位教授下海做泡菜生意,仅仅两年时间,就足足赚了400万元。如今这位64岁的教授又将投资1300万元,打造一个真正意义上的工业化泡菜工厂。

此项目研发不但考虑了广大消费者的利益,而且考虑了生产上的可行性。固定资产投资较低,回报率较高,发展前景较好。每500克即食泡菜的售价为7~10元,然而成本不过是售价的30%。又如,日营业额在2000元左右的餐厅,日销售泡菜近3千克;一些中大型城市及周边地区,按4万多家餐饮企业年需用泡菜20万吨计算,减去这些企业每年自做的5万吨,每年还需从市场上购买(市场年缺口)15万吨,因而市场潜力巨大。

此项目技术可以制成多种口味和品种的即食泡菜,而且可制成在常温下保质期为6个月的产品,不断给市场制造出新亮点和新卖点,给生产和经营企业带来丰厚的利润回报,也给消费者带来不少的惊喜和口福。

3. 资金投入

①固定资产(此投资为先期小规模投入):9万元左右,不包括厂房、压力锅炉(2吨)及交通工具。②流动资金:3万元。③前期筹建资金:1万元。④包装物费用:3万元。⑤市场推广(营销费用):2万元。⑥不可预见费:2万元。

4. 主要任务和步骤

(1) 筹备组建企业,从筹备到试产3~6个月。

(2) 可分期、分批投入资金、人员等。由小到大逐步发展。原则:销售逐步增加,资金逐步投入,厂房逐步扩大,设备逐步增加,人员逐步增加。

(3) 做市场应注意的问题(建议)。

①可采用多渠道并举(包括电子商务)的营销方式,并做好促销工作。力求尽快达到盈亏平衡点,尽快整合好进入主流渠道的各方面资源及配送体系。②尽快进入龙头店,带动二级店,协调好代理商,不断扩展形成销售网络,并细分好渠道和市场。③逐步推广市场,扩大市场份额(占有率)。④逐步树立品牌和企业形象。⑤进一步把市场细分做透,扩展和延伸,并适时推出新产品。

5. 效益分析

①年产量:约150吨。②年产值:约210万元(按售价每500克7元统计)。③年纯利润:约100万元。④纯利润率:约50%。

6. 项目所需其他条件

①人员:10人。②厂房:100平方米以上。③水:5吨/小时。④电:20千瓦。

7. 风险预测

此项目属于现代食品工程高新技术。其特点是研发期长,技术含量较高,自我保护期长。这使之较难仿造、伪造和假冒,从而能够保持强有力的竞争力。

结论:固定资产投入较少、风险较小、回报率高、市场前景广阔。竞争对手少,见效较快,并易形成垄断的技术、市场、利润。

8. 产品发展设想

(1) 创业企业的生存与发展离不开四个要素,即营销、资金、技术、团队。企业具备以上要素的同时,还要突出一个"快"字。产品快速占领市场,有助于避免一些不必要的竞争和消耗。

(2) 本产品的目标消费者为中端消费群体。面对目前国内城市的市场状况,把其产品定位在精装、高品质、中等价格,不失为明智之举。

(3) 宜采用多个鸡蛋放在多个篮子中的策略,使其产品品种、规格、口味等呈多样化,从而形成强有力的市场冲击力,并可获得丰厚的利润回报。

思考与讨论:

1. 该创业计划书存在哪些问题?你觉得哪些方面还需要进一步改进?
2. 如果你是投资者,你会为这个创业项目投资吗?为什么?

张华的商业计划

张华毕业于某名牌大学,经过多年的业余研究,他在室内环境污染治理方面取得了一项重要突破,这项技术如果在实际中得到应用,前景非常广阔。于是,张华辞去原来的工作,准备自己创业,但若干年的积蓄都用在了室内环境污染治理的研究上,在七拼八凑注册了一家公司后,已经无力再招聘员工、买实验材料了,无奈之下,张华想到了风险投资基金,希望通过引入合作伙伴的方式解决困境。为此,他写了一份简单的创业计划书,与一些风险投资机构或个人投资者接洽商谈,虽然张华反复强调他的技术多么先进,应用前景多好,但计划书中总数据没有提供,如市场需求量具体有多少?一年可以有多大的销售量?投资后年回报率有多高?就连招聘一些技术骨干也比较困难,这些人也总是对公司的前景缺乏信心。这时,曾经在张华注册公司时帮助过他的一位做管理咨询的朋友一句话点醒了他:"你的那些技术有几个投资者搞得懂?你的创业计划书里什么都没有,怎么让别人相信你?投资者凭什么相信你?"

于是,在向相关专家请教咨询后,张华又查阅了大量的资料,然后静下心来,从公司的经营宗旨、战略目标出发,对公司的技术、产品、市场销售、资金需求、财务指标、投资收益、投资者的退出等方面进行了分析和论证,很快拿出了一份全面的创业计划书。经过几位相关专家的指点,他又对内容进行了修改和完善。凭着这份出色的创业计划书,张华不久就与一家风险投资公司达成了投资协议,有了风险投资的支持,员工招聘问题也迎刃而解,现在,张华的公司经营得红红火火,年销售利润已达到500万元,回想往事,张华感慨地说:"创业计划书的编制与我搞的环境污染治理材料要求差不多,绝不是随便写一篇文章的事,编制计划书的过程就是我不断理清自己思路的过程,只有自己思路清楚了才有可能让投资者、员工相信你。"

思考与讨论:

1. 一份出色的创业计划书应包括哪些内容?
2. 张华凭借一份创业计划书获得了风险投资,对你有什么启发?

模块九
创建新企业

CHUANGJIAN
XINQIYE

学习目标

知识目标：
1. 掌握企业的组织形式。
2. 掌握新企业的选址策略。
3. 掌握新企业的注册流程。
4. 了解新企业管理的特殊性。
5. 了解新企业成长的驱动因素。

能力目标：
1. 能够根据实际情况为新企业选择合适的组织形式。
2. 能够模拟进行新企业的注册。
3. 能够根据实际情况进行新企业选址。
4. 能够根据实际情况对新企业提出成长策略。

独立思考

正准备创业的你，是否还在为选择企业组织形式、申报企业、选择场所、成长等问题而苦恼。本模块将对上述问题一一进行讲解，以帮助创业者走好创业第一步。

请思考，你认为企业选址应考虑哪些因素？申报企业应遵循哪些流程？新企业如何才能做大、做强？

从有限责任公司到个体工商户

2012 年，毕业于生物技术专业本科的赖嘉宝，不顾家人的阻挠，放弃医药公司的高薪工作，利用大学期间创业实践挣得的 5 万元，与同学合伙创立了怡可轩餐饮管理有限责任公司，自己当老板，走上了创业之路。

由于大学期间参加创业大赛，获得大赛冠军，并获得东莞光大集团 200 万元的风险投资，考虑到投资方在东莞的资源优势，他决定将创业项目选址在东莞地区。团队与投资方达成协议，共同注册成立怡可轩餐饮管理有限责任公司，注册资本 300 万元。工商局名称预先核准通过后，银行开立验资户准备验资。就在这个时候，投资方财务顾问给出了一个避税方案，建议创业团队可以以个体工商户的形式先开设个体店，等事业做大，再注册成立公司，股东之间权利与义务可以通过签订协议来约束，这样可以避免沉重的税收及注册资金。最终他们选择了这个方案，并计划在今后进一步发展中，逐步让 3 个合伙人参与到企业法律登记所有人中，将企业由个体工商户变更为目标公司"怡可轩餐饮管理有限责任公司"。

分析：

大学生初次创业，资金有限，很多是通过家庭筹借、贷款和风险投资等筹集来的，自身没有什么资金积累，可以考虑承担无限责任。赖嘉宝创业团队申报注册资本 300 万元，为了节约资金，获得更多优惠，可以按专家建议，先设立个体工商户，承担无限连带责任。等企业逐渐成熟，发展壮大了，再变更企业法律形态，设立为公司，投资人各自承担有限责任。

任务一　企业的组织形式

扫码看课

【名人名言】

创业首先是去做，想多了没用，光想不做那是乌托邦。

——马云

等待的方法有两种：一种是什么事也不做的空等；另一种是一边等一边把事业向前推动。

——屠格涅夫

一、创业企业组织形式的选择

微课精讲

创业企业的组织形式不同，对创业者的要求也不同。只有对创业企业的概念、组织形式有了深入的了解后，创业者才能做出正确的选择，使创业企业得以生存和发展。

企业指依法设立的以营利为目的，从事商品的生产经营和服务活动的独立核算经济组织。现代企业的组织形式按照财产的组织形式和所承担的法律责任不同，通常划分为不设立公司的企业和设立公司的企业。不设立公司的企业形式为个体工商户、个人独资企业、合伙企业。设立公司的企业通常称为"公司"，指依照《中华人民共和国公司法》（以下简称《公司法》）规定设立的企业，包括有限责任公司和股份有限公司两种。下面分别讲解现代企业的各种组织形式。

（一）个体工商户

个体工商户指在法律允许的范围内，依法经核准登记，从事工商业经营的自然人或家庭。个体工商户业主只需一个人或一个家庭，人数上没有过多限制，注册资本也无数量限制，开办手续比较简单。这类组织只需要业主有相应的经营资金和经营场所，到工商部门办理登记手续即可开业，个体工商户还可根据自己的需要起字号。

（二）个人独资企业

个人独资企业，简称独资企业，指由一个自然人投资，全部资产为投资者所有的营利性经济组织。独资企业是一种较为古老的企业组织形式，至今仍被广泛运用，其典型特征是个人出资、个人经营、个人自负盈亏和自担风险。

（三）合伙企业

合伙企业指由两个或两个以上的自然人通过订立合伙协议，共同出资经营、共负盈亏、共担风险的企业组织形式。

（四）有限责任公司

有限责任公司，又称为有限公司，指由符合法律规定的股东出资组建，每个股东以其出资额为限对公司承担责任，公司法人以其全部资产对公司的债务承担责任的经济组织。

（五）股份有限公司

股份有限公司，又称为股份公司，其注册资本由等额股份构成，股东通过发行股票筹集资本。我国《公司法》规定，股份有限公司的股东以其认购的股份为限对公司承担责任。

【小贴士】

新《公司法》开始施行

拿出一元钱，便可轻松创办一个属于自己的公司。这样的"妄想"从2014年3月1日起，就已成真。3月1日新修订的《中华人民共和国公司法》（简称《公司法》）正式实施，注册资本实缴登记制度改革也将随《公司法》的修订和国务院出台的《注册资本登记制度改革方案》同期正式执行。

根据原《公司法》规定，有限责任公司的最低注册资本为3万元，股份有限公司的最低注册资本为500万元。而根据新修订的《公司法》，一元钱也可以创办公司。另外，首期出资额取消了20%的限制，改由股东自主约定，也就是说，零首付也可以创办公司。新《公司法》还取消了货币出资30%的限制，改由股东自主约定，从理论上说，没有现金也可以创办公

司。同时,公司注册时可以自主约定出资方式和货币出资比例,对于高科技、文化创意、现代服务业等创新型企业可以灵活出资,提高知识产权、实物、土地使用权等财产形式的出资比例,克服货币资金不足的困难。

二、选择企业组织形式需考虑的因素

大学生创业者在选择企业组织形式时,要多咨询、多比较、多考虑。组织形式多种多样,有的组织形式对别人来说是一种优势,但对自己来说就是劣势。创业者要从自身的实际情况出发,选择适合自己的组织形式,争取以最小的投资获取最大的收益。

企业组织形式各有利弊,我们不能简单地说某种形式最好或最差,但总体而言,选择企业组织形式应当考虑以下因素:①资本和信用的需求程度;②投资者的责任;③开办程序的繁简与费用;④拟创办企业的规模;⑤企业的控制和管理方式;⑥组织正式化程度与运营成本;⑦利润和亏损的承担方式;⑧税负;⑨权益转移的自由度;⑩企业的行业性质;⑪法律的限制。

在市场经济条件下,企业是法律上和经济上独立的经济实体。任何一个企业都要依法建立。创业者在创建一个企业时,都面临企业的法律形态选择问题。企业的组织形式,也称为企业的法律形态,成立新企业只能选择法律规定的企业组织形式,不能随心所欲塑造任意的企业形态。选择一种合理合法的企业组织形式是一个复杂的问题,如果创业者最初选择的企业组织形式不再适合企业的发展,也可以在企业经营过程中适时变更企业的组织形式。

任务二 新企业注册流程

扫码看课

设立新企业的第一步是公司注册。一般来说,公司注册的流程包括企业核名、提交材料、领取执照、刻章。完成公司注册后,企业想要正式开始经营,还需要办理银行开户、税务报到、申请税控和发票、社保开户等事项。

随着"五证合一"改革的推行,现在开设企业的流程简化了许多。新企业设立流程从工商注册到正式运营简化为办理"五证合一"、刻章、银行开户、税务登记。

一、"五证合一"工商注册

自2016年10月1日起,"五证合一"在全国正式实施。

"五证合一"指工商局的营业执照、税务局的税务登记证、质监局的组织机构代码证、社保局的社会保险登记证、统计局的统计登记证,合并为一个加载有统一社会信用代码的工商营业执照,实现"一照一码"的最终目的。其中,"一照"指"五证"合为一张营业执照;"一码"指营业执照上加载的工商局直接核发的统一社会信用代码,如图9-1所示。

图9-1 "五证合一"的营业执照

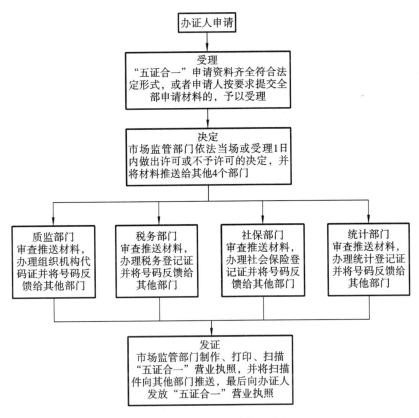

图 9-2 "五证合一"的办理流程

(一)"五证合一"的办理流程

随着"五证合一"的推行,新办企业的工商注册变得简单。与以前的办证流程相比,"五证合一"减少了在不同部门来回奔走审核资料的烦琐,可以直接在办证大厅的多证合一窗口办理(图 9-2)。当然,"五证合一"同样需要企业首先进行企业名称预先核准,然后填写《新设企业五证合一登记申请表》,审核企业相关材料。

1. 企业名称预先核准

首先,需要进行企业核名操作,核名时首先要选择企业的形式,企业形式包括有限责任公司、股份有限公司、合伙企业、个人独资企业等。其次,准备最多 5 个公司名称,到工商局领取《企业名称预先核准申请书》,在其中填写准备申请的公司名称、注册资本、公司主体类型、住所地、投资人等信息,由工商局上网检索是否有重名,如果没有重名,便会核发《企业名称预先核准通知书》。

【小贴士】

新企业名称的设计

企业名称是一个企业区别于其他企业或组织的特定标志。企业的名称首先要合法,需要遵循《企业名称登记管理规定》和《企业名称登记管理实施办法》,到工商行政管理部门申请注册。此外企业名称要顺口、响亮,从传播的角度来看,尽可能朗朗上口。企业的命名要注意以下原则。

(1) 应符合企业理念、服务宗旨,这样有助于企业形象的塑造。

(2) 应简短明快。名称字数少、笔画少,易于和消费者进行信息交流,便于消费者记忆,同时还能引起大众的联想,寓意更加丰富。

(3) 应具备自己的独特性。具有个性的企业名称可避免与其他企业

名称雷同,以防大众记忆混淆,并可加深大众对企业的印象。

(4) 应具有冲击力和气魄,给人以震撼。

(5) 企业名称要响亮,易于上口,易于记忆和传播。

(6) 企业名称要符合区域文化,富有吉祥色彩。

(7) 企业名称要富有时代感。富有时代感的名称具有鲜明性,符合时代潮流,并能迅速为大众所接受。

(8) 企业名称要考虑世界各地的通用性。

【小贴士】

在进行企业名称核准后,如果办理注册申请的申请人没有厂房或办公室,则需完成租房环节。办理租房手续需要签订房屋租赁合同,签订合同后应到税务局办理印花税缴纳手续。

2. 审核领证

办证人通过工商网报系统填写《新设企业五证合一登记申请表》,然后持审核通过后打印的《新设企业五证合一登记申请表》,前往大厅多证合一受理窗口。

窗口核对信息、资料无误后,将信息导入工商准入系统,生成工商注册号,并在"五证合一"打证平台生成各部门号码,补录相关信息。同时,窗口专人将企业材料扫描,与《工商企业注册登记联办流转申请表》传递至质监、国税、地税、社保、统计5部门,由5部门分别完成后台信息录入。最后打印出载有5个证号的营业执照。

【小贴士】

个体工商户则从2016年10月1日起推行"两证整合",将由工商部门向个体工商户核发加载18位数字"统一社会信用代码"的营业执照,该营业执照具有工商部门颁发的原营业执照和税务机关税务登记证的功能,税务部门不再发放税务登记证。个体工商户办证的资料包括从业人员证明、经营场地证明、家庭经营的家庭人员的关系证明,食品、餐饮、特种养殖、烟酒等行业还需要提供健康证和许可证。

(二)"五证合一"办证资料归纳

就新设企业而言,要想顺利完成"五证合一"的办证流程,需要准备的资料有以下几种。

(1) 法定代表人身份证原件,全体股东身份证复印件。

(2) 各股东间股权分配情况。

(3)《企业名称预先核准通知书》原件。

(4) 工商部门审核通过的公司经营范围资料。

(5) 企业住所的租赁合同(租期一年以上)一式二份及相关产权证明(非住宅)。

(6) 如果企业为生产型企业,还要有公安局消防科的消防验收许可证。

(三)"五证合一"办证的优势

"五证合一"是在"多证联办"的基础上,通过建立审批信息共享平台,整合各发证部门的受理窗口、申报表格、材料规范、审批流程、打印发照等,达到"一表申请、一窗受理、并联审批、一份证照"的改革目的,同时降低行政成本和社会成本,方便企业准入,提高登记效率。

与工商注册改革前相比,"五证合一"的办理优势是显而易见的,主要体现在证件数量、办理部门、提交材料和办理时间上,具体如下。

(1) 改革前要办的证件有5证,分别是营业执照、组织机构代码证、税务登记证、社会保险登记证、统计登记证。改革后则只需办理一证,即营业执照,由工商部门向企业颁发加载组织机构代码证号、税务登记证号、社会保险登记证号和统计登记证号的营业执照。

(2) 改革前要跑的部门有工商、质监、税务、人社和统计部门,改革后则只需要在多证合一受理窗口处办理即可。

（3）改革前需要向5个部门提交5份材料，改革后只需要提交1份材料，各部门共享。

（4）改革前办理的时间在半个月以上，改革后只需要3个工作日即可领证，有时甚至能够实现当场领证。

（四）"五证合一"换证须知

对于非新设立企业而言，不需要重新办理营业执照，只需进行"五证合一"的换证操作即可。换领"五证合一"营业执照时，需要用到的资料：①企业营业执照更换申请书；②联络员信息和财务负责人信息；③营业执照正、副本。

二、刻制印章

印章具有法律效力，不能随意刻制。新成立的企业申请刻制企业相应的印章时，须持营业执照复印件、法定代表人和经办人身份证复印件各1份，以及由企业出具的刻章证明、法人代表授权委托书到公安局指定的机构进行刻章。一般来说，企业常用的印章有如下几种。

（1）公章：公章代表企业的最高效力。它对内对外都代表了企业法人的意志，使用公章可以代表企业对外签订合同、收发信函、开具企业证明。

（2）合同专用章：合同专用章在企业对外签订合同时使用，相关合同的签订在企业经营签约范围内必须盖上合同专用章才能最后生效，因此它代表着企业需承受由此产生的权利和义务，一般情况下，公章可以代表合同专用章使用。

（3）财务专用章：财务专用章的用途比较专业化，一般针对企业会计核算和银行结算业务使用。

（4）法人章：法人章就是企业法人的个人用章，它对外具备一定的法律效力，可以签订合同出示委托书文件等。

（5）发票专用章：发票专用章就是企业在经营活动中购买或开具发票时需加盖的印章。当然，在发票专用章缺少时，可以用财务专用章代替，反之不可以。

三、开立企业银行账户

创业者要创办一家企业，往往需要通过银行进行资金周转和结算，这就不可避免地要和银行打交道，因此，创业者要了解银行开户、销户等手续的办理流程。

（一）银行账户的种类

按照国家现金管理和结算制度的规定，每个企业都要在银行开立结算账户（即结算户），用来办理存款、取款和转账结算。银行存款结算账户分为以下几种。

1. 基本存款账户

基本存款账户是企业的主要存款账户，主要用于办理日常转账结算和现金收付，以及存款企业的工资、奖金等现金的支取。该账户的开立需报当地人民银行审批并核发开户许可证，开户许可证正本由存款单位留存，副本交开户行留存。一个企业只能在一家商业银行的一个营业机构开立一个基本存款账户。

2. 一般存款账户

一般存款账户是企业在开立基本存款账户之外的银行开立的账户。该账户只能办理转账结算和现金的缴存，不能办理现金的支取业务。

3. 临时存款账户

临时存款账户是企业的外来临时机构或个体工商户因临时开展经营活动需要开立的账户。该账户可办理转账结算及符合国家现金管理规定的现金业务。

4. 专用存款账户

专用存款账户是企业因基本建设、更新改造或办理信托、政策性房地产开发、信用卡等特定用途开立的账户。该账户支取现金时,必须报当地人民银行审批。

(二)银行开户手续的办理

办理银行开户手续需要填写开户申请书并提供有关证明文件。开立不同的账户,所需材料也不同,具体如下。

(1)基本存款账户:当地工商行政管理机关核发的企业法人执照或营业执照正本。
(2)一般存款账户:基本存款账户的开户人同意其独立核算单位开户的证明。
(3)临时存款账户:当地工商行政管理机关核发的临时执照。
(4)专用存款账户:有关部门批准的文件。

(三)银行销户手续的办理

开户人可以根据需要撤销在银行开立的存款账户。开户人撤销存款账户时,应与银行核对账户余额,经银行审查同意后,办理销户手续。销户时,企业应交回剩余的重要空白凭证和开户许可证副本。办理银行销户手续时应遵循以下规定。

(1)一般存款账户余额不得超过企业在开户银行的借款余额,超过部分开户行将通知开户单位5日内将款项划转至基本存款账户,逾期未划转的,银行将主动代为划转,一般存款账户借款清偿后要办理销户。
(2)临时存款账户的使用期限不得超过1年,超过1年的将予以销户。
(3)企业销货款、异地汇入款项中除基建或专项工程拨款外的非专项资金不得进入专用存款账户。
(4)开户人改变账户名称的应先撤销原账户,再开立新账户。
(5)开户行对1年内未发生收付活动的企业账户,将对开户人发出销户通知,开户人应当自收到通知之日起30日内(以邮戳日为准)到开户行办理销户手续,逾期不办理将视为自愿销户。

四、办理税务登记

新设立企业领取由工商行政管理部门核发一个加载法人和其他组织统一社会信用代码的营业执照(即"五证合一"营业执照)后,虽然无须再次进行税务登记,办理税务登记证。但仍需要前往税务机关办理相应的后续事项,才能进行正常缴税。首先,新办企业纳税人需要办理国地税一户通,国地税一户通实际上是企业、银行与税务机关三方签订的扣款协议,用于企业网上申报税扣款。办理方法比较简单,到税务机关的办公点(行政服务中心地方税务局登记窗口、各属地主管税务机关)取得《委托银行划缴税(费)款三方协议书》(一式三份),加盖本企业公章后,到银行开设缴税(费)专用账号(一般就是企业的基本存款账户),银行在协议书上盖章并退回两联。纳税人将银行盖章的协议书送到主管税务机关办理划缴税(费)登记手续。其次,新办企业在办完首次涉税业务后,需按期持续申报,这是企业要注意的关键事项。

任务三 新企业的选址

扫码看课

【名人名言】

地段决定前途。

——佚名

坐拥好的店址等于踩着金矿。

——佚名

企业选址是关系到企业成败的一个至关重要的因素,也是创业初期涉及的几个问题之一。好的地理位置可以使一个普通的企业生存下去,糟糕的地理位置则可以使一个优秀的企业失败。企业位置决定了消费者是否易于接触企业。企业选址不同,给消费者的印象也会不同。虽然随着经济和技术的发展,空间上的差异对企业经营的影响逐渐减小,但是其依旧是影响企业发展的一个重要因素。因此,创业者有必要了解做出正确选址决策所需的信息和技能。

一、影响企业选址的因素

(一) 经济因素

在决定把一个企业设立在哪个区域时,主要考虑区域经济方面的情况。为什么人们居住在这个区域?他们的生活水平如何?其他企业为什么要设在这里?要对区域进行行业分析。是80%的人集中在同一个企业或少数几个企业呢,还是这个区域有很多企业?该区域各行业兴旺吗?该区域的企业活动具有季节性特点吗?企业正在搬出或者迁入吗?分析一下这些问题将会对新创企业产生的影响。人们的收入水平决定了其对商品(或服务)的需求。创业者要收集有关所选区域人们收入的信息,包括家庭平均收入是多少、收入水平如何、就业情况如何。另外,交通情况也是重要的经济因素。

产品的价格取决于环境

孙小茜2007年从东华大学毕业时,在网上看到了郎咸平教授的一次演讲,他说,他在祖国大陆和台湾地区的两所大学里分别做了一个有关"大学毕业后干什么"的调查。大陆的名牌大学毕业生大多填"我要当CEO",而在台湾地区,大学毕业生大多填"我要开咖啡馆"。于是她在亲友的协助下,在上海佳木斯路上一个幽静的地段开了一家两层共计60多个座位的咖啡馆。咖啡馆的环境优雅舒适,很有品位和格调。

但是,过了一段时间,她发现她的咖啡就算卖18元一杯,顾客都嫌贵且很少有人光临,而在徐家汇,48元一杯同样的咖啡却招来了不少顾客。后来她才发现,是她咖啡馆所处的地区消费能力不行,而且周边的社区以老住户的上海本地居民居多。在家的大多是退休的老年人,而工作的人又无暇光顾,回到家已是晚上。因为地段不好,价格提不上去,所以效益也一般。

最后,她把咖啡馆承包给一对夫妇,自己应聘到了一家室内设计公司,回到了自己大学所学的专业上。咖啡馆在这对夫妇的经营下,已经变成棋牌室的风格了。

(二) 政治因素

政府对市场的规制也是值得创业者重视的一个方面。创业者评估现在已经存在的以及将来有可能出现的影响到产品或服务、分销渠道、价格及促销策略等的法律和法规问题,将企业建在政府支持该产业的地区。当投资者到国外设厂时,更应该考虑不同国家的政治环境,如国家政策是否稳定,有无歧视政策等。

(三) 技术因素

新技术对高科技新创企业成功的作用是显而易见的,但技术本身的进步却更加难以预测。从某种意义上说,技术市场的变化是最为剧烈和最具不确定性的因素。因此,为了能够了解和把握技术变化的趋势,许多企业在创业选址时,常常考虑将企业建在技术研发中心、科技孵化器附近,或建在新技术信息传递比较迅速、频繁的地区。

(四) 人口因素

创业者应该对可能成为其消费者的人群有所了解。例如,如果要开一家文具店,就要了解哪里学生最多,因为这个群体购买的文具最多。其他人口问题还包括人口稳定性怎么样,人口搬进搬出正常吗,人口数量是上升还是下降。如果某地区人口增长迅速,很可能有较多的年轻家庭。选址时,对这些问题都要予以考虑。

雪贝尔：开一间火一间

雪贝尔蛋糕店开一间火一间是业内有目共睹的。同样是蛋糕店，为什么雪贝尔就可以越开越火？

雪贝尔公司的原"选址员"、现雪贝尔深圳公司经理倪修兵介绍说："我刚到雪贝尔公司的工作就是选址，在广州培训了一个月后，我就被派到了人生地不熟的深圳，专门负责公司新开蛋糕店的选址。当时我选的店面是开一间火一间，所以我今天才坐到了经理的位置。"那么，倪修兵选址有什么诀窍？

倪修兵认为，开店的人都特别讲究一个人气，有人气才有生意。但是，是不是选择店址的时候，找准人多的地方就好呢？其实也不尽然。很多人存在一个误区，那就是把人流量当成了判断一个地段好坏的唯一标准。诚然，人流量是决定生意成败的一个重要因素，但是了解客流的消费目标，才是更为重要的工作。在开店以前要研究的不是人有多少，而是这些人中，你的"潜在顾客"或者说"有效客流量"有多少。雪贝尔每建立一个新连锁店，都要做大量的最佳店址选择，其中一项最重要的工作就是测算分析人流量，他们派员工拿着秒表到目标场所测算流量。这些测算人员除了要汇报日人流量以外，还要详细汇报以下数据：附近有多少路公共汽车经过；过往人中，多少是走路的，多少是坐公共汽车来的，多少是打的或开车来的。通过这些数据来仔细分析该地区人群的消费水平和消费习惯。

据了解，倪修兵可以很快成为选址专家，还在于他很有悟性，他发现肯德基与雪贝尔同属于一种业态，于是就取巧地看肯德基开在哪里，雪贝尔的新店址就选在肯德基方圆百米内，这样一来新店生意果然火爆！

（五）竞争因素

收集竞争者的相关信息，对竞争者进行研究。要知道你有多少竞争者，他们都在哪里；还要知道过去两年内有多少跟你业务相似的企业开张和关闭了；对间接竞争者（产品或服务与你近似的企业）的情况也要做些研究。有三种情况有利于开一家新企业：该区域内没有竞争者；竞争者企业的管理很糟；消费者对该产品或服务的需求正在增加。

（六）发展规划

企业地址的选择要搞清楚城市建设的规划，既包括短期规划，又包括长期规划。有的地点从当前分析是最佳位置，但随着市场的改造和发展将会出现新的变化而不适合开店；反之，有些地点从当前来看不理想，但从规划前景来看会成为有发展前途的新的商业中心区。因此，创业者必须从长远考虑，在了解地区内的交通、街道、绿化、公共设施、住宅及其他建设或改造项目规划的前提下，做出最佳地点的选择。除以上需要考虑的因素之外，自然因素、社会文化因素等都可能影响创业者选址。这需要创业者根据自身的条件和创业项目的具体情况来决定。

二、不同类型企业的选址

（一）生产型企业选址

生产型企业选择的地址交通要方便，以便于产品对外运出，生产用电要能满足，生产用水要有保证。除此之外，企业选址应尽量靠近原料基地和劳动力资源。另一方面，恰当的选址还应考虑当地税收优惠政策等因素。

（二）商业型企业选址

商业型企业经营地点的选择与商业圈有着密切的关系。一般一个城市内有若干个商业圈，每个商业圈有一定的辐射范围。处于商业圈内的企业相对经营情况良好，而处于商业圈之外的则经营情况一般。因此,商业型企业选址时最好选择商业圈核心地带,便于企业的宣传和与客户的接触。但是,商业圈内店铺的房价或租金相对较贵,会对新创企业的经营支出构成压力。所以,在新创企业资金有限的情况下,可以选择租柜台、联合经营、委托代销等方式开展业务;也可以在商业圈边缘客流量较大的地方进行选址,但是要在商业圈内部进行广泛宣传,以吸引客户。

(三)服务型企业选址

服务型企业包括的门类很多,每种类型的企业经营特点不一样,所以选址方式也不一样。但有一点是相同的,即必须有客流量。如果服务对象是居民,则要在居民区附近选址;服务对象是学生,则要在学校附近选址;服务对象是社团机关,则要在机关附近选址。此外,全国大部分城市建有各种类型的企业孵化器,为不同类型的中小企业和新创企业提供减免租金的办公空间,同时为其发展提供支持性服务(如财务方面、管理方面、技术方面和经营方面等)。公众、传媒和金融界也为企业孵化器中的企业提供很多支持,这些企业还可以享有税收优惠政策。企业的集聚效应营造出良好的创业氛围,使多个新创企业在同一屋檐下共同奋斗,较低的租金和共享现场服务增加了创业成功的机会。因此,企业孵化器也是新创企业选址时的一个很好的选择。

任务四 新企业生存管理

扫码看课

【名人名言】

一个公司要发展迅速得力于聘用好的人才,尤其是需要聪明的人才。

——比尔·盖茨

根据生命周期理论,企业注册成立后,一般遵循创立初期、发展期、成熟期、衰退期四个阶段的顺序发展。人们通常把处于创立初期和发展期的企业界定为新企业。在这两个阶段,新企业能否生存和健康成长至关重要,既关系到创业的成败,又关系到企业今后能否持续发展。创业者必须清晰地了解:新企业管理有怎样的特殊性?哪些因素在驱动新企业的成长?新企业的成长又面临哪些挑战?创业者该为新企业成长做哪些准备?如何进行新企业的成长管理?

一、新企业管理的特殊性

(一)新企业具有高成长性和高风险性

新企业区别于成熟企业的重要特点之一,就在于成熟企业已经进入常规发展阶段,不再具有高成长性;而新企业则处于超常规发展阶段,极具成长潜力。新企业通常经营机制灵活,同时在产品、技术或业务的某些方面具有一定的独特性和领先性,对区域市场和细分行业的竞争能够保持良好的适应和应对状态,因而成长性较好。但与高成长性相对应的是:新企业的成长具有很大的不确定性和高风险性。由于技术环境的变化、商业模式的变革、竞争对手的打压、内部管理的瓶颈等,新企业的业绩波动也高于成熟企业,呈现出"易变""不稳定""高死亡率""充满风险"等特点。也就是说,新企业的成长呈现出非线性的特征,可能爆发式增长,也可能突然衰退,甚至是彻底失败。

(二)新企业管理是以生存为首要目标的"生存管理"

新企业在创立初期的首要任务是在市场竞争中生存下来,让消费者认识和接受自己的产品或服务。在这个阶段,生存是第一位的,一切围绕生存而运作,应避免一切危及生存的做法。要尽快找到客户,把自己的产品或服务卖出去,掘到第一桶金,只有这样新企业才能在市场找到立足点,才有了生存的基础。"别再跟我谈对新产品的构想,告诉我你能推销出去多少现有的产品"是这一时期的典型独白。重要的不是在于想什么,而是在于做什么,一切以结果为导向。企业里的大多数人,包括创业者在内,要出去销售产品,这就是所谓的"行动起来"。在这一阶段,企业是机会导向的,有机会就做出反应,而不是有计划、有组织、定位明确地开发利用自己所创造的机会。

(三) 新企业管理具有较强的灵活性和创新性

活力是创新之源,是企业快速发展的核心动力。与大企业相比,新企业的突出优势就在于高层管理者更贴近客户,更容易感受到市场发生的变化,能够比大企业更迅速地做出反应,能够用小企业的反应速度来抗击大企业的规模经济。如果新企业机制灵活,那么就会以目标为导向,淡化分工,强化协作,老板与员工形成一体,这时企业的反应速度很快,非常灵活,充满活力。与此同时,新企业管理通常也需要有较强的创新性。因为新企业会面临许多新问题,这些问题很多是管理者之前没有遇到过的,在书本和前人的经验中也找不到答案,只有敢于创新、善于创新,才能有效地解决这些问题。新企业和成熟企业管理特点的比较如表9-1所示。

表 9-1 新企业和成熟企业管理特点的比较

内容	新企业	成熟企业
成长性	高增长、非线性成长	低增长、常规发展
风险程度	不确定性、高风险	经营稳健、低风险
主导策略	基于生存和发展的机会导向	基于强化内部控制的经营导向
驱动因素	商机驱动	资源驱动
关注焦点	销售收入和现金流	顾客维持与内部效率
管理团队	创业者个人或小规模的团队	职业化的管理团队替代企业家团队
管理模式	基于信任与合作的松散管理	建立完善的管理机制与控制系统
创新来源	依赖个人创新	系统的组织创新
风险承担	最大限度地规避风险	能够适度承担风险
外部环境	高度不确定,至少创业者感觉如此	不确定性基本在可控的范围内

二、新企业成长的驱动因素

当企业度过了以生存为主要特征的创立初期后,就进入了以快速成长为主要特征的发展期,也称成长期。对于进入发展期的企业,其成长性并不相同,有些企业成长较快,有的企业成长较慢,甚至不少企业遇挫夭折。但一般而言,随着产品和服务逐步被市场认可,销售收入不断增加,企业规模不断扩张,成功穿越创立初期"死亡陷阱"的新企业会表现出强烈的成长冲动。归纳起来,新企业成长的主要驱动力量可以概括为企业家的成长欲望、市场扩张或开发新的商机、组织资源的增加、创新与变革等四个方面。

(一) 企业家的成长欲望

具有企业家精神的创业者,具有强烈的成长欲望,工作充满热情,拥有勇于向环境挑战、识别并开发商业机会的能力。正是这些能力使得他们能够把经济资源从生产率较低的领域转移到生产率较高的领域。企业家的成长欲望是新企业实现快速成长的最关键的因素。具有企业家精神的创业者,往往目光远大,在产品投入市场并赢得一定利润后,不会以达到个人满意的生活水平和享受利润所带来的好处为目标,而是利用利润进行再投资,期望将自己的企业塑造为一个可以向行业内的标杆看齐的高速成长企业,期望在市场上创造一个为消费者所认同的著名品牌。创业者的企业家精神和成长欲望,会给新企业的成长注入最根本的驱动力。工作激情使创业者在实现企业目标时更加坚决、乐观并持之以恒,这不仅极大地激发了员工的工作热情,而且使其他企业认为不可能实现的事情在其企业里得以实现。

(二)市场扩张或开发新的商机

如果新企业的产品和服务具有较好的市场竞争力,良好的市场反馈会使创业者确信自己所干的事业是有生命力的,会极大地强化创业者的企业家精神。在区域市场取得初步成功后,创业者会有很大的动力去加快市场扩张,从而推动新企业的快速成长。这里指的市场扩张包括两个方面。一方面是指在现有的区域市场,由于更多的消费者接受新企业的产品和服务,导致本地市场的扩张;另一方面是指创业者采取批发、代理、特许经营、建立直营分支机构、直销、电子商务等,将新产品和服务分销到更广阔的市场区域,进行异地扩张。

(三)组织资源的增加

在一定程度上,企业成长欲望的实现取决于其所控制和能够利用的组织资源。这里,组织资源被广义地定义为人力资源、财务资源、无形资产、厂房设备、技术能力、销售网络、组织结构、管理能力等。度过创立初期后,新企业拥有的组织资源不论在数量上还是质量上都会有明显的增加,而且创业者对资源的获取、整合和利用能力也有明显的提升。这就为新企业下一步的成长奠定了必要的基础。例如,在财务资源方面,企业累计的利润和现金流,能够在一定程度上支持成长所需的资金;银行可能看好企业的发展前景,愿意提供一定额度的商业贷款;具有高成长欲望的创业者可能愿意通过出售部分股权的方式筹集更多的发展资金。又如,随着创业团队对企业的经营活动越来越熟悉,管理能力不断提高,其可以在不降低现有工作质量的前提下,节约出管理资源以支持企业成长。

(四)创新与变革

新企业的成长具有明显的创业特征,需要持之以恒的创新精神,创业者擅长识别和追求机会的能力使新企业具有创新的优势,创新使企业能够赢得快速成长的机会。与此同时,新企业在成长的过程中会面临各种挫折和挑战,具有企业家精神的创业者会不惧挑战,审时度势,大胆变革,并以此为契机将企业推向一个新的发展阶段。哈佛大学教授拉里·格雷纳认为,企业成长的每个阶段都由前期演进和后期的危机与变革两个部分组成,这些危机与变革加速了企业向下一个阶段跃进。企业成长的每一个阶段都有其独特的管理方式,往往推动现阶段成长的动力会成为下一阶段进一步成长的障碍,因此,能否通过变革与创新突破这种障碍是企业能否进入下一个成长阶段的关键。

三、新企业成长面临的挑战

新创企业的数量很多,但能够实现成长的企业却并不多,其中实现快速成长的企业则更少,其原因在于新企业的成长会遇到各种限制和障碍,会面临各种发展陷阱和挑战。

(一)内部管理复杂性的增强

新企业的快速成长体现为市场的快速扩张、顾客数量的规模化增加、职工人数的大幅增长等,其会吸引各种组织(包括竞争对手、潜在投资者、管制机构、新闻媒体等)的注意力,同时也需要获取更多的资源以支撑成长,这就使得企业内部的管理工作会在短时期内快速增加。尽管创业者开始在组织内部设立职能部门和管理组织,制订各种必要的规章制度和流程,试图强化职责分工和协调配合,逐步进行管理授权和分权,然而由于企业规模的急剧扩张、创业团队管理技能的不足、缺少有管理经验的员工、部门分工不够科学合理等原因,企业内部管理往往显得杂乱无序,问题常常容易演变为危机,创业者需要花费大量的时间用于"救火"。部门间的协调配合和"救火式"的管理方式融合在一起,增加了企业整体管理的复杂性。表9-2为艾迪斯模型所归纳的组织内部特征视角下的新企业在成长过程中容易遇到的各种问题,不管是其所归纳"正常问题"还是"不正常问题",都值得借鉴。

表 9-2　组织内部特征视角下的新企业容易遇到的问题

正常现象	不正常现象
创业者承担了现实的义务	创业者只有不切实际的幻想
产品导向	利润导向，只考虑投资回报
创业者掌握了控制权	创业者的控制地位不稳固
现金支出大于收入	现金支出长期大于收入
缺乏管理深度	过早授权
缺乏制度	过早制定规章制度
缺乏授权	创业者丧失控制权
愿意听取不同意见	刚愎自用
一切都视作机会	摊子铺得太大，远远超出能力
因人设事，责任交叉重叠	创业者过早分权，失去控制权
经营权和所有权开始分离	创业者遥控式管理
暂时丧失远见	开拓型人才离去，行政型人才掌权
董事会加强对管理人员的控制	董事会解雇了创业型人才

（二）外部环境不确定性的增加

企业的快速成长吸引了众多竞争对手的进入，改变了行业的竞争状况，让新企业市场环境变得更加不确定。行业内的大企业开始注意新企业所在的细分市场，凭借资金、技术、品牌和成熟的销售网络等种种优势，向成长中的中小企业发起挑战或进行打压。行业内众多"跟风"创业的小企业则"搭便车"，对产品既不进行创新，也不进行广告投入，只是一味地模仿，利用低成本、低价格和地域性优势抢占市场。众多竞争对手的加入，使得消费者有了更多的选择，竞争变得越来越激烈，"蓝海"逐渐变为"红海"，产品价格可能迅速下降。这就迫使新企业不得不加大产品创新力度，调整市场战略，进行地域市场扩张，进入新的细分市场，或开始尝试多元化等，但这些情况无一例外增加了企业活动所面临的不确定性，使其经营环境变得更加复杂。

（三）创业团队管理能力的不足

创业者和管理者的素质和能力是有差异的，而且思维方式也不同（表9-3）。创业者是机会导向的，对资源约束考虑较少，而管理者更多是资源驱动的，会基于所掌控的资源约束去追求机会；创业者的责任是创建企业，而管理者的责任是维持和壮大企业；创业者要引进新产品和服务，管理者要协调生产产品和服务。随着新企业的成长，创业者要从事的管理工作越来越多，其面临的管理压力也越来越大，这就要求其具备越来越高的管理技能，逐步从"创业者"向"创业管理者"转变，但并不是所有的创业者都能顺利地实现这种角色的转变。从企业成长和企业家成长之间的互动关系看，企业家管理是企业持续成长的必要条件，管理能力不足则是企业成长的最大障碍，这也称作"彭罗斯效应"。对于新企业而言，企业家管理一部分要用于现有业务的运作和优化，另一部分要用于扩张性活动，如开发新产品、新市场等。如果管理能力的增长跟不上企业规模扩张的步伐，就会出现管理危机。

表 9-3　创业者和管理者思维的差异

创业者思维方式	管理者思维方式
市场机会在哪里	现有资源条件下，什么机会是合适的
如何获取资源	有哪些可用的资源

续表

创业者思维方式	管理者思维方式
如何组织资源开发商业机会	如何经营才能使企业风险最小化
具备哪些条件就可以采取行动	具备哪些条件才能确保投资不失误
什么组织结构最有利于机会的开发	什么组织结构是最有效率的
问题的出现往往意味着变革和机会	问题的出现往往意味着威胁,必须消除
对趋势的把握要依赖自身的洞察力	对趋势的把握主要依赖过去的经营历史

(四)市场容量的限制

市场是企业得以生存和发展的土壤。一旦企业实现了初期的快速成长,很快就会有其他的企业跟进,竞争就会变得越来越激烈。而且先进入的企业成长速度越快,跟进的企业就越多,新企业就会在更短的时间内面临更激烈的竞争,信息发达和市场开放使这种规律更加明显。在市场容量有限的前提下,众多竞争对手的加入,会阻碍新企业的成长。此外,新企业是在行业内的细分市场开始创业和经营,随着企业规模的成长,创立初期的区域市场容量将无法支撑企业快速发展的需要,创业者必须寻求扩张。扩张的路径主要有两条:地域扩张或产业延伸。但地域扩张往往受到各地文化、法律和市场环境的影响;产业延伸则会面临资源不足、管理分散等多元化经营的相关障碍。如果创业者不能很好地解决这些问题,市场容量的局限性就会变得明显,最终像一堵墙一样阻碍企业继续扩张和成长。

(五)人力资源和资金的约束

新企业的成长还面临极大的资源约束,尤其是人力资源和财务资源的缺口较大。伴随着业务快速发展,新企业迫切需要吸引大批人才的加入,虽然新企业良好的创业氛围和广阔的发展前景也能打动一部分人,企业也有充分的用人自主权,但总体而言,由于新企业发展的不确定和高风险性、能够提供的薪酬难有竞争力、管理不够规范、办公环境较差、企业的社会声望不高等,多数新企业对优秀人才的吸引力不足,导致较大的人力资源缺口。同样,为了支撑企业的快速成长,新企业需要不断增加固定资产投资,招聘更多员工,加大 R&D 投入,建立销售网络和强化营销推广等,需要的资金投入成本增长,同时日常管理运营费用也大幅增加,但在创立初期和成长期,多数新企业的自由现金流入不足,而且不够稳定,无法满足企业快速成长的需要,导致较大的资金缺口。

(六)持续创新和战略规划能力的不足

创新是推动企业成长的主要动力。企业创立之后,创业者关注的核心问题是销售和生存,将大量的精力和资源都投入市场拓展和外部融资上,新企业初期创新的推动力会随着创业者投入资源的减弱而减弱。与此同时,知识产权保护不力,竞争对手模仿行为的增多,也可能让新企业创新激励减弱。因此,在缺乏资金、技术、人力资源和组织保证的情况下,如何保持新企业持续创新的动力、能力和活力至关重要。同样,由于创业的机会导向性和新企业的生存压力,多数创业者更加注重策略行动,而非战略思考,甚至许多人认为新企业和中小企业没有战略也不需要战略。但事实上,缺乏战略是制约企业成长的关键因素。战略的缺乏往往导致新企业随波逐流,小富即安,对未来的发展方向茫然不知所措,核心竞争力无法有效塑造,甚至被大企业或同行挤在角落里苦苦挣扎,发展遇到了瓶颈却无法有效突破。因此,创业管理团队是否拥有出色的战略规划能力,直接决定了新企业能否快速成长,能否持续成长。

四、新企业成长管理策略

企业成长是一个动态的过程,是通过创新、变革和强化管理等手段整合资源,并促使资源增值进而追求持续发展的过程。创业管理者除了需要为成长做好准备外,还需要结合新企业的管理特性,遵循企业成长规律,抓住成长管理的重点。

（一）确立企业的愿景、使命和核心价值观

企业的愿景、使命和核心价值观是引领企业发展的灵魂，虽然无形，但却渗透在企业发展的方方面面。企业愿景，又称企业宗旨，是指企业长期发展的方向、目标、目的和自我设定的社会责任与义务等，其描述了企业在未来社会里是什么样子。企业使命是指企业在社会经济发展中所应担当的角色和责任，是指企业的根本性质和存在的理由。企业核心价值观是指在企业生产经营活动过程中逐渐形成的，由组织成员共同遵守和分享的同一价值观念、价值判断和行为准则。

多数快速成长的企业有比较固定的价值观体系，用以支持企业的健康发展。例如，著名外语培训机构新东方的愿景和使命是"成为优秀的教育机构，培养成就中国的精英，推动中西文化的融合"；新东方的核心价值观是"诚信负责、真情关爱、好学精进、志高行远"；此外，新东方一直致力倡导"新东方精神"——一种朝气蓬勃、奋发向上的精神，一种从绝望中义无反顾地寻找希望的精神。

对于新企业而言，其企业价值观一般是创业团队，尤其是创业领导人自身价值取向的体现，这种价值取向直接而又深远地影响着企业成长和发展。有共同愿景、明确使命和核心价值观的企业，在成长过程中如果遇到挫折，创业团队能够团结一致，患难与共，求新求变。相反，没有愿景、使命和核心价值观的企业，遭受挫折打击就会涣散、消沉，直至分崩离析。因此，在新企业成长过程中，创业者必须适时提出一套能够凝聚人心的愿景、使命和核心价值观，从而在成长中凝心聚力，形成强大的组织力量。

（二）管理好支撑企业持续成长的人力资源

人才是支持企业成长的关键要素，是企业的核心资产。从根本上说，企业的成长是基于人力资源的成长，企业的发展是基于人力资源的发展，快速成长企业的一个共同特点，就是有强有力的人力资源管理。在某种意义上，技术可以模仿，商业模式可以模仿，唯有人才队伍无法模仿。因此，企业持续竞争力的根源，是其良好的人力资源管理机制。快速成长的新企业必须通过建立包括"招聘、培育、使用、挽留"在内的人力资源管理体系，来打造一支优秀的人才队伍。其具体措施如下。

（1）提供有竞争力的薪酬待遇。成长企业要吸引优秀人才的加盟，所提供的薪酬待遇在人力资源市场上一定要有竞争力，同时在企业内部要有相对的公平性。包括提供较好的工资收入和与绩效挂钩的奖金，以及医疗保险、养老保险、工伤保险、失业保险、生育保险、住房公积金等"五险一金"，为员工解除后顾之忧。

（2）提供广阔的成长空间。员工的成长机会和成长空间包括：①晋升空间；②学习与培训机会；③持续的工作指导和工作支持；④工作内容丰富化；⑤管理技能的发展和提升等。对于不同的员工，其关注和需要的成长机会是有差异的，要因人而异。

（3）实施经营成果分享计划。新企业的薪酬水平，很难比得上大企业。更为不利的是新企业有失败、被兼并和被收购的危险，稳定性和安定感较差。事实上，新企业的员工总是承担着公司的一部分经营风险，一旦企业倒闭，他们的生活也就没有了保障，所以只有让员工分享企业的成功才是公平的办法。因此，一些优秀的新企业实施利润分享计划，通过员工持股、股票期权、虚拟股份制等方式让员工参与经营成果分享。

（4）营造良好的工作环境。良好的工作环境不仅包括提供开展工作所需的各种必备资源，如办公空间、办公设备等，更重要的是指营造良好的人文环境，如和谐的同事关系、顺畅的沟通渠道与沟通氛围、积极向上的企业文化等。

（三）注重资源整合和资源管理

由于新企业的人力、财力、物力资源相对匮乏，仅仅通过自身的滚动发展往往速度缓慢，所以借助别人（包括合作伙伴、金融机构、政府部门、社会团体，甚至竞争对手）的力量来发展壮大自己，便显得更加重要，这也是快速成长企业特别擅长的策略。快速成长企业常采用的外部成长策略包括建立战略联盟、成立合资公司、兼并和收购、引入创业投资、IPO（首次公开发行）上市融资等。

新企业的成长是靠资源积累实现的，但是，如果企业积累的资源没有被企业有效利用，而是被企业中的个人（不管是创业者、高层管理人员，还是一般员工）占有，则必将威胁企业的成长。这些未被有效利用的资

源不仅包括一般的财务资源、人力资源、客户资源、固定资产和办公设备资源,还包括占用人自身的人力资源。例如,常见的衍生型创业,有很大一部分是在母体公司不情愿也不支持的情况下出现的,给母体公司发展带来很大的伤害。对于母体公司来说,离职创业的员工大多在企业中担任重要的研发、市场或管理工作,掌握关键的技术诀窍,拥有较高的人力资本,因此更容易发现和识别创业机会,他们的离开不仅会造成企业技术资源、客户资源的外流,往往还带走一个人力资源团队,危害极大。

在企业成长的过程中,创造和整合的资源越来越多时,创业管理团队的关注重点需要从创造、整合资源,转向管理好已经创造出来的资源,从注重"资源的开创"到注重"资源的有效开发利用",并通过现有的资源创造出最大的价值增值。例如,IPO虽然可以为企业募集大量的资金,迅速壮大企业的规模,可以提高企业的知名度,增强市场影响力,可以获得持续的融资能力和扩张资本,但是,如果企业不能很好地利用所获得的资源,不能为投资者创造价值,最终还是会走向失败。

(四)注重用成长和创新解决成长过程中的问题

每个企业在成长过程中都会遇到各种各样的问题和障碍。有的企业在障碍面前止步不前,甚至一蹶不振;有的企业则将障碍变成动力,适时变革,积极应对,实现了新的成长。优秀企业和平庸企业的重要区别之一,就在于其对待障碍所采取的对策存在巨大差异。平庸的企业通常采取的是被动应对,用"救火式"的方法来应对发生的各种问题,结果是问题的暂时解决;优秀的企业则积极主动地推动变革和创新,用成长的方式解决成长过程中所遇到的问题。

用成长的方式解决成长过程中出现的问题,其本质是推动并领导变革。从快速成长企业的经验看,其往往在以下几个方面表现突出:①注重在成长阶段主动变革。主动变革意味着创业管理团队掌握变革的主动性和主导权,所承受的变革成本也较低,所面临的变革阻力也较小。②善于把握变革的切入点。企业变革不能一下子全面推开,需要科学地把握切入点,由点到面,层层深入,这不仅可以在短期内取得较好的效果,也能够增强对变革的可控性。③善于通过系统的建设和制度的完善,来巩固变革的成果。

持续的创新与变革是新企业成长的强大驱动力,也是快速成长企业的基本生存方式。但如果不注意管理,创业精神会随着时间的推移而慢慢减弱,乃至消亡。许多新企业之所以无法快速成长,甚至无法生存发展,其根本原因就在于创业者创业精神的退化,不思进取,小富即安,从而让自己的企业变为"老小树企业"——10年、20年过去,企业的业务和规模原地踏步,就像是贫瘠荒坡上的一棵陈年小树,任随时间推移,怎么也长不大,最后慢慢变老,直至枯朽。因此,对于追求成长的新企业而言,创业管理团队务必要通过创业精神的保持和发扬,源源不断地给新企业的成长注入创新与变革的基因,使其不因企业的成长而减弱,而是帮助企业不断地迎接挑战,进行二次创业、三次创业等。

【思考讨论】

请分组并围绕"创建新企业"展开讨论,思考并回答下列问题。
(1)如何为新企业选择合适的组织形式?
(2)如何为新企业进行选址?
(3)如何为新企业制订成长策略?

【课外修炼】

(1)选择一个你比较熟悉的行业,并从中选择两个有代表性的企业作为研究对象,对这两个企业的成长过程进行对比分析,包括其成长背景、成长历程、成长速度、成长战略、成长特点、发展态势等,并从对比分析中获得启示。

(2)选择校园内或学校附近的一个新企业进行调查访谈,了解该企业的成长过程和该企业的创业管理团队是如何进行成长管理的。同时根据你们所学的理论知识,为该企业下一步的成长与发展提供相关对策及建议,并反馈给受访企业。

案 例 一

2015年,毕业于邵阳学院艺术设计系的陈钟文准备与他的3个大学同学一起创办一家专门从事彩绘、墙绘、企业文化建设的公司。他们一共凑齐了12万元,随后就开始张罗着选址、注册公司,并给公司起名字。4个没有创办企业经历的年轻人从公司注册这一步就开始"晕菜"了。虽然在绘画、艺术设计方面他们个个都是好手,但是在准备创办企业这件事上,他们甚至连工商管理部门的大门朝哪边开都不清楚,这让他们心里没了底。为了了解注册程序,他们先到工商管理部门拿了一套注册公司的程序介绍。几个人回来研究了一番,却发现越研究越不明白,究竟应该注册成什么类型的企业?应该提供哪些资料?具体的费用是多少?究竟该怎么给自己的公司起名?几个人商讨了好几个晚上还是没有个结果。烦琐的注册程序,使几个人同时产生了畏难情绪。

思考与讨论:

1. 陈钟文准备创业开公司,那么第一步应该做什么呢?
2. 陈钟文的公司采用什么样的组织形式比较合适呢?

案 例 二

钟情银饰,开始创业

2007年9月,顾蕾考入东华大学开始学习工商管理专业的课程。快毕业的时候,时任东华大学大学生就业指导中心主任的李主任介绍了校内珠宝设计方向的优秀学生设计资源,这吸引了她的注意力。2009年,顺应国家为促进大学生创业、创业带动就业而颁布的众多优惠政策,顾蕾评估了自身的各项条件,带着对银饰的喜爱,于2009年9月开始了创业之路。

顾蕾将自己的品牌宣传语定为"古精灵的手工秘艺",并将这一品牌文化努力融入店面装修、商品陈列、宣传图片、部分产品故事中。在进行定价时,顾蕾将产品的整体定价定在略微低于同等产品的市场价格。

选择渠道,遭受挫折

在选择产品的销售渠道时,顾蕾第一个想到的是在百货购物中心开设实体店。百货购物中心的实体店基本就是店铺与专柜两种模式。顾蕾想让店铺的品牌形象好、陈列形象好,让顾客认为该店有实力、产品质量有保证,通俗地说,她想让产品卖得上好价钱,并且提高顾客信任度,使顾客消费金额更高。虽然开设店铺的成本高、装修费用高、租金高、管理费高,但顾蕾还是毫不犹豫地决定以开设店铺的形式销售自己的产品。

就这样,艾迩莼银饰的第一家实体店铺开张了。但一年之后,这家店铺就难以为继了。时至今日,顾蕾也觉得这家店铺本身的品牌形象和产品组合没有任何问题,而最大的错误就是选址。

W广场是一家全国连锁的商业地产企业,旗下购物中心遍布全国各地,它们在上海最成功的一家购物中心,就是艾迩莼第一家店铺进驻的购物中心。但再火的购物中心也有冷门的位置。当时,商场方将二楼的一片近2000平方米的区域进行改造后,分割成近20个店铺进行品牌招商,顾蕾的企业作为一个新品牌进驻该购物中心。但开业以后,艾迩莼即遭受重创,店铺每天门前客流不超过30人次,周末客流也不过只有50~80人次。有客流才有销售,有销售才能生存,面对开业后连续三个月营业额只有几千元,最高1万多元的情况,顾蕾一度陷入绝境。

寻找对策,协商沟通

店铺位置显然是最致命的问题,艾迩莼的周边不乏一些知名大品牌,在这个位置,他们也一样销售低迷。店铺仅靠每日30~50人次的客流是无以为继的,要从根本上解决这个问题,必须在位置上动脑筋。

顾蕾自2010年6月起就积极与购物中心进行沟通协商,希望通过降低租金、加大免费广告力度来进行调整。9月,这一商讨也取得了成效。购物中心明确表示降租是不可能的,但对于处在冷门的位置,还肯留下配合购物中心的商家,购物中心将给予一定的支持:9月中旬,购物中心在一楼以较低租金给顾蕾提供了一个4平方米的促销点位,作为引导顾客至二楼店铺的宣传平台。有了该平台,顾蕾可以截获一楼很多对银饰感兴趣的顾客到店铺内慢慢选购。

凭借着这个促销点位,当年9—12月顾蕾的店铺月均业绩保持在5万多元,尽管对于一个店铺来说这仍是较差的业绩,但是店铺却可以生存下去了。那些没有跟购物中心积极协调的品牌店铺在这期间就已经关门了。

正当顾蕾为店铺的转危为安而欣慰的时候,新的麻烦又来了,购物中心提供的一楼促销点位即将收回,店铺则要一次性和购物中心签订两年的租约。面对高昂的房租和低迷的销售,顾蕾面临的抉择是要么撤店,要么等死。

经过团队内部协商评估,顾蕾和她的团队成员一致认为产品是有市场的,店铺已经在短短10个月内积累了对品牌认同的近200个会员,因此应该继续留在这个购物中心里经营。于是顾蕾再次和购物中心进行协商,并成功地与购物中心达成协议,将二楼店铺转为一楼专柜。

从二楼店铺到一楼专柜,客流上来了,尽管专柜的销售业绩会比店铺差,但由于租金减少了很多,店员也减少了2个,通过计算平衡后,顾蕾每月仍有着稳定的营业业绩。这一专柜可以服务很多的老会员,也可以吸纳新会员,成为公司总部运营的一个坚强后盾。

思考与讨论:

1. 顾蕾发现是销售地点的选择失误导致企业销售不振后,她最终解决这个问题的方法和思路能带给你什么启发?

2. 通过本案例思考:不同的企业应该如何选址?

模块十

新企业的营销管理

XINQIYEDE
YINGXIAO
GUANLI

 **学习目标**

知识目标：
1. 了解市场营销调研的内容。
2. 了解认识市场细分及细分市场的选择。
3. 了解市场定位概念及原则。
4. 掌握市场定位策略及步骤。
5. 了解网络营销。

能力目标：
1. 能够通过市场细分，寻找目标客户。
2. 能够根据企业产品设计营销策略。

 独立思考

商品营销是创业中重要的部分，营销业绩维系着企业的生命。成功的创业行动及创业前的准备，更有赖于你对自己，以及对你即将推出的产品或服务的成功营销，今天的创业行动几乎无法脱离营销活动而获得成功。

有很多人把企业营销描述为"推销产品的艺术"。请同学们想一想：推销真的等同于营销吗？营销管理的内容有哪些？

 情景写实

制造热点事件，精准营销自己

《登幽州台歌》是唐朝著名诗人陈子昂的名作："前不见古人，后不见来者。念天地之悠悠，独怆然而涕下。"气概昂然，心忧天下，是唐诗中不可多得之作。

话说唐朝陈子昂两次参加科举均落第，第二次落第后他终于想出一个办法，来了一次精准营销。长安市集上有人卖造型怪异、精美的胡琴，要一百万钱。围观的人很多，但没有人敢买：一是价格贵得离谱；二是没有人会弹这种琴。这时候，陈子昂挤进人群，说：这琴我会弹，我买了！说完真拿出一百万钱，买走胡琴。

围观的人很惊讶，问他会不会弹，陈子昂自信地说自己是弹这种琴的高手，并说出自己的住址，有兴趣的可以第二天中午去听他弹琴。此事很快在长安城传开了，第二天，陈子昂住处门口人群云集，屋里根本装不下。

陈子昂只让名仕和权贵进屋，拿出琴来，突然说：我根本不会弹琴，不过我对自己的文章还是很有信心的，大家可以看看。说着当众砸了胡琴，拿出几卷文章。众人看了文章后，果然觉得不错，陈子昂名声大振，在后来的科举考试中金榜题名。

这是发生在唐朝的一次成功的营销案例，貌似花费重金，实际上并非如此。原来找托这种事，古人也用过，而且还用得非常精准和到位。只是如果没有两把刷子，或者说产品质量不过硬，用的托再多也不会有好结果，打铁还需自身硬。

任务一　新企业营销定位

扫码看课

【名人名言】

从本质上讲，营销是一门研究"买"和"卖"的科学和艺术——对消费者、渠道成员、公众以及相关群体的关注与研究,其根本目的仍旧是把自己的产品(服务)卖得更好。

——何慕

与顾客保持联系多5%,便可以使企业盈利增长50%。

——德勒格

一、市场营销调研

(一)市场营销与市场营销调研

如果用一句话来概括市场营销的话,市场营销就是指想方设法了解顾客,满足顾客需求并使企业盈利的过程。也就是说,在营销的过程中,企业要实现盈利。

企业要实现盈利,首先必须满足顾客的需求,企业对目标市场的顾客越了解,提供的产品或服务就越能满足顾客的需求。因此,从创业的第一天开始,创业者就必须不停思考以下问题:谁是我们的顾客?我们的市场由哪些顾客组成?市场是如何细分的?我们通过什么方式吸引顾客?顾客为什么选择我们的产品而不是竞争对手的产品?竞争对手是谁以及怎样才能使竞争更有成效?真正的市场营销人员所采取的第一个步骤,就是要调查研究,即市场营销调研(market research)。

市场营销调研是针对企业特定的营销问题或寻找机会,采用科学的研究方法,系统、客观地收集、整理、分析、解释和沟通有关市场营销各方面的信息,为营销管理者制订、评估和改进营销决策提供依据。

(二)了解顾客

顾客购买产品或服务是为了满足需求,如果你解决了顾客的问题,满足了顾客的需求,你的企业就有可能成功。企业与顾客的关系就是鱼和水的关系,没有顾客,企业就无法生存。只有了解顾客,才能满足顾客的需求,留住顾客。

一般需要了解的顾客信息如下。

我的顾客是谁?(顾客定位)

顾客需要什么产品或服务?

顾客最看重产品或服务的什么方面?(规格、颜色、价格、质量还是售后服务?)

微课精讲

顾客愿意为每个产品或服务付多少钱?

顾客在哪里?一般在何时何地购买?

顾客的购买频率是多久?(每年、每月、每周、每日)

顾客的数量在增加吗?能保持稳定吗?

他们是否在寻找有特色的产品或服务?

(三)了解竞争对手

《孙子兵法》有云:"知己知彼,百战不殆;不知彼而知己,一胜一负;不知彼,不知己,每战必殆。"了解竞争对手的重要性已毋庸置疑。

一般需要了解的竞争对手信息如下。

竞争对手的企业规模、地点是什么?

竞争对手提供的产品或服务和你的有什么不同?

竞争对手的产品或服务的价格、质量是怎样的?

竞争对手给顾客什么样的额外服务?

竞争对手拥有怎样的销售渠道?有哪些优缺点?

竞争对手采用何种营销策略?推广手段是什么?

竞争对手的设备先进吗?

竞争对手的组织结构如何?人力资源配置是否合理?

竞争对手的员工素质怎么样？受过培训吗？待遇好吗？

竞争对手目前占有的市场份额是多少？

顾客对竞争对手的口碑如何？

竞争对手有哪些固定的大客户？

案例分享

用户问题中的大商机

在中国的快递行业，有一个人从穷小子变身总裁，连马云都佩服，他就是王卫，管理着顺丰20余万名员工的庞大快递王国。20多年前，22岁的王卫因工作需要，经常往返香港和广东两地。他经常受朋友所托，从香港将包裹免费运到深圳指定的人手中，并将一些信件带到香港。久而久之，托王卫送包裹的人越来越多，又不好意思每次免费，于是"小打小闹"地塞给他一些红包。王卫想，既然市场需求这么大，能否成立一家公司，专门做运送业务呢？

王卫将他的想法向经常托他送货的人咨询，得到非常爽快的回答："如果是这样那就太好了，以后运送包裹的业务就全交给你了。"随后，王卫在香港砵兰街开了一家小店面，承接业务。1993年，顺丰速运公司（简称顺丰）在广东顺德正式注册成立。一段时间后，顺丰已经局部垄断了深港货运，深圳到香港的陆路通道上，70%的快递件由顺丰承运。

一段时间后王卫发现，用户除了有货物运输的需求外，对货物和信件的到达时间也有需求。为解决这一问题，王卫提出用飞机送快递，做一家速度最快的快递公司。最终于2009年年底，获得中国民用航空局批准，顺丰航空公司正式开始运营，直接为顺丰速运提供航空快递运输业务。

诺基亚的衰落

2012年4月，IHS iSuppli 和 Strategy Analytics 发布数据称，三星已经超越诺基亚，成为手机销售市场的冠军，结束了诺基亚长达15年的世界最大手机厂商的历史。标准普尔评级公司（Standard & Poor's）对诺基亚的信用评级已经降为"垃圾级"——BB+/B。

诺基亚是智能手机市场的先锋军。2002年，诺基亚发布了运行 Symbian 60 系列平台的智能手机。接下来的五年内，Symbian 系统的智能手机轻松占据智能手机领域的领军位置。然而到了2007年，苹果公司发布了 iPhone 手机。有着全触屏界面以及基于应用的操作系统的 iPhone 改写了智能手机的定义。

但是，诺基亚忽视了用户随之改变的消费需求。随着 iOS 和 Android 系统的相继出现，Symbian 系统越来越无法跟上时代的步伐，诺基亚却还在 Symbian 系统上不断地加大科研投入，抱残守缺。一直到业绩开始急剧下滑，诺基亚才舍弃它，转投微软公司 Windows phone 操作系统，但这样做为时已晚。诺基亚神话破灭，在曾经称王的移动通信界，被三星和苹果等公司甩在身后。

二、进行市场细分

（一）市场细分定义

市场细分就是指按照细分标准，把一个产品的整个市场划分为若干个需要不同标准的产品和服务的消费者群的市场分类过程。

市场细分是对需求不同的消费者进行分类，不是对产品分类。一个消费者群就是一个细分市场（子市场）。例如，服装市场可细分为传统、时尚、经济和豪华4个子市场。

同质市场：消费者对某一产品的要求基本相同或极为相似，如火柴、白糖等。

异质市场：消费者对某一产品的要求不尽相同。

绝大多数的产品市场是异质市场。市场细分是对异质市场进行细分，分为若干个同质子市场。

（二）市场细分标准

市场细分标准指的是以消费者所具有的明显不同的特征进行分类的依据。常见市场细分标准如表10-1所示。

表10-1 市场细分标准表

细分标准	具体变量
地理环境	国别、城乡、气候、交通、地理位置等
人口因素	年龄、性别、职业、收入、教育程度等
心理因素	个性、兴趣、爱好、生活方式等
购买行为	购买动机、追求利益、使用频率、品牌与商标的信赖程度等

（三）市场细分过程中需要注意的问题

（1）不同类型企业在市场细分时应采取不同的标准。例如，消费品市场主要以地理环境、人口状况等因素作为细分标准，但不同的消费品市场所使用的度量也有差异。

（2）市场细分的标准是随社会生产和消费需求的变化而不断变化的。由于消费者价值观念、购买行为和动机不断变化，企业细分市场采用的标准也会随之变化。

（3）企业在进行市场细分时，应注意各种标准的有机组合。在选择细分标准时，可以采取单一标准，更多情况下则采用多项标准的组合，这样可使整个市场更细、更具体，企业也更易把握细分市场的特征。

（4）市场细分是一项创造性的工作。由于消费者需求的特征和企业营销活动是多种多样的，市场细分标准的确定和选择不可能完全拘泥于书本知识。企业应在深刻理解市场细分原理的基础上，创造新的、有效的标准。

三、选择目标市场

目标市场是企业营销活动所要满足的市场，是企业为实现预期目标要进入的市场。一旦企业确定了市场细分方案，就必须评估各种细分市场和决定为多少个细分市场服务。

（一）选择目标市场的原因

企业为什么要选择目标市场呢？因为任何企业（尤其是新创企业）都没有足够的人力资源和资金满足整个市场或追求过大的目标，也不是所有的子市场对本企业都有吸引力。所以，当企业不能满足所有买主的需求时，必须选择那些能在最大限度上满足其需要的买主，即哪些顾客最重要、哪些顾客应成为推销产品的目标。只有扬长避短，找到有利于发挥本企业现有的人、财、物等资源优势的目标市场，才不至于在庞大的市场上瞎撞乱碰。例如，你到美国去推销丝绸女装，就必须了解美国市场，必须分出各种不同类型的买主，即各类女顾客，必须优先考虑或选择你能够满足其需求的那类顾客，即目标市场。

（二）企业选择目标市场的战略类型

企业进行目标市场选择的营销策略一般有3种。

1. 无差异性营销

实行这种策略的企业将整体市场视为一个大的目标市场，不进行细分，用同一种产品、统一的市场营销组合对待整个市场。例如，可口可乐公司早期曾使用无差异性营销，推出的饮料具有单一的价格和单一的口味，来满足所有顾客的需要。运用这种策略，可以获得成本优势。产品种类少，有利于降低生产、库存和运输成本。广告计划之间的无差异，可以降低广告成本。无须进行细分市场的调研工作和筹划工作，可以降低市场营销调研和生产管理成本。但是，实践证明，用一种产品或品牌同时满足所有顾客的全部需要，几乎是不可能的。无差异性营销的最大优点是成本的经济性；最大缺点是顾客的满意度低，适用范围有限。

2. 差异性营销

差异性营销是指企业同时在几个细分市场上经营业务,并分别为每一个细分市场制订不同的营销计划。例如,某服装公司为不同性别、不同年龄段、不同收入水平、不同生活方式的消费者,提供不同颜色、不同规格、不同款式、不同档次的服装,并运用不同的传播策略进行广告宣传,就是差异性营销策略。差异性营销的最大优点是可以有针对性地满足具有不同需求特征的顾客群,提高产品的竞争力。但是,由于产品品种、销售渠道、广告宣传的多样化,市场营销费用会大大增加,无差异性营销的优势成为其劣势。问题还在于,市场营销成本增加的同时,并不能保证效益会同步上升。因此,企业要防止把市场分得过细。如果分得过细,要进行"反细分"或扩大顾客的基数。

3. 集中性营销

集中性营销是将目标市场细分为若干个市场后,只选择其中某一市场作为目标市场。其指导思想是把企业的人、财、物等资源集中于一个细分市场,不求在较多的细分市场上都获得较小的市场份额,而谋求在较少的市场上得到较大的市场份额。这种策略特别适合于势单力薄的新创企业。

宝洁公司的市场细分研究

按地理变量细分市场

宝洁公司的地理细分主要表现在产品技术研究方面,如宝洁公司经过细心地化验发现东方人与西方人的发质不同,于是开发了滋养头发的潘婷,满足亚洲消费者的需求。

针对不同地区,主推的产品也不一样,如在偏远的山区,推出了汰渍等实惠的洗涤产品、飘柔家庭装等实惠的洗发水产品;对北京、上海、香港及更多的国际大都市则主推潘婷等高端产品。

按人文变量细分市场

(1) 年龄。宝洁公司的市场定位为青年消费群体,其广告画面多选用年轻男女的形象,其高额的市场占有率充分证明了定位的正确性。如沙宣主要针对讲究个性的年轻时尚的白领一族。

(2) 收入。收入是影响市场细分的一个常用人口变量,收入水平影响消费者需求并决定他们的购买能力。宝洁公司的洗衣粉最初打入中国市场时,调研发现:中国消费者对洗衣粉的功效要求不高,用量是西方国家的10%。市场细分如下:碧浪定位于高价市场,有5%的市场占有率;汰渍定位于中价市场,有15%的市场占有率;在中国收购与合资的当地品牌熊猫、高福力、兰香定位于低价市场。

(3) 性别。宝洁公司旗下的吉列品牌剃须刀、刀片及其他剃须用品,将面对的整体市场按性别因素细分为男士和女士市场,专门为男士设计了锋速三、超级感应、感应、超滑旋转等系列产品,专门为女士设计了吉利女士专用刀架、Venus 刀片、吉列女士超级感应系列等产品,深受消费者喜爱。

按心理变量细分市场

(1) 社会阶层。宝洁公司利用社会阶层这一特点,对不同的阶层采取不同的营销战略。宝洁公司国际著名护肤品牌 SK-Ⅱ 针对的就是社会地位较高的购买者,精华露从 800~1200 元不等;而玉兰油的产品面向的是中低层消费者。

(2) 生活方式。面对广大的家庭主妇型消费者,宝洁公司推出了桶装洗发水、沐浴露,适合于家庭用;而对于大学生群体或者经常外出的人群,宝洁公司同时也推出了易携带的洗护二合一产品;对于白领一族,宝洁公司推出了广受欢迎的彩妆品牌——ANNA SUI(安娜苏)。

按行为变量细分市场

(1) 宝洁公司根据不同消费者群体,推出了5种不同诉求利益的洗发产品:海飞丝——去屑;潘婷——含维生素原B5,营养发质;飘柔——柔顺光滑;沙宣——专业美发;伊卡璐——草本精华,纯天然。

(2) 根据使用数量中的大量使用者,其产品分为帮宝适——婴儿;Old Spice 系列——男士剃须;护舒宝——女士专用品;玉兰油——时尚女性。

(3) 根据购买时机,分为夏季畅销的玉兰油多效防晒霜、玉兰油护肤沐浴乳、汰渍洗衣粉。

四、市场定位

(一) 市场定位的概念

市场定位(market positioning)是根据竞争者现有产品在市场上所处的地位和顾客对产品某些属性的重视程度,勾画与传递本企业产品、形象的活动过程。市场定位的实质是差异化,就是有计划地树立本企业产品具有某种与竞争者产品不同的理想形象,以便目标市场了解和赏识本企业所宣称的与竞争对手不同的特点。简而言之,产品的市场定位,就是在消费者心目中为企业的品牌选择一个希望占据的位置。

请记住:销售给所有人其实是创业的一大陷阱。作为一个没有经验且资源有限的创业菜鸟,你不要有向所有人销售的冲动。向所有人销售其实就是向"没有人"销售,这样你找不到一个客户。因为你的服务与产品定位不精准,也就是说没有客户需求。

海尔在美国成功的奥秘

1999年4月30日,在美国南卡罗来纳州中部的一个人口为8000人的小镇卡姆登,举行了海尔投资3000万美元的海尔生产中心的奠基仪式。1年多以后,第一台带有"美国制造"标签的海尔冰箱诞生,海尔从此开始了在美国制造冰箱的历史。海尔成为中国第一家在美国制造和销售产品的公司。

下棋找高手

在海尔首席执行官张瑞敏眼中,海尔国际化就像是一盘棋,而要提高棋艺,最好的办法就是找高手下棋,张瑞敏找的高手是欧洲和美国。

海尔决定用自己的品牌进军欧美市场,其榜样是日本的索尼。20世纪60年代,索尼在国际市场上还默默无闻,它们每一个新产品上市时,都首先投放到欧美地区,打出影响后再到日本和其他国家销售,索尼由此成为一个世界性名牌。

美国家电市场名牌荟萃,竞争激烈,几乎是所有世界名牌的竞技场。而且在美国本土,家用电器也早已是处于成熟期的产品。通用电气(General Electric,GE)、惠而浦(Whirlpool)和美泰克(Maytag)这3大美国电器生产商虎视眈眈,自然不会坐视不管,一场商业激战在所难免。那么,海尔靠什么来同这些美国著名企业叫板呢?

美国市场调研

(1) 需求潜力。1998年、1999年中国出口美国的冰箱分别为4718万美元、6081万美元,其中海尔冰箱分别占1700多万美元、3100多万美元。据统计,在美国建一个冰箱厂的盈亏平衡点是28万台,海尔现在的冰箱出口已经远远超过这个数字。据统计,目前在美国180 L以下的小冰箱市场中,海尔已占到超过30%的市场份额,当时预计2002年有望达到50%,但海尔大规格冰箱长期因远隔重洋而无法批量进军美国市场。项目见效后,海尔公司在美国市场的产品结构将更加合理,市场占有率将进一步提高。

(2) 消费者的需求结构。当时,在美国200 L以上的大型冰箱被GE、惠而浦等企业所垄断;160 L以下的冰箱销量较少,GE等厂商认为这是一个需求量不大的产品,没有投入多少精力去开发市场,然而海尔发现美国的家庭人口正在变少,小型冰箱将会越来越受欢迎,独身者和留学生就很喜欢小型冰箱。

美国营销专家科特勒说:海尔战略的另一个部分是对消费群体的定位,它很正确,它针对的是年轻人。老一代习惯于像GE这样的老品牌,年轻人对家电还没有形成任何习惯性的购买行为,因为他们刚有自己的第一套公寓或者正在建立自己的第一个家、买自己的第一台电冰箱。所以,海尔定位于年轻人是明智的决策。

根据以上调查分析,海尔决定在美国市场开发60～160 L的各种类型的小型冰箱,这些冰箱的需求潜力很大。从海尔最初向美国出口冰箱到现在短短几年的时间里,海尔冰箱已成功地在美国市场建立了自己的品牌。2003年,美国的零售巨人沃尔玛连锁店开始销售海尔的两种小型冰箱和两种小型冷柜,并同海尔签订了再购买10万台冰箱的协定。海尔在美国最受欢迎的产品是学生宿舍和办公场所使用的小型冰箱。海尔在卧式冷柜方面也取得了成功,该产品在美国同类型号产品中的市场占有率为33.3%;海尔的窗式空调机也具有广阔的市场前景。

【评析】营销大师菲利普·科特勒曾说过:"要管理好一个企业,必须管理它的未来,而管理未来就是管理信息。"海尔在美国成功的奥秘在于:①在调研过程中有明确的目标消费群,充分了解该地区的人口结构和消费习惯,具有较高的针对性;②有明确的市场定位,充分考虑竞争者的优缺点,并以索尼为榜样,不断自我提高,采用以优制胜的方式将产品成功地推向市场,在电器行业站稳脚步;③通过市场调研发现新的机会和新的需求并开发新的产品去满足这些需求;④不断提高企业的经营能力,增强竞争能力,这是克敌制胜的重要手段。

(二) 市场定位的原则

各个企业经营的产品不同,面对的顾客也不同,所处的竞争环境也不同,因而市场定位所依据的原则也不同。总的来讲,市场定位所依据的原则有以下4点。

1. 根据具体的产品特点定位

构成产品内在特色的许多因素都可以作为市场定位所依据的原则,如所含成分、材料、质量、价格等。"七喜"汽水的定位是"非可乐",强调它是不含咖啡因的饮料,与可乐类饮料不同。"泰宁诺"止痛药的定位是"非阿司匹林的止痛药",显示药物成分与以往的止痛药有本质的差异。一件仿皮皮衣与一件真正的水貂皮衣的市场定位自然不会一样。同样,不锈钢餐具若与纯银餐具定位相同,也是令人难以置信的。

2. 根据特定的使用场合及用途定位

为老产品找到一种新用途,是为该产品创造新的市场定位的好方法。小苏打曾一度被广泛地用作家庭的刷牙剂、除臭剂和烘焙配料,现在已有不少新产品代替了小苏打的上述一些功能。后来小苏打又有了新的定位。有一家公司定位小苏打为冰箱除臭剂,另外还有一家公司把它当成调味汁和卤肉的配料,更有一家公司发现它可以作为冬季流行性感冒患者的饮料。我国曾有一家生产曲奇饼干的厂家最初将其产品定位为家庭休闲食品,后来发现不少顾客购买是为了馈赠,又将其定位为礼品。

3. 根据顾客得到的利益定位

产品提供给顾客的利益是顾客最能切实体验到的,也可以用来作为定位的依据。1975年,美国米勒(Miller)啤酒公司推出了一种低热量的"Lite"牌啤酒,将其定位为"喝了不会发胖的啤酒",迎合了那些经常饮用啤酒而又担心发胖的人群的需求。

4. 根据使用者类型定位

企业常常试图将其产品指向某一类特定的使用者,以便根据这些顾客的看法塑造恰当的形象。美国米勒啤酒公司曾将其原来唯一的品牌"高生"啤酒定位于"啤酒中的香槟",吸引了许多不常饮用啤酒的高收入女性。后来他们发现,占消费者总数30%的狂饮者大约消费了啤酒销量的80%。于是,该公司在广告中展示石油工人钻井成功后狂欢的镜头,还有年轻人在沙滩上冲刺后开怀畅饮的镜头,塑造了一个精力充沛的形象;在广告中提出"有空就喝米勒",从而成功地占领啤酒狂饮者市场达10年之久。

事实上,许多企业进行市场定位依据的原则往往不止一个,而是多个原则同时使用。因为要体现企业及其产品的形象,市场定位必须是多维度、多侧面的。

(三) 市场定位的策略

1. 避强定位

避强定位策略是指企业力图避免与实力最强或较强的其他企业直接发生竞争,而将自己的产品定位于另一市场区域内,使自己的产品在某些特征或属性方面与最强或较强的对手有比较显著的区别。

优点:避强定位策略能使企业较快地在市场上站稳脚跟,并能在消费者或用户中树立形象,风险小。

缺点:避强往往意味着企业必须放弃某个最佳的市场位置,很可能使企业处于最差的市场位置。

2. 迎头定位

迎头定位策略是指企业根据自身的实力,为占据较佳的市场位置,不惜与市场上占支配地位的、实力最强或较强的竞争对手发生正面竞争,而使自己的产品进入与对手相同的市场位置。

优点:竞争过程中往往相当惹人注目,甚至产生所谓的轰动效应,企业及其产品可以较快地为消费者或用户所了解,易于达到树立市场形象的目的。

缺点:具有较大的风险性。

3. 重新定位

公司在选定了市场定位目标后,如定位不准确或虽然开始定位得当,但市场情况发生变化时,如遇到竞争者定位与本公司接近,侵占了本公司部分市场,或由于某种原因消费者或用户的偏好发生变化,转移到竞争者方面时,就应考虑重新定位。重新定位是一种以退为进的策略,目的是实施更有效的定位。

 案例分享

万宝路香烟的新定位

万宝路香烟刚进入市场时,以女性为目标市场,它推出的口号是"像5月的天气一样温和"。然而,尽管当时美国吸烟人数年年都在上升,但万宝路香烟的销量却始终平平。后来,广告大师李奥贝纳为其做广告策划,他将万宝路香烟重新定位为男子汉香烟,并将它与最具男子汉气概的西部牛仔形象联系起来,树立了万宝路香烟自由、野性与冒险的形象,从众多的香烟品牌中脱颖而出。自20世纪80年代中期到现在,万宝路香烟一直居世界各品牌香烟销量首位,成为全球香烟市场的领导品牌。

4. 创新定位

创新定位是指寻找新的尚未被占领但有潜在市场需求的位置,填补市场上的空缺,生产市场上没有的、具备某种特色的产品。例如,日本索尼公司的随身听等一批新产品正是填补了市场上迷你电子产品的空缺,并进行不断创新,使得索尼公司即使在"二战"时期也能迅速发展,一跃成为世界级的跨国公司。采用这种定位方式时,公司应明确创新定位所需的产品在技术上、经济上是否可行,有无足够的市场容量,能否为公司带来合理而持续的盈利。

市场定位是设计公司产品和形象的行为,使公司明确在目标市场中自己相对于竞争对手的位置。公司在进行市场定位时,应慎之又慎,要通过反复比较和调查研究,找出最合理的突破口。避免出现定位混乱、定位过度、定位过宽或定位过窄的情况。而一旦确立了理想的定位,公司必须通过一致的表现与沟通来维持此定位,并应经常加以监测以随时适应目标顾客和竞争者策略的改变。

(四) 市场定位的步骤

市场定位的关键是企业要设法在自己的产品上找出比竞争对手更具有竞争优势的特性。竞争优势一般有两种基本类型:一是价格竞争优势,就是在同样的条件下比竞争对手定出更低的价格,这就要求企业采取一切努力来降低单位成本;二是偏好竞争优势,即能提供确定的特色来满足顾客的特定偏好,这就要求企业采取一切努力在产品特色上下功夫。因此,企业市场定位的全过程可以通过以下3个步骤来完成。

步骤一:分析目标市场的现状,确认本企业潜在的竞争优势。这一步骤的中心任务是要回答以下3个问题。

(1) 竞争对手产品定位如何?

(2) 目标市场上顾客的欲望满足程度如何及还需要什么?

(3) 针对竞争对手的市场定位和潜在顾客的真正需求的利益要求,企业应该及能够做什么?

要回答这3个问题,企业市场营销人员就必须通过一切调研手段,系统地设计、搜索、分析并报告有关上述问题的资料和研究结果。通过回答上述3个问题,企业就可以从中把握和确定自己的潜在竞争优势。

步骤二:准确选择竞争优势,对目标市场进行初步定位。

竞争优势表明企业能够胜过竞争对手的能力。这种能力既可以是现有的,也可以是潜在的。选择竞争优势实际上就是一个企业与竞争对手各方面实力相比较的过程。比较的指标应是一个完整的体系,只有这样,才能准确地选择相对竞争优势。通常的方法是分析、比较企业与竞争对手在经营管理、技术开发、采购、生产、市场营销、财务和产品7个方面究竟哪些是强项,哪些是弱项。借此选出最适合本企业的优势项目,以初步确定企业在目标市场上所处的位置。

步骤三:显示独特的竞争优势和重新定位。

这一步骤的主要任务是企业要通过一系列的宣传促销活动,将其独特的竞争优势准确地传播给潜在顾客,并在顾客心目中留下深刻印象。为此,企业首先应使目标顾客了解、知道、熟悉、认同、喜欢和偏爱本企业的市场定位,在顾客心目中建立与该定位相一致的形象。其次,企业通过各种努力以强化目标顾客的形象,增进对目标顾客的了解,稳定目标顾客的态度和加深目标顾客的感情来巩固与市场相一致的形象。最后,企业应注意目标顾客对其市场定位理解出现的偏差或由于企业市场定位宣传上的失误而造成的目标顾客模糊、混乱和误会,及时纠正与市场定位不一致的形象。

企业的产品在市场上定位即使很恰当,但在下列情况下,还应考虑重新定位。

(1)竞争对手推出的新产品定位于本企业产品附近,侵占了本企业产品的部分市场,使本企业产品的市场占有率下降。

(2)消费者的需求或偏好发生了变化,使本企业产品销售量骤减。重新定位是指企业为已在某市场销售的产品重新确定某种形象,以改变消费者原有的认识,争取有利的市场地位的活动。例如,某日化厂生产婴儿洗发剂,以强调该洗发剂不刺激眼睛来吸引有婴儿的家庭。但随着出生率的下降,销售量减少。为了增加销售,该企业将产品重新定位,强调使用该洗发剂能使头发松软有光泽,以吸引更多、更广泛的购买者。

重新定位对于企业适应市场环境、调整市场营销战略是必不可少的,可以视为企业的战略转移。重新定位可能导致产品的名称、价格、包装和品牌的更改,也可能导致产品用途和功能上的变动,企业必须考虑定位转移的成本和重新定位的收益问题。

任务二　市场营销策略

扫码看课

【名人名言】

营销是卖思想,产品和服务都不过是企业经营思想的结晶,不过是向消费者表达思想的载体。

——韩庆祥

制订营销计划时,要考虑市场营销的4个方面,即产品(product)、价格(price)、渠道(place)和促销(promotion)。由于这4个词的英文字头都是P,再加上策略(strategy),所以简称为营销"4P's"。

一、产品策略

办企业必须有产品(服务也是产品),问题是我们的产品必须适销对路。那么,怎么样才能令我们的产品适销对路呢?这就是我们研究产品策略所要做的事情。

(一)产品的层次

现代市场营销观念认为,产品就是能够提供给市场,用于满足人们欲望和需求的任何事物。产品的整体概念由3个基本层次组成:核心产品、形式产品、延伸产品(图10-1)。

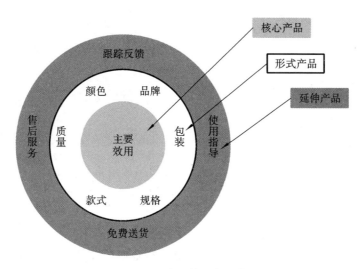

图 10-1　产品的三个层次

1. 核心产品

产品的核心层是一种解决问题的服务，即消费者真正购买或使用该产品的原因。这一层次要能帮助使用者解决最基本的问题。

2. 形式产品

产品的有形层则是将产品转化为有形实体或服务，一种看得见、摸得着的产品层次。这一层次有 5 种特征：品质水平、产品特性、品牌名称、形式、包装。这是最直观，也是最能吸引使用者的一个层次。

3. 延伸产品

产品延伸层则是指厂商能提供给消费者在实体商品之外更多的服务与利益，如免费安装、检修服务等。这项观念使企业营销人员必须考虑得更多，提供超乎消费者预期的服务，给予其完整的满足感，借以提高消费者的满意度及再购率。

企业在生产和销售产品时不但要重视产品的核心功能，而且要注意产品的形式，为顾客提供更多附加利益。

（二）制订产品策略

产品策略是指企业要突出更能满足顾客需求的产品特性，即产品和服务的差异性。

策略 1：充分了解顾客的需求

消费包括个人消费和集团消费，不管是哪一种消费，首先是有需求才开展消费，所以我们的产品必须投其所好。

策略 2：了解顾客需求的变化

市场唯一不变的法则就是永远在变。

策略 3：提供顾客想要的产品

要始终关注顾客的需求，要保证你提供的产品或服务是顾客想要的，而不是你想要的。

策略 4：变化和创新

从某种程度上说，策略 3 是被动的，而策略 4 是主动的，希望"人无我有，人有我优，人优我特，人特我新"。但前提是要满足策略 3。

湖南美食文化孕育出中华名吃——香豆腐。湖南人敢为天下先创造了传奇品牌——斗腐倌。从品牌单一的香豆腐发展成 7 大串系列产品，由一口锅卖豆腐升级成一站式迷你小吃店赚钱模式。斗腐倌将小豆腐做成大生意，成为小本创业项目中的典范。斗腐倌创始人刘向阳先生是典型的小本创业者，他在 2008 年从一张桌子、一口锅卖豆腐开始创业，到目前已经发展成代理店 600 多家、销售额 5000 多万元的中小企业，是小本创业的实力派。

二、定价策略

微课精讲

主要是指企业以按照市场规律制定价格和变动价格等方式来实现其营销目标,其中包括对同定价有关的基本价格、折扣价格、津贴、付款期限、商业信用,以及各种定价方法和定价技巧等可控因素的组合和运用。

(一)成本导向定价法

以产品单位成本为基本依据,再加上预期利润来确定价格的成本导向定价法,是中外企业最常用、最基本的定价方法。成本导向定价法又衍生出了总成本加成定价法、目标收益定价法、边际成本定价法、盈亏平衡定价法等几种具体的定价方法。

1. 总成本加成定价法

在这种定价方法下,把所有为生产某种产品而发生的耗费均计入成本的范围,计算单位产品的变动成本,合理分摊相应的固定成本,再按一定的目标利润率来决定价格。

2. 目标收益定价法

目标收益定价法,又称投资收益率定价法,是根据企业的投资总额、预期销量和投资回收期等因素来确定价格。

3. 边际成本定价法

边际成本是指每增加或减少单位产品所引起的总成本变化量。由于边际成本与变动成本比较接近,而变动成本的计算更容易一些,所以在定价实务中多用变动成本替代边际成本,而将边际成本定价法称为变动成本定价法。

4. 盈亏平衡定价法

在销量既定的条件下,企业产品的价格必须达到一定的水平才能做到盈亏平衡、收支相抵。既定的销量就称为盈亏平衡点,这种制定价格的方法就称为盈亏平衡定价法。科学地预测销量和已知固定成本、变动成本是盈亏平衡定价的前提。

(二)竞争导向定价法

在竞争十分激烈的市场上,企业通过研究竞争对手的生产条件、服务状况、价格水平等因素,依据自身的竞争实力,参考成本和供求状况来确定产品价格。这种定价方法就是通常所说的竞争导向定价法。竞争导向定价法主要包括以下几种。

1. 随行就市定价法

在垄断竞争和完全竞争的市场结构条件下,任何一家企业都无法凭借自己的实力在市场上取得绝对的优势,为了避免竞争特别是价格竞争带来的损失,大多数企业采用随行就市定价法,即将本企业某产品价格保持在市场平均价格水平上,利用这样的价格来获得平均报酬。此外,采用随行就市定价法,企业就不必去全面了解消费者对不同价差的反应,也不会引起价格波动。

2. 产品差别定价法

产品差别定价法是指企业通过不同的营销努力,使同种同质的产品在消费者心目中树立起不同的产品形象,进而根据自身特点,选取低于或高于竞争对手的价格作为本企业产品价格。因此,产品差别定价法是一种进攻性的定价方法。

3. 密封投标定价法

在国内外,许多大宗商品、原材料、成套设备和建筑工程项目的买卖和承包,以及出售小企业等,往往采用发包人招标、承包人投标的方式来选择承包者,确定最终承包价格。一般来说,招标方只有一个,处于相对垄断地位,而投标方有多个,处于相互竞争地位。标的物的价格由参与投标的各个企业在相互独立的条件下来确定。在买方招标的所有投标者中,报价最低的投标者通常中标,它的报价就是承包价格。这样一种竞争性的定价方法就称密封投标定价法。

(三) 顾客导向定价法

现代市场营销观念要求企业的一切生产经营必须以消费者需求为中心,并在产品、价格、分销和促销等方面予以充分体现。根据市场需求状况和消费者对产品的感觉差异来确定价格的方法称作顾客导向定价法,又称市场导向定价法或需求导向定价法。需求导向定价法主要包括理解价值定价法、需求差异定价法和逆向定价法。

1. 理解价值定价法

所谓"理解价值",是指消费者对某种产品价值的主观评判。理解价值定价法是指企业以消费者对产品价值的理解度为定价依据,运用各种营销策略和手段,影响消费者对产品价值的认知,形成对企业有利的价值观念,再根据产品在消费者心目中的价值来制定价格。

2. 需求差异定价法

所谓需求差异定价法,是指产品价格的确定以需求为依据,首先强调适应消费者需求的不同特性,而将成本补偿放在次要的地位。这种定价方法,对同一产品在同一市场上制定两个或两个以上的价格,或使不同产品价格之间的差额大于其成本之间的差额。其好处是可以使企业定价最大限度地符合市场需求,促进产品销售,有利于企业获取最佳的经济效益。

3. 逆向定价法

这种定价方法主要不是考虑产品成本,而重点考虑需求状况。依据消费者能够接受的最终销售价格,逆向推算出中间商的批发价和生产企业的出厂价格。逆向定价法的特点:价格能反映市场需求情况,有利于加强与中间商的良好关系,保证中间商的正常利润,使产品迅速向市场渗透,并可根据市场供求情况及时调整,定价比较灵活。

(四) 各种定价方法的运用

定价方法很多,企业应根据不同经营战略和价格策略、不同市场环境和经济发展状况等,选择不同的定价方法。

(1) 从本质上说,成本导向定价法是一种卖方定价导向。它忽视了市场需求、竞争和价格水平的变化,有时候与定价目标相脱节。此外,运用这一方法制定的价格均是建立在对销量主观预测的基础上,从而降低了价格制定的科学性。因此,在采用成本导向定价法时,还需要充分考虑需求和竞争状况,来确定最终的市场价格水平。

(2) 竞争导向定价法是以竞争对手的价格为导向的。它的特点:价格与产品成本和需求不发生直接关系;产品成本或市场需求变化了,但竞争对手的价格未变,就应维持原价;反之,虽然成本或需求都没有变动,但竞争对手的价格变动了,则相应地调整其产品价格。当然,为实现企业的定价目标和总体经营战略目标,谋求企业的生存或发展,企业可以在其他营销手段的配合下,将价格定得高于或低于竞争对手的价格,并不一定要求和竞争对手的产品价格完全保持一致。

(3) 顾客导向定价法是以市场需求为导向的定价方法,价格随市场需求的变化而变化,不与成本因素发生直接关系,符合现代市场营销观念要求,企业的一切生产经营以消费者需求为中心。

三、分销渠道

产品分销渠道是指某种产品或服务在从生产者向消费者转移的过程中,取得这种产品服务的所有权,或帮助所有权转移的所有企业和个人。因此,分销渠道包括商人中间商(因为他们取得所有权)和代理中间商(因为他们帮助转移所有权),此外,还包括处于渠道起点和终点的生产者和最终消费者或用户,但不包括供应商和辅助商。

企业必须清楚谁来负责销售,以及采用的具体渠道,是采用直接销售方式,还是使用分销商、批发商;是通过同行联合,还是使用其他渠道等。

【小贴士】

渠道小策略

1. 搭顺风车。新创企业品牌不为消费者所了解,也很难在短时间内为消费者所接受,可以借用品牌的商标(合法使用,而不是非法使用)和他人强有力的销售渠道,迅速打开市场。

2. 捆绑式销售。如果开发的是系列产品,这些产品的用途也是相互配套、相互联系的,那么配套产品可以利用主产品的销售渠道。

3. 直接建立自己的销售网络。在目标市场采用密集型和轰炸型销售策略,也可以建立自己的终端销售队伍。

【小贴士】

中国企业渠道建设未来五大趋势

趋势一:要么全渠道,要么无渠道。
趋势二:移动互联网时代,社交网络成为企业品牌推广和销售实现的枢纽。
趋势三:移动端将成为主渠道,不能移动,就销不动。
趋势四:智能化再造将使实体店获得新生,找到新的盈利模式。
趋势五:把渠道建在云服务平台上,是实体店盈利模式再造的基础。

四、促销策略

促销就是指利用各种方式向顾客传递信息并吸引他们来购买你的产品或服务。

促销组合是企业所采用的用来支持销售和提升总体品牌形象的具体策略。企业最常用的促销方式有广告、销售促进、公共关系等。

1. 广告

这种方式即向市场发布信息,使大家对你的产品或服务产生更大的购买兴趣,如电视广告、报纸广告、杂志广告、DM广告、出租车广告、网络广告等。

2. 销售促进

销售促进又称营业推广,是指尽一切努力使光顾企业的顾客购买更多的产品。如免费品尝、免费样品、免费试用、买赠、抽奖、积分换购等促销方式。

3. 公共关系

公共关系,即借助媒体发布利好信息为企业做宣传来影响顾客。公共关系不需要资金投入,还可以增加企业的信誉度,为很多新创企业所青睐。新闻发布、媒体报道、博客、微信等是常用的建立公共关系的方式。

4. 人员销售

人员销售即业务人员与顾客进行面对面的沟通,促成交易。

由于促销很费钱,所以企业在制订促销策略前,要先了解竞争对手使用的促销方法,然后再决定对自己企业奏效的促销方式。

五、网络营销

互联网的影响无处不在,网络营销的价值魅力也越来越明显。各种网络营销工具和手段层出不穷。凡是以互联网或移动互联为主要平台开展的各种营销活动,都可称为整合网络营销。网络营销可以利用多种手段,如 E-mail 营销、博客与微博营销、网络广告营销、视频营销、媒体营销、竞价推广营销、SEO 优化排名营销等。但近年来,微信营销异军突起,影响力巨大。

这里我们主要讲一讲微信营销。微信已经无远弗届,无所不在。微信作为时下最热门的社交信息平台,也是移动端的一大入口,已演变为一大商业交易平台,其对营销行业带来的颠覆性变化已清晰显现。嗅觉敏感的、先介入的企业已在微信营销上走得很远,在微信营销战场拥有了广阔天空和强大阵地。

(一)微信的优势

1. 高到达率

短信和邮件被大量过滤,而微信群发信息都能完整无误地发送到终端手机。

2. 高曝光率

微信天生具有很强的提醒力度,比如铃声、通知中心消息停驻、角标等,随时提醒用户收到未阅读的信息。

3. 高接受率

微信用户已达 10 亿,微信已经成为或者超过类似手机短信和电子邮件的主流信息接收工具。

4. 高精准度

拥有粉丝数量庞大且用户群体高度集中的垂直行业微信账号,是真正炙手可热的营销资源和推广渠道。

5. 高便利性

移动终端的便利性再次提升了微信营销的高效性。商家营销极为便利。

(二)微信营销技巧

网络上流传着各种各样的微信营销技巧与方法。其实各种方法都有效,以下为一些常用的营销技巧与方法。

1. 推送高质量软文

内容的定位既要结合企业产品及核心价值,又要照顾用户角度,符合用户的价值观,所以,要学会用户思维。只有从你的微信当中获得用户想要的东西,用户才会更加忠实于你,和你成为朋友,接下来的销售才会理所当然。要记住,用户是冲着你的内容来的,推荐也是因为觉得内容有价值,所以内容为王。

2. 吸引更多用户

得用户者得天下,如果没有足够多的用户基础,成功概率就会很低。那如何增加用户呢?这些方法可能会奏效:合作互推、微博微信大号推广、小号带大号、朋友圈内容推广、多加微信群、线下推广、投票推广、H5(HTML5 的简称)活动传播推广、入驻第三方平台、基于社交应用的推广等。

3. 拒绝骚扰受众

微信公众账号每天可发 1 条消息,有的机构还申请几个公众号,加上大量的个人号,每天发大量的同质消息,大家都这样想的话,用户就会产生审美疲劳。所以,推送频次上,一周不要超过 3 次,太多了会打扰到用户。太少了用户也会抱怨,觉得你的微信只是一个摆设,根本不会从你这里获得什么。所以这个度一定得把握好。

4. 真诚高效沟通

微信的本质是沟通平台,沟通需要有来有往,所以人工互动是必不可少的。消息自动回复,显得没诚意。如果能做到人工互动,效果就会好很多。

5. 设计精美文档

标题:标题不要超过 16 个汉字,超过了字数变成两行,失去了精简性,不能在有限的时间内吸引眼球。

摘要:一定要从文章中提取摘要,要用最醒目、最精练的语言来概括,不要用微信的后台功能自动提取。文章的阅读量取决于标题和摘要。

配图:纯文字微信易让人产生审美疲劳,一定要选择养眼和与主题相关的图片,或者拍一些精美风景、经典名画上传,也可以自己动手画,再拍下来上传。

6. 组织线下活动

虚拟的沟通、与机器互动永远没有与人互动要来得有激情。有时候,见一面要抵过100次的虚拟沟通,也更容易拉近感情;面对面的交流更容易培养忠实的用户,产生更鲜活、更接地气的内容,这样的微信公众号才会显得更真实,更有亲和力。

六、创业不同时期的营销模式

(一)创业初期的营销

大多数企业是由一些聪明而有理想的创业者个人创建的,而每个企业在创建之初,都经历了一个艰苦奋斗的过程,比如很多现在非常成功的企业,最初的营销,竟然就是创业者个人自己走出去,推销自己的产品。

(二)成熟创业的营销

随着企业的发展和客户群体的壮大,一般的企业在成长期都采用惯例式营销,即细分市场,建立营销队伍,构建营销网络。

(三)协调式营销

许多大公司进行惯例式营销后,花了大量的精力来阅读最新的市场调研报告,力求将与经销商的关系调节到最好。但是,经过比较我们不难发现,惯例式营销模式缺乏创业初期营销模式的那种灵活性、创造力和热情,于是,更多的企业要求在惯例式营销模式下,企业经理有必要走出办公室,直接倾听顾客的意见,以保证企业的产品更好地满足用户的要求。

【思考讨论】

请分组并围绕"市场营销"展开讨论,思考并回答下列问题。

(1)如果你们想在学校门口开一家小吃店,目标市场是什么?目标人群是谁?

(2)为了让你们的小吃店生意红火,应该做好哪些调查?

(3)从产品、价格、渠道、促销等方面推广你们的小吃店,制订一个小吃店的市场营销策划方案。

【课外修炼】

(1)有创意的微信公众号文章总能吸引我们的注意力,对产品的销售或对品牌知名度的提升具有极大的帮助。现在的企业不管大小都非常重视微信公众号文章的撰写。绝大部分微信公众号文章的阅读量能超过200人次就很不错了。但立意高远、内容厚重的文章往往能突破10万人次。请你尝试写一篇与你的产品或服务相关的文章,当然,你的广告可以通过隐性植入的方式实施,而非赤裸裸的广告语言,争取做到阅读量能突破200人次。

(2)不知从何时开始,女生买衣服的习惯悄悄地发生了变化:首先,网购的品种和数量越来越多了;其次,购物的方式也改变了。通常女生在网上看到一件品牌服装,但是对面料、是否合身还拿不准时,往往就会到实体的品牌店。她们找到自己在网上看到的服装,然后试衣,挑选,最后再回到网上购买。因此,当她们网购的服装寄来时,女生已经知道这件衣服肯定是自己满意的了。

问题:

①你认为互联网时代的购物与传统商业模式的购物有哪些不同?

②分析女生为什么喜欢这样网购?说明了女生的什么心理?

③给未来品牌服装设计一个新的营销模式,并说明道理。

百事可乐挑战可口可乐

可口可乐牌子老,给人印象深刻,再加上它有解渴、消乏、提神的功效,故一直雄踞西方饮料业榜首。百事可乐初期成绩平平,在美国国内只属于小规模饮料企业。但他们不甘久居人下,经过精心研制,终于生产出新型饮料,在口感和功效等许多方面与可口可乐不相上下。

要想与可口可乐这种老牌货较量,必须得亮出杀手锏才有可能取胜。为了以小博大,通过营销手段使公司得到发展,百事可乐煞费苦心。百事可乐公司借力打力,在美国各地展开了各种形式的促销活动。为了让顾客增强对自己产品的信心,他们让顾客蒙住双眼,比较可口可乐和百事可乐的区别。顾客品尝以后,居然难以区别。没想到这小小的一招,竟然打乱了可口可乐公司的阵脚。百事可乐神气十足地走入各超级市场和饮食店。这是百事可乐公司在美国国内市场赢得的第一场胜利。但他们并不满足,又不断向国外发展,谋求在全球竞争中取得市场突破。

可口可乐开始反击,公司组织科研人员连夜公关,研制出可口可乐的新型饮料,它一改过去的模式,口感更加浓烈,更注重提神和解渴效果。这一新型饮料的研制成功立刻对百事可乐构成一种新威胁,许多消费者家中又纷纷摆上了可口可乐。

百事可乐公司以不变应万变,广泛发布一幅通栏广告,称:"大家知道,某种东西如果是好的就用不着改变它,百事可乐的成就迫使对方出此下策。"不但如此,百事可乐公司还专门召开记者招待会说,可口可乐改变配方,正好证明了百事可乐的胜利。

采用新配方后,可口可乐引起众多老顾客的强烈不满,美国各地成千上万人纷纷来信或来电表示反对,有不少地方的可口可乐爱好者甚至还成立了俱乐部,要求可口可乐公司弃新复旧。在这种情况下,该公司只好决定顺应顾客传统习惯,恢复原来的配方,而百事可乐则努力扩大市场份额。

思考与讨论:

1. 百事可乐如何赢得了市场?
2. 百事可乐挑战可口可乐对你有什么启发?

模块十一

新企业的财务管理

XINQIYEDE
CAIWUGUANLI

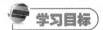

知识目标:
1. 掌握降低成本的内容。
2. 了解财务管理含义。
3. 了解税收筹划方案。

能力目标:
1. 能够看懂财务报表。
2. 能够提出税收筹划方案。

独立思考

一个企业要先学会如何活下来,才有资格谈做大,很多新企业短命的原因,就是没有对企业的资金或资产及由此产生的财务关系进行有效的管理。在进行学习之前请同学们首先思考对新企业而言,资源、资金都有限,企业可通过什么方式来减少企业的支出?如何为新企业做好税收筹划?

情景写实

亿唐网:没有规划快速烧钱

还记得亿唐网的人可能越来越少。2000年北京街头出现的大大小小的亿唐广告牌,"今天你是否亿唐"的那句仿效雅虎的广告词,着实让亿唐风光了好一阵子。亿唐想做一个针对中国年轻人的包罗万象的互联网门户。他们将中国年轻人定义为"明黄一代"。

1999年,第一次互联网泡沫破灭的前夕,刚刚获得哈佛商学院MBA的唐海松创建了亿唐公司,创始成员由5位哈佛大学MBA和2位芝加哥大学MBA组成。

凭借诱人的创业方案和精英团队,他们获得了两家著名的美国风险投资公司——DFJ、Sevin Rosen Funds两期共5000万美元的融资。横空出世的亿唐网,迅速在各大高校攻城略地,快速烧钱:除了在北京、广州、深圳三地建立分公司外,还广招人手,在各地进行规模浩大的宣传造势活动。

2000年底,互联网的寒冬突如其来,亿唐的钱烧光了大半,仍然无法盈利。此后的转型也毫无实效,2008年的亿唐只剩下空壳,昔日的精英团队在公司烧光钱后也纷纷选择出走。

任务一　财务管理概述

扫码看课

【名人名言】

一个企业所做的每一个决定都有其财务上的含义,而任何一个对企业财务状况产生影响的决定就是该企业的财务决策。因此,从广义上讲,一个企业所做的任何事情都属于公司理财的范畴。

——达摩达兰

面对激烈的竞争,要想求得生存、获得发展,必须重视企业管理,因为财务管理水平的高低直接影响到企业管理水平的高低,进而影响到企业经济效益的好坏。因此,优化财务管理,挖掘财务管理各功能,对于促进企业经济效益具有重要意义。

一、财务管理的内涵

财务管理(financial management)是指基于一定的法律法规,在一定整体目标的指导下,关于企业资产的购置(投资)、资本的融通(筹资)和经营中现金流量(营运资金),以及利润分配的管理。作为企业管理的核心,财务管理对于改善企业经营、提高企业经济效益具有十分重要的作用。实践表明:财务管理水平的高低对企业的经济效益的好坏具有重要影响。

二、财务管理的功能

财务管理作为企业管理的重要组成部分,其作用的发挥是以其功能为基础的。具体而言,财务管理具有三大基本功能:资金管理功能、成本控制功能、管理监督功能。

(一) 资金管理功能

资金对企业发展至关重要,如果将企业比喻为人的话,那资金就是身体中的血液。可以说资金是企业经营和发展必不可少的条件。所有企业的生存与发展必须基于一定的资金。企业财务管理具备了资金管理这一最为基本的功能。财务管理人员与企业管理人员基于对市场和企业发展的分析,综合各方面的信息数据,来支配企业的资金,从而利用有限的资金投入带来最大的产出,促进企业经济效益的提升。这就是财务管理中的资金管理功能。

(二) 成本控制功能

财务管理人员运用科学的方法,在保障企业正常运转的前提下,严格控制企业中不合理的支出,从而降低企业生产成本,增加企业的利润,提高企业的经济效益。因此,财务管理具有成本控制功能。

【小贴士】

创业要低成本运作

1. 降低固定成本

新创企业的固定成本完全可以量力而行,千万不要讲面子。如办公场地,苹果公司初创时,三个人就在乔布斯家的车库里工作;华为初创时,也是在一个破破烂烂的居民楼里;阿里巴巴最初的十八个人也是在马云的家里办公;大疆无人机初创时,三个人也龟缩在一家仓库里。至于管理人员,能省就省,初创人员自己要能身兼多职,尽量少聘请全职员工,多请兼职员工。昂贵的机器设备能租就不要买。节约是新创企业的特质。

2. 进行股权激励

很多新创企业在开始创业的时候,就把员工吸纳为股东,虽然现金收入稍低,但他们有公司的期权或股权激励。公司利益和员工的利益紧紧地捆绑在一起,可以激发员工的积极性和主动性,并减少现金支出。这个对新创企业至关重要。

3. 开展战略合作

你可以与其他公司以进行战略合作的形式,来获得一些产品与服务;也可以尝试用自己的服务换一些广告资源。如房租、咨询费、广告费等都可以用你的股权去购买或置换。这些非现金置换都能节约你紧张的现金流。

4. 尽量开源节流

新创企业要尽快实现盈利,同时也要养成节省的习惯。有些获得了融资的企业对获得的资金没有认真规划,总觉得是别人的钱,用起来很大方,到山穷水尽时才发现无以为继。所以,开源是企业的唯一出路,但节流可以延长新创企业的延续时间。

(三)管理监督功能

企业的正常运转,需要一整套完善的管理监督体系。财务管理中的管理监督体系使得企业在生产经营过程中步步为营,确保企业始终朝着正确的方向前行。不仅如此,在完善的监督体系下,企业能有效利用各种资源,最大限度地挖掘自身产能,优化企业的经营与管理,从而能够以较小的成本投入获得较大的经济效益。这就是财务管理中的管理监督功能。

三、树立正确的财务管理的观念

(一)货币时间价值观念

一定量的货币在不同的时间节点上具有不同的经济价值。这种由于货币时间的差异而产生的价值差异就是利息。创业者必须注重利息在财务决策中的作用,一个看似不错的项目,如果考虑货币的时间价值,也许会变成一个得不偿失的项目,特别是通货膨胀的时期。

(二)机会成本观念

一种资源用于本项目而放弃用于其他机会时,所可能损失的利益称为机会成本。创业者在进行项目(产品)决策时必须考虑机会成本。

(三)竞争观念

市场供求关系变化、价格的波动,时时会给公司带来冲击。针对外界的冲击,创业者必须要有充分的准备,强化财务管理在资金筹集、资金投放、资金运营的收入和分配中的决策作用,增强公司承受和消化冲击的应变能力。

【小贴士】

现金留存遵循如下原则

1. 订单要约定付款条件、价格、交货方式等。
2. 产品只有在完成付款的情况下才算是卖出去了。
3. 尽量与供货商赊账。
4. 供应物资只有在急需的情况下才采购,尽管这样做可能要多付一点钱。
5. 购买设备要借款,这项借款是比较容易借到的,而如果是借用运营资本就比较难了,所以动用自己的小金库吧。
6. 只聘用那些公司现在需要的员工,原因是你要对整个公司负责,而不是对某个员工。
7. 员工上班时间要一直保持工作状态。
8. 开公司要勤俭。
9. 建立完善的、防欺诈的制度。

四、大学生创业企业财务管理存在的问题

(一)财务管理基础知识欠缺

大学生选择创业的原因各不相同,有的是因为经济原因,有的是因为就业压力,也有的是为了实现人生目标。不论目的如何,大学生都有一定的专业特长,都能发现社会的一些新兴需求,并能将其转变为新兴行业,成功实施创业。但这些创业的大学生大多来自非财会专业,他们能提供创意和技术,能为创业企业提供技术支撑,可是创办企业之后不仅仅是发展业务、提供服务或销售产品,财务管理也是大学生创业企业正常运作的一项必不可少的管理活动或管理工作,而财务管理知识的缺乏是大学生创业企业管理者在创业企业正常经营和运作过程中的致命伤。

(二) 财务管理意识薄弱

大学生创业企业成立之初,由于规模小、业务量少、企业员工不多,很难建立一个完善的财务管理系统,通常简单地将财务工作视为一种记账的手段,对财务管理的一系列工作也没建立科学的管理理念和做法,不能很好地分析和利用财务信息,使财务管理工作混乱不堪。例如,筹资成本、投资风险、赊销商品等存在一些不科学的做法,造成筹资成本高、投资风险大、赊销坏账多等阻碍大学生创业企业发展的结果。

(三) 财务基础工作不规范

缺乏财务人员和财务人员素质不高是大学生创业企业普遍存在的现象。大学生创业企业成立之初,由于资金有限,许多大学生创业企业没有专门的财务人员或财务人员一人身兼数职,甚至许多财务人员是大学生自己兼任,或是寻求亲朋好友的帮助。因此,在一般情况下,大学生创业企业的财务人员没有完整、系统的财务管理理论知识,这就会造成财务工作的遗漏、错误,产生财务风险。

另外,大学生创业企业的财务基础工作缺乏规范的基本程序。原始凭证缺失、记账凭证填制不规范、凭证的传递与保管工作缺位、财务报表不完善或是根本没有财务报表等都是大学生创业企业缺乏规范的基本程序的表现。没有一套详细的财务工作标准、制度,大学生创业企业的财务人员往往难以有序地进行工作,财务信息也难以有效地反映企业财务状况,最终会导致企业财务工作混乱,引起财务风险。

(四) 融资能力弱

启动资金少、融资能力弱是制约大学生创业企业发展的重要因素。对于很多刚刚走出校门的大学生来说,资金不足是其面临的主要困难,尤其当一些领域需要大量资金时。根据调查,很多大学生在银行贷款方面比较困难,一般是从亲戚朋友中借钱,主要表现为集资途径少、集资数额小等。其次,大学生创业者缺乏对政策的了解。近年来对大学生创业的支持力度不断加强,国家和地方相关的优惠政策也是层出不穷。但是很多大学生创业者对政策掌握的不全面造成错失优惠政策,不利于企业融资。

(五) 投资缺乏科学性

筹集资金之后,如何保证资金运营的科学性与投资的合理性是大学生创业企业所面临的又一大问题。投资缺乏科学性会导致投资项目难以获得预期收益,投资无法收回,甚至影响到大学生创业企业的正常运营。

五、大学生创业企业财务管理的对策

(一) 加强财务基础知识的学习

首先,大学生创业不能盲目凭着自己的理想进行,对待财务管理必须要有明确的认识,并知道如何进行财务管理。加强财务管理专业基础知识的学习是十分重要的。进行创业的大学生只有了解了企业运作过程中的筹资、投资、营运及利润分配等内容,才能正确处理大学生创业企业的财务关系,进行有效的财务管理工作。

(二) 树立财务管理意识

大学生创业必须要树立财务管理意识,大学生创业企业发展需要大学生重视财务管理问题,认真对待财务管理问题,建立完善的财务管理制度。此外,大学生不仅需要自己提高财务管理意识,更应该将财务管理意识融入企业的每一个员工的意识当中。组织员工学习、定期的财务会议都能有效促进大学生创业企业财务管理意识的树立。

大学生创业之初,既然很难从无到有地建立一套较为完整的财务管理系统,为何不去学习借鉴其他类似的中小企业财务管理制度呢?虽然情况可能不尽相同,面对的问题也是各有差异,但类似的经验还是可以学习的。例如,资金管理、成本核算、销售收入管理等财务管理制度,可以借鉴类似的经验再依据自身情况加以修改,从而建立、完善大学生创业企业的财务管理制度。

(三) 规范财务基础工作

对于大学生创业企业而言,没有规范化的财务基础工作,财务管理也只能是空谈。原始凭证的收集保管、记账凭证的审核编制、财务报表的编报审核等工作都是财务基础工作的重中之重。加强对财务基础工作的重视是大学生创业企业财务管理的基础。在大学生创业企业发展过程中,应尽快摆脱财务人员一人身兼数职的尴尬局面。对大学生创业企业而言,聘请专业的财务人员虽然会增加相关费用,但行之有效的财务管理工作更是大学生创业企业财务管理必不可少的。规范化的财务基础工作要求同时建立监督审核制度,财务基础工作如果没有监督审核,往往会造成更大的风险。大学生创业企业需要明确责任与分工,避免责任混淆不清。

(四) 提高融资能力

对于大学生创业,国家和地区都出台了一系列优惠政策,充分了解国家政策、利用优惠政策是大学生创办企业所必须掌握的。目前,专门针对大学生创业的国家优惠政策主要包括注册资金允许分期到位;毕业生创办国家指定行业企业可以享受一到两年的减免税;各银行、信用机构简化小额贷款程序;政府所属的人事机构免费为毕业生保管人事档案等多项优惠政策。与此同时,各地区也有一定程度的优惠政策。这些优惠政策有助于大学生创业的资金筹集和企业发展,大学生创业有必要对其进行充分了解和利用。另外,融资的多元化也可以解决大学生创业企业资金紧张的问题。目前,我国的资本市场日益开放,对外联系的便利使得大多数外资可以进入我国资本市场,大学生应该充分利用外资解决融资困难的处境。建立融资渠道更应该从企业自身出发,大学生也必须从大学生创业企业自身出发树立财务管理意识,加强财务基础规范工作,来建立良好的企业信用,更方便地从金融机构获得贷款。

(五) 建立投资风险机制

理性的投资可以减少投资风险,确保投资收益,促进大学生创业企业的发展。大学生创业企业应做到如下几点。

1. 树立投资风险意识,明确投资风险

大学生应该将对投资风险的管理上升到一定高度,真正地重视投资风险,定期开展培训与自我培训,将风险意识融入大学生创业企业全体员工的意识中去,形成大学生创业企业文化。建立投资风险评估机制可以有效防范风险的产生,运用"阿尔曼"模型、概率模型等建立预警机制,运用净现值法、差额投资内部收益率比较法等计算投资项目的可行性。在投资项目实施前充分了解投资项目,明确投资收益,避免盲目投资、跟风投资。

2. 建立风险应对机制

投资风险不能完全避免,因此,如何将风险降低到可以接受的范围也是大学生必须掌握的。大学生创业企业应该建立一个总体的投资风险应对机制,并在不同投资项目实施前制订相应的、明确的风险应对措施,以明确投资风险发生后大学生创业企业的对策,避免因风险产生而造成的混乱。

3. 扩展信息获取渠道

信息获取的准确性、有效性和及时性是大学生创业企业合理投资的关键因素。目前,大学生创业后获取信息的渠道众多,但如何获取有效的信息仍是许多大学生所迷茫的问题。信息的获取是多方面的,关注国家实时的经济政策,加强与其他企业的合作,加强与行业内部的交流,关注国际经济动向等都有助于大学生创业企业获取投资信息。

4. 建立监督机制

投资风险的产生可能源自外部原因,也可能是由于内部问题,建立投资风险监督机制,将投资绩效与权责挂钩,明确奖惩制度,以避免盲目投资和不理性的投资。

总之,大学生创办企业可以解决就业难的问题,也可以将新的创意或者新的技术等转化为生产力。但是,创业之路是曲折的,管理企业是艰辛的,特别是大学生创业企业,财务管理更是管理的重中之重。因此,在企业创业初期,做好财务管理这项工作,将为企业的发展壮大奠定良好的基础。这要求企业的经营者或投资者重视财务管理工作,并持续地改进这项工作,从而使财务管理为企业创造效益。

任务二 新企业财务管理

扫码看课

【名人名言】

一个企业家,最重要的是手里要有一定量的可以流动的现金,这样就掌握了主动权。

——周和平

一、记好流水账和日记账

创业之初,不论你的企业有几个人,有多少资金,规模多大,都要做好来往账目,记好企业流水账和日记账,并且要日清月结。及时掌握企业现金流的情况,企业现金流是创业者进行决策的重要参考数据。

(一) 流水账

流水账是一种简单的账目,是按照企业每天发生的收入和支出事项的时间顺序,把所花费和收入的金额及时记录下来的一种记账方法。

流水账并不是规范的财务记账方法,一般只对内不对外,可以任意更改,还可以根据流水账编制记账凭证。由于它的简便性,所以它存在于大多数企业之中。流水账的具体内容如表11-1所示。

流水账的记账步骤如下。

(1) 及时收集单据。
(2) 按时间顺序记账。
(3) 尽量日清月结。
(4) 保存好凭证,备查。

表 11-1 企业日常流水账

2020年		摘要	收入	支出	余额	备注
月	日					
		结转下页				

(二) 日记账

日记账属于比较正规的账簿,是根据编制的原始凭证登记的,不允许随意更改,即使想更改也需按规定的格式更改。日记账在编写的时候,要注意保证清晰、明确、完整、一目了然,也就是说要简洁,无重复,这是十分重要的。规范的日记账有助于财务报表和账簿的编写,有助于公司的财务管理。会计在编写各类明细账、总账及财务报表时均是以日记账为依据的。创业者可以通过对盈利、支出、应收和应付账款的及时分析,准确把握企业发展方向,及时、合理地控制成本。

流水账是单式记账法,出现错误不容易查找。但日记账采用的是复式记账法,也称借贷记账法——有借必有贷,借贷必相等,发现问题容易查找。日记账有以下几种类型。

(1) 现金日记账:记录每天的现金收支情况。

(2) 银行存款日记账:记录每天银行账户收支情况。

(3) 销售日记账:记录每天的销售收入情况。

(4) 采购日记账:记录每天采购的物品和支出情况。

由于现金日记账和银行存款日记账是经济活动中最主要的两本账,是必须每日清算、核对的账簿,所以企业一般必须设置现金日记账和银行存款日记账。下面就来介绍现金日记账和银行存款日记账的设置和登记方法。

(1) 现金日记账的设置和登记方法。现金日记账是重要的会计账簿之一,是用来核算和监督库存现金每天的收入、支出和结存情况的账簿。由出纳人员按照经济业务发生的时间先后顺序,根据有关现金收款凭证和现金付款凭证或提取现金的银行存款付款凭证,逐日逐笔进行登记,并根据以下公式,逐日结出现金余额,与库存现金实存数核对,以检查每日现金收付是否有误,做到日清日结。相关计算公式如下:

本日余额＝上日余额＋本日收入－本日支出

期末余额＝期初余额＋本期增加－本期减少

现金日记账通常使用订本三栏式账簿,如表 11-2 所示。

表 11-2 现金日记账

| 2020 年 | | 凭证编号 | 对方科目 | 摘要 | 收入(借方) | 支出(贷方) | 结存余额 |
月	日						
				结转下页			

三栏式现金日记账的具体登记方法如下。

①日期栏。日期栏系指记账凭证的日期,应与现金实际收付日期一致。

②凭证栏。凭证栏系指登记入账的收付款凭证的种类和编号,如"现金收(付)款凭证",简写为"现收(付)";"银行存款收(付)款凭证",简写为"银收(付)"。凭证栏还应登记凭证的编号数,以便于查账和核对。

③摘要栏。摘要用来说明登记入账的经济业务的内容。文字要简练,但要能说明问题。

④对方科目栏。对方科目栏系指现金收入的来源科目或支出的用途科目,如银行提取现金,其来源科目(即对方科目)为"银行存款",其作用在于了解经济业务的来龙去脉。

⑤收入(借方)、支出(贷方)栏。收入、支出栏系指现金实际收付的金额。每日终了,应分别计算现金收入和支出的合计数,结出余额,同时将余额与出纳员的库存现金核对,即通常所说的"日清"。如账款不符,应查明原因,并记录备案。月终同样要计算现金收入、支出和结存的合计数,通常称为"月结"。

(2) 银行存款日记账。银行存款日记账是企业对外提供的账簿中最重要的会计账簿之一。银行存款日记账是由出纳人员根据有关银行存款的收款凭证、付款凭证,按照经济业务发生的时间顺序,逐日逐笔地记录和反映银行存款的增减变化及其结果的账簿。出纳人员在期末时,应将本单位的银行存款日记账与开户银行转来的对账单进行逐笔核对,检查企业银行存款日记账的记录是否正确。

银行存款日记账一般也采用订本三栏式账簿,它的填写方式与现金日记账类似。

二、学会看懂财务报表

创业者重点要学会看懂资产负债表、损益表和现金流量表等三大报表。资产负债表反映企业一定时期期末的财务状况,但无法解释财务状况形成的原因和过程;损益表说明一定时期的经营成果,却无法表达经营成果是否与现金流量相匹配;而现金流量表则可以解释财务状况变动原因和过程,并说明经营成果对财务状况的影响。所以,资产负债表、损益表、现金流量表是三分天下,各有其用,缺一不可。

(一)资产负债表

资产负债表亦称财务状况表,是反映企业在一定时期内全部资产、负债和所有者权益的财务报表,是企业经营活动的静态体现(表11-3)。

表11-3 资产负债表

资产	金额	负债	金额
1.流动资产		1.短期负债	
2.固定资产		2.长期负债	
3.减:累计折旧		负债总额	
固定资产净值		所有者权益	
4.其他资产			
资产总额		负债与所有者权益总额	
附注		附注	

注:资产负债表在结构上主要以"资产=负债+所有者权益"的平衡关系为依据,并以资产流动性大小、变现能力强弱及负债偿还期限的长短为标准,把各项目适当地加以排列。该表分为左右两方,左方为资产,表明资产由哪些项目构成;右方为负债及所有者权益方,说明企业应承担的经济责任。资产总额与负债及所有者权益的总额应该是相互平等的关系。

资产负债表最重要的功用在于能确切地反映企业的营运状况和企业需要外部融资的数额,从资产负债表中可以了解到企业的如下信息。

(1)关注企业的资产、负债及股东权益的增减。

(2)企业总资产在一定程度上反映企业经营规模。

(3)股东权益的增长幅度高于资产总额的增长时,说明企业的资金实力有了相对提高。

(4)企业应收账款占总资产的比重过高,说明该企业资金被占用的情况较为严重。

(二)损益表

损益表又称利润表,是反映企业一定时期(月份、年度)内净利润或者亏损情况的报表。它是企业必须按月编报的一张动态报表(表11-4)。

损益表有以下作用。

(1)可以用来分析利润增减的原因。

(2)可以用来评价企业的经营效率和经营成果。

(3)可以衡量一个企业在经营管理上的成功程度。

(4)可作为经营成果的分配依据。

(5)有助于考核企业经营管理人员的工作业绩。

(6)可用来分析企业的获利能力。

表11-4 损益表

项目	上期金额	本期金额
一、营业收入		
减:营业成本		
营业税金及附加		
销售费用		

续表

项目	上期金额	本期金额
管理费用		
财务费用		
资产减值损失		
二、营业利润(亏损以"－"号填列)		
加：营业外收入		
减：营业外支出		
三、利润总额(亏损总额以"－"号填列)		
减：所得税费用		
四、净利润(净亏损以"－"号填列)		

(三) 现金流量表

现金流量表一般由主表和附表(补充资料)组成,主表由经营活动产生的现金流量、投资活动产生的现金流量和筹资活动产生的现金流量三个部分构成,如表 11-5 所示。分析现金流量及其结构,可以了解企业现金的来龙去脉和现金收支构成,评价企业经营状况、创现能力、筹资能力和资金实力。对于新企业,资金缺乏是最为普遍的问题,如果创业者不能及时解决这一问题,则非常容易造成创业夭折。因此创业者要特别注意,在创业初期资金不要被固定资产占用太多,在企业经营的任何时期,必须保持正的现金流,不能让现金断流。

表 11-5 现金流量表

项目	行次	金额
一、经营活动产生现金流量		
销售商品、提供劳务收到的现金	1	
收到增值税销项税额	2	
现金收入合计	3	
购买商品、接受劳务支付的现金	4	
支付给职工以及为职工支付的现金	5	
支付的各项税费	6	
支付的其他与经营活动有关的现金	7	
现金支出合计	8	
经营活动产生的现金净额	9	
二、投资活动产生的现金流量		
三、筹资活动产生的现金流量		
借款所收到的现金	10	
现金收入小计	11	
偿还债务所支付的现金	12	
偿还利息所支付的现金	13	
现金支出小计	14	
筹资活动产生的现金净额	15	
四、现金及现金等价物增加额	20	

现金流量表附表是现金流量表中不可或缺的一部分,项目金额则是相应会计账户的当期发生额或期末与期初余额的差额。

三、税务筹划

税务筹划又称合理避税、税收筹划,是指在纳税行为发生之前,在不违反法律、法规(税法及其他相关法律、法规)的前提下,通过对纳税主体(法人或自然人)的经营活动或投资行为等涉税事项做出事先安排,以达到少缴税或递延纳税目标的一系列谋划活动。

(一) 无涉税风险

创业企业纳税人一定要账目清楚,纳税申报正确,税款缴纳及时、足额,不会出现任何关于税收方面的处罚,即在税收方面没有任何风险。这种状态的实现,虽然不能使纳税人直接获取税收上的好处,但却能间接地获取一定的经济利益。

(二) 避税筹划

纳税人采用非违法手段获取税收利益的筹划。纳税筹划并不违法,与纳税人不尊重法律的偷逃税有着本质区别。国家只能采取反避税措施加以控制。

(三) 节税筹划

纳税人充分利用税法中固有的起征点、减免税等一系列的优惠政策,通过对经营活动的巧妙安排,达到少缴税,甚至不缴税目的的行为称为节税筹划。

我国对一些特殊的行业企业(如废品回收、农林牧渔、福利企业等)会有特殊的税收优惠,企业可根据实际情况创造条件来达到合法避税的目的。

例如,某乳制品厂生产乳制品的原奶最初是向牧民直接收购的,可抵13%的进项税,但随着公司的高速发展,收购的奶满足不了生产的需要,最后公司决定自己买牛来养殖以解决原奶短缺问题。这里有一个税务筹划的问题。如果直接养牛生产鲜奶投入生产并对外销售,在经营上没有问题,但在财务上有问题,因为原材料是由自己生产的,就没有进项税抵扣了,如果从纳税的角度思考,问题就会迎刃而解。例如,公司先成立一个养牛场,让养牛场去买牛,产了奶再卖给乳制品公司,这时按税法规定就可以进行进项税抵扣了。

与此类似的例子还有很多。例如,啤酒厂要回收啤酒瓶,可设立一间回收公司;要收购农产品作为原材料,可设立一间农产品采购公司等。

(四) 转嫁筹划

转嫁筹划是指纳税人为了达到减轻税负的目的,通过价格调整将税负转嫁给他人承担的经济行为。适当提高员工福利待遇,提高成本,减少税负。

(五) 利用销售结算时间

选择不同的销售结算方式,推迟收入确认的时间,在一定程度上相当于贷款贴息。

真支出假发票

A公司是一家园林绿化企业,收入主要来源于绿化工程、绿化养护和租赁服务。2013年该公司取得绿化工程收入33222万元、租赁收入8万元、绿化养护服务收入91万元,但同年申报的企业所得税应纳税款为零,收入利润率畸低。

A公司承接的很多绿化工程在本市远近郊区,很多需要与乡镇、农户打交道,很多卖树苗的人开不出发票,于是卖树苗的人就采用其他方式找票来卖树苗。只要是真票,A公司就收下当作进项抵扣。

市税务局核查该公司的收入费用,最终查明A公司共取得48张问题发票,涉及金额3600余万元,A公

司存在重大"偷税"嫌疑。但A公司称其有关苗木支出是真实的。检查组后以证据为基础,成功复原了A公司采购苗木的真实情况:原3610万元问题发票中,有2583万元支出符合税法规定,可以在企业所得税税前扣除;有1027万元支出未能证实其真实性,不允许在税前扣除。综合其他税款、弥补亏损等因素,本案最终查补企业所得税228万元,加收税款滞纳金31万元。

《国家税务总局关于加强企业所得税管理的意见》(国税发[2008]88号)(以下简称88号文)中提出:"加强发票核实工作,不符合规定的发票不得作为税前扣除凭据。"该规定只是限制了不符合规定的发票作为税前扣除的凭据,但并未表明,发票是唯一合法、有效的凭证,也没有排除商业合同、付款凭证等其他原始凭证可以作为税前扣除的有效凭证。

《企业所得税法》第八条规定:"企业实际发生的与取得收入有关的、合理的支出,包括成本、费用、税金、损失和其他支出,准予在计算应纳税所得额时扣除。"该法规明确规定了对支出可以税前扣除的三项要求:真实性、相关性、合理性。本案中,A公司证实其真实性和合理性的支出就可以税前扣除。企业一方面应寻求正规的供应商进行交易活动,以确保可取得合规的发票而可在所得税前列支。另一方面,在取得合规的发票存在困难时,应在日常管理中注意保留和保存与支出相关的其他资料(如合同、支付凭证、收款确认函或收条、银行或其他电子支付记录或截图等),以证明该支出的真实性、合理性和业务相关性。

任务三　中小企业如何策划上市

扫码看课

【名人名言】

立信,乃会计之本,没有信用,也就没有会计。

——潘序伦

公开上市吸引了无数企业家的目光,成为他们梦寐以求的奋斗目标。无论对脚踏实地的实业家,还是对充满幻想的企业家来说,公开上市都代表着梦想、渴望和激励,同时也表明企业在商界的地位。公开上市意味着公司能够使用大量的其他公众的资金,这就为扩大公司业务打开了方便之门。

简单地说,公开上市是一个过程。在这个过程中,以出售股票的形式将公司的一部分所有权卖给公众,从而使由一个人或几个人拥有的公司变成公众所拥有的公司。成功的企业家应当了解如何建立一个广泛的、卓有成效的团队,以便完成企业公开上市的目标。

一、上市条件

上市条件是股份有限公司申请其股票在证券交易所交易必须符合的法定条件。根据《中华人民共和国公司法》规定,股份有限公司申请其股票上市必须符合下列条件。

(1) 股票经国务院证券管理部门核准已向社会公开发行。

(2) 公司股本总额不少于人民币3000万元。

(3) 开业时间在3年以上,最近3年连续盈利;原国有企业依法改建而设立的,或者本法实施后新组建成立,其主要发起人为国有大中型企业的,可连续计算。

(4) 持有股票面值达人民币1000元以上的股东人数不少于1000人,向社会公开发行的股份达公司股份总数的25%以上;公司股本总额超过人民币4亿元的,其向社会公开发行股份的比例为15%以上。

(5) 公司在最近3年内无重大违法行为,财务会计报告无虚假记载。

(6) 国务院规定的其他条件。

二、公司上市的法定程序

股份有限公司具备上市条件后,只是具备了申请上市的资格,而要真正成为上市公司还必须依照法定程序提出申请,经过审查批准方可上市。

根据《中华人民共和国公司法》《中华人民共和国证券法》等法律、法规及中国证券监督管理委员会(简称中国证监会)和证券交易所的有关规定,企业公开发行股票并上市应该遵循以下程序。

1. 改制与设立股份有限公司

拟定改制重组方案,聘请保荐机构(证券公司)和会计师事务所、资产评估机构、律师事务所等中介机构对改制重组方案进行可行性论证,对拟改制的资产进行审计、评估、签署发起人协议和起草公司章程等文件,设立规范的股份有限公司。

2. 保荐机构和其他中介机构对公司进行辅导

具体包括尽职调查、问题诊断、专业培训和业务指导等,完善企业组织结构和内部管理,规范企业行为,明确业务发展目标和募集资金投向,对照发行上市条件对存在的问题进行整改,准备首次公开发行申请文件。

3. 申请文件申报和受理

企业和所聘请的中介机构,按照证监会的要求制作申请文件,保荐机构进行内核并负责向中国证监会尽职推荐。中国证监会在5个工作日内受理符合申报条件的申请文件。

4. 申请文件的审核

中国证监会对正式受理的申请文件进行初审,同时征求发行人所在地省级人民政府和国家发展和改革委员会(简称国家发改委)的意见,并向保荐机构反馈审核意见,保荐机构再组织发行人和中介机构对反馈的审核意见进行回复或整改。初审结束后至发行审核委员会审核前,进行申请文件预披露,最后提交发行审核委员会审核。

5. 路演、询价与定价

发行申请经发行审核委员会审核通过后,中国证监会进行核准,企业在指定报刊上刊登招股说明书摘要及发行公告等信息,证券公司与发行人进行路演,向投资者推介和询价,并根据询价结果协商确定发行价格。

6. 发行与上市

根据中国证监会规定的发行方式公开发行股票,向证券交易所提交上市申请,办理股份的托管与登记,挂牌上市。上市后由保荐机构按规定负责持续督导。

注意:上述程序适用于拟在主板市场或深圳中小企业板市场上市的公司。

三、公司上市涉及的主要中介机构及其职责

1. 保荐机构

保荐机构在推荐发行人首次公开发行股票前,应当按照中国证监会的规定对发行人进行辅导。保荐机构负责证券发行的主承销工作,依法对公开发行募集的文件进行核查,向中国证监会出具保荐意见。保荐机构应当尽职推荐发行人证券发行上市,在发行人证券上市后,保荐机构应当持续督导发行人履行规范运作、信守承诺、信息披露等义务。

2. 律师

企业股票公开发行上市必须依法聘请律师事务所担任法律顾问。律师主要对股票发行与上市的各种文件的合法性进行判断,并对发行上市涉及的法律问题出具法律意见。

3. 会计师

股票发行的审计工作必须由具有证券从业资格的会计师事务所承担。该会计师事务所对企业的账目进行检查与审验,工作主要包括审计、验资、盈利预测等,同时也为其提供财务咨询和会计服务。

4. 资产评估师

企业在股票发行之前往往需要对公司的资产进行评估。这一工作通常是由具有证券从业资格的资产评估机构承担,资产评估具有严格的程序,整个过程一般包括申请立项、资产清查、评定估算和出具评估报告。

【思考讨论】

请分组并围绕"财务管理"展开讨论,思考并回答下列问题。

(1) 财务管理有哪些功能?

(2) 新创企业如何控制成本支出?

【课外修炼】

(1) 根据所学内容,依据行业调查和市场分析,计算你的创业项目的营业收入、成本和利润。

(2) 分析企业资金管理可能会出现的一些问题,根据拟创办企业的自身情况,制定企业现金管理和使用的制度,制定公司成本控制的有效措施。要求:

①了解企业所属行业的资金运作特点。

②通过网络等途径搜集相关行业企业的资金运作情况。

③讨论同行企业的资金运作特点,总结哪些经验可以借鉴。

案例分享

"标王"的悲剧

1996年秦池酒厂以3.2亿元人民币的"天价",买下了中央电视台黄金时间段广告,从而成为令人眩目的连任两届的"标王"。1995年该厂以6666万元人民币夺得"标王"。中标后的一个多月时间里,秦池就签订了4亿元销售合同;头两个月秦池销售收入就达2.18亿元,实现利税6800万元,相当于秦池酒厂建厂以来前55年的总和。至6月底,订货已排到了年底。1996年秦池酒厂的销售也由1995年的7500万元一跃为9.5亿元。然而,新华社1998年6月25日报道:"秦池目前生产、经营陷入困境,今年亏损已成定局……"

秦池为什么在这么短的时间就风光不再而陷入困境?从现代企业理财的角度看,"秦池"在企业理财的运作上有以下几个方面值得认真推敲。

1. 巨额广告支出使经营杠杆作用程度加大,给企业带来更大的经营风险

"标王"不仅增加了企业的巨额广告负担,更重要的是它加大了企业经营杠杆的作用程度,从而也加大了企业的经营风险,只要企业产品市场稍有风吹草动,就会使企业的经营陷入困境。事实也正是如此,秦池以6666万元的价格第一次夺得广告"标王"后,广告的轰动效应,使秦池酒厂一夜成名,"秦池"的品牌地位基本确立,市场份额也相应增加。1996年秦池酒厂销售量的大幅度增加使经营杠杆产生积极(正面)作用,企业利润也以更大幅度增加。但这种局面并没有维持多久,1997年秦池能否可持续发展已经成为十分突出的问题。其原因在于:①4万余家白酒生产企业使白酒的生产量远大于销售量(约有50%的产量过剩);同时洋酒的进入使白酒在酒业消费中的比例下降。到1997年白酒销量"滑坡"的势头更加严重。秦池的市场份额面临着严峻的考验。②一流的品牌没有一流的产品质量做保证。1996年12月《××参考报》4篇关于秦池沿川藏公路两侧收购散酒勾兑"秦池"的报道,不仅使秦池陷入巨大的媒体危机之中,而且使刚树立的"秦池"形象遭受了损害,因而在一定程度上影响了其市场份额。③1997年的3.2亿元巨额广告费用对秦池来说是一个巨大的包袱。它一方面使秦池的现金流动产生困难,另一方面放大了企业利润对销售量的依赖程

度。只有稳定的市场份额,才能确保企业的可持续发展。1997年和1998年的市场竞争和秦池自身问题使其市场份额产生了波动。正是波动不定的市场份额使秦池陷入了严重而难以自拔的经营风险之中。1997年秦池在中央电视台播出的广告时间折算成货币为应付1.5亿元左右,而秦池实际支付仅为4800万元。

2. 资产结构的失衡,导致盈利能力与流动能力矛盾恶化

秦池成名之前作为一个县级企业,其总资产规模和生产能力有限。面对"标王"之后滚滚而来的订单,它不可能弃之不管,但仅凭其现有生产能力又难以应付。其出路只有两条。

(1) 加大资金投入力度,对现有厂房设备进行更新改造或扩建新的厂房、设备,以此提高企业生产能力。但这种做法受两个因素制约:①资金制约。巨额广告投入已使企业现金流动能力受到较大影响,企业扩大生产能力所需大量资金的来源更成问题。企业只有依靠银行贷款解决这一问题,而贷款将使企业的资产负债比例提高,还贷压力加大。同时,生产规模的扩大,也会使企业总资产中固定资产比例提高,而流动资产比例下降,由此将使企业的流动能力和变现能力受到影响,企业资产结构失去平衡。②生产周期的制约。即使企业完全有能力扩大生产规模、提高生产能力,但无论是厂房设备的购建,还是白酒的生产,都需要一定的周期,因而难以在较短的时间内立即满足眼前的客户订单。

(2) 面对上述两个制约因素,秦池要在短时间内满足客户订单需求,其另一条可能的出路是与周边地区的白酒企业横向联合或收购其他企业的白酒进行勾兑。但无论是横向联合还是勾兑,两者都很难保证产品的质量,如果产品质量出现问题,不仅会影响其品牌和市场份额,而且还会影响其销售产品的资金回笼。因而,其品牌和市场份额的维持更需要一流的质量做保证。

上述两条出路使当时的秦池酒厂陷入了提高企业盈利能力和维持一定现金流动能力相互矛盾的进退两难的境地,但面对客户订单它必须做出选择。不管秦池最后选择了哪条路,其结果都将使企业的经营风险不断加大。

3. 财务资源有限性制约企业持续发展

按照企业理财的基本原理,企业持续发展需要有持续的财务资源的支持,其基本前提:①资产结构与资本结构的有机协调。②现金流动上形成良性的"造血"功能机制,即生产经营活动所产生的现金流入量与现金流出量在时间、数量和速度上保持有机协调。秦池一方面在扩大生产规模、提高生产能力,从而提高固定资产等长期性资产比例的同时,使流动资产在总资产中的比例相应下降,由此降低了企业的流动能力和变现能力。另一方面,巨额广告支出和固定资产上的投资所需资金要求企业通过银行贷款解决,按当时的银行政策,此类贷款往往为短期贷款,这就造成了银行的短期贷款被用于资金回收速度比较慢、周期较长的长期性资产上,由此使企业资产结构与资本结构在时间和数量上形成较大的不协调性,并因此而形成了"短贷长投"的资金缺口压力。在此情况下,如果企业有比较健全的"造血"功能机制和良好的经营活动现金流动机制,此种资金缺口通过健全的现金预算安排和合理的资金调度可以部分化解其压力。但只要稍有不慎就有可能使企业资金的周转发生困难,从而使企业陷入难以自拔的财务困境。而此时秦池所面临的现实问题是在流动资产相对不足从而使企业现金流动能力产生困难的同时,年内到期的巨额银行短期贷款又要求偿还,从而陷入了"到期债务要偿还而企业又无偿还能力"的财务困境。

思考与讨论:

1. 秦池为什么在这么短的时间就风光不再而陷入困境?
2. "标王"的悲剧给我们带来哪些启示?

参考文献

[1] 彼得·德鲁克.创新与企业家精神[M].蔡文燕,译.北京:机械工业出版社,2009.
[2] 李纲,张胜前.大学生创业指导[M].北京:国防工业出版社,2010.
[3] 李家华.创业基础[M].北京:北京师范大学出版社,2013.
[4] 汤锐华.大学生创新创业基础[M].北京:高等教育出版社,2016.
[5] 李永芳,沈素军.大学生创新创业指导[M].北京:航空工业出版社,2015.
[6] 李时椿,常建坤.创业与创新管理:过程·实战·技能[M].南京:南京大学出版社,2008.
[7] 李肖鸣,朱建新.大学生创业基础[M].2版.北京:清华大学出版社,2013.
[8] 李贞.职业生涯规划与创业指导[M].镇江:江苏大学出版社,2013.
[9] 刘辉,李强,王秀艳.大学生创新创业教程[M].上海:上海交通大学出版社,2016.
[10] 吴晓义.创业基础:理论、案例与实训[M].北京:中国人民大学出版社,2014.
[11] 罗琴,罗江,李鹏.大学生创新创业教程[M].镇江:江苏大学出版社,2017.
[12] 吴运迪.大学生创业指导[M].北京:清华大学出版社,2012.
[13] 杨建平,蒙秀琼.大学生就业与创业指导[M].北京:航空工业出版社,2015.
[14] 杨敏.创新与创业指导[M].杭州:浙江大学出版社,2011.
[15] 创新创业能力训练编委会.创新创业能力训练[M].北京:中国书籍出版社,2014.
[16] 张德山.大学生创业教育[M].镇江:江苏大学出版社,2015.
[17] 刘霞,宋卫.大学生创新创业指导[M].北京:人民邮电出版社,2019.
[18] 章小莲.大学生就业与创业指导[M].北京:航空工业出版社,2015.
[19] 张玉利.创业管理[M].2版.北京:机械工业出版社,2011.
[20] 李振杰,陈彦宏.我的未来我做主:大学生就业与创业指导[M].厦门:厦门大学出版社,2014.
[21] 孙洪义.创新创业基础[M].北京:机械工业出版社,2016.
[22] 许湘岳,邓峰.创新创业教程[M].北京:人民出版社,2011.
[23] 李鹏祥.大学生自主创业指导[M].北京:北京大学出版社,2011.
[24] 李秋斌.大学生创业指导[M].北京:北京大学出版社,2013.
[25] 丁忠明.大学生创业启程[M].2版.北京:机械工业出版社,2019.
[26] 张香兰,程培岩,史成安,等.大学生创新创业基础[M].北京:清华大学出版社.2018.
[27] 夏洪胜,张世贤.创业与企业家精神[M].北京:经济管理出版社,2014.
[28] 谌飞龙.创业营销:创业项目包装与推介[M].北京:机械工业出版社,2017.
[29] 于跃龙.心理游戏速查速用大全集[M].北京:中国法制出版社,2014.
[30] 郭强.创新能力培训全案[M].3版.北京:人民邮电出版社,2014.
[31] 杨乐克.大学生创新创业教程[M].北京:中国时代经济出版社,2014.
[32] 王晓进.大学生创业理论与实践[M].北京:科学出版社,2014.
[33] 叶敏,谭润志,杨荣.大学生创新创业教育[M].上海:上海交通大学出版社,2018.
[34] 刘云兵,王艳林.大学生创新创业教程[M].北京:人民邮电出版社,2017.
[35] 李巍,黄磊.大学生创业基础[M].北京:中国人民大学出版社,2017.

[36] 秦勇,陈爽.创业管理:理论、方法与实践[M].北京:人民邮电出版社,2019.
[37] 李肖鸣,孙逸,宋柏红.大学生创业基础[M].3版.北京:清华大学出版社,2016.
[38] 黄艳,周志和.大学生创新创业教程[M].北京:中国言实出版社,2016.
[39] 冯丽霞,王若洪.创新与创业能力培养[M].北京:清华大学出版社,2013.
[40] 丁栋虹.创业管理[M].北京:清华大学出版社,2006.
[41] 杜永红,梁林蒙.大学生创新创业教育:基于互联网+视角[M].北京:清华大学出版社,2016.
[42] 邓立治.商业计划书:原理、演示与案例[M].2版.北京:机械工业出版社,2018.
[43] 王中强,陈工孟.创新思维与创业教育[M].北京:清华大学出版社,2017.
[44] 伊查克·爱迪思.企业生命周期[M].王玥,译.北京:中国人民大学出版社,2017.
[45] 李爱卿,叶华.大学生创业基础[M].北京:清华大学出版社,2015.
[46] 杨凤.创业理论与实务[M].北京:清华大学出版社,2014.